Peter Tauber

Was hält uns zusammen?

Lösungen für die Einwanderungsgesellschaft

HERDER

FREIBURG · BASEL · WIEN

© Verlag Herder GmbH, Freiburg im Breisgau 2021
Alle Rechte vorbehalten
www.herder.de

Satz: ZeroSoft, Timişoara
Herstellung: GGP Media GmbH, Pößneck

Printed in Germany

ISBN: 978-3-451-38892-7
ISBN E-Book: 978-3-451-82132-5

Inhalt

„Preußen ist wie eine neue Wolljacke:
Es kratzt ein bisschen, hält aber warm. "
OTTO VON BISMARCK

„Habe Mut, dich deines eigenen
Verstandes zu bedienen. "
IMMANUEL KANT

Wer sind wir?
Auf der Suche nach Zusammenhalt

Eine der großen Fragen unserer Zeit ist die Frage nach der eigenen Identität. Aufgrund der Globalisierung und der Digitalisierung, aufgrund des Schwindens von vermeintlichen Gewissheiten gibt es eine zunehmende Sehnsucht, den eigenen Standort zu bestimmen. Für die Deutschen, die in einem Land leben, das seit Adenauers Zeiten Millionen von Menschen eine neue Heimat gegeben hat – Gastarbeitern aus Südeuropa und der Türkei, Spätaussiedlern aus Osteuropa und den Weiten Russlands und Flüchtlingen aus aller Welt –, tut diese Standortbestimmung doppelt not. Eine Einwanderungsgesellschaft braucht einen Konsens darüber, was für alle, die in der Gesellschaft leben, gilt. Worauf verpflichten sich Neubürger und die, die vielleicht nur temporär in dieser Gesellschaft leben? Aber auch: Welche Verpflichtungen gelten generell für alle Staatsbürger?

Die moralischen Verwerfungen, die der Nationalsozialismus angerichtet hat, wirken auf unterschiedliche Art und Weise fort, sind bestenfalls überlagert worden durch ein 1945 kaum vorstellbares Maß an Wohlstand und Reichtum unserer Gesellschaft. Fast ein Menschenleben nach dem Ende des Zweiten Weltkrieges braucht es folglich eine Standortbestimmung.

Wer sind wir also? Wie wollen wir gern sein und gesehen werden? In welchem Deutschland wollen wir leben? Und welche Geschichte von uns erzählen wir eigentlich denen, die zu uns gekommen sind, die gerade ankommen und die noch kommen werden? Denn eins ist sicher: Wir werden auch weiterhin Einwanderung brauchen, wenn wir das Maß an Wohlstand und Stabilität bewahren wollen, in dem wir leben. Um die gestellten Fragen zu beantworten, muss man wissen, wer man ist. Doch gerade aufgrund des fundamentalen Wandels, dem wir uns gegenübersehen, ist die Beantwortung dieser Frage umso schwieriger.

Als Nation in der Mitte Europas können wir den erwähnten Veränderungen wegen unserer Größe und Wirtschaftskraft schwerlich ausweichen. Und die Katastrophen des 20. Jahrhunderts prägen trotz der Aufbauleistung und des Ansehens, das die Deutschen inzwischen weltweit genießen, immer noch viel stärker unser Denken, als wir uns das selbst zugestehen. Wir befinden uns in einer tiefen Identitätskrise. Die Frage, wer wir sind, und mehr noch, wer wir sein wollen, stellt sich mit Macht.

Dabei darf man nicht ausblenden, dass wir mehrere Identitäten mit uns herumtragen. Wir sind eben nicht nur Deutsche. Wir kommen aus einer bestimmten Region, die uns oft mindestens so wichtig ist wie die Nation. Wir haben eine Religion, einen Beruf, eine Familie, eine sexuelle Orientierung, Lebenserfahrungen, die uns prägen und dazu führen, dass jeder von uns eine eigene und unverwechselbare Identität hat, die uns zu Individuen, zu Menschen mit einer eigenen Würde macht. Das macht es nicht leichter, Gemeinsamkeiten und Verbindendes herauszuarbeiten und zu stärken – und danach sehnen sich aktuell viele Menschen.

Es braucht einen Staat, der einerseits die Freiräume für unsere Verschiedenheit schafft, damit wir am Ende eine gemeinsame Identität und ein Verständnis davon, wie wir als Deutsche sein wollen, entwickeln können.

Die Behauptung der politischen Linken, im 21. Jahrhundert sei die Idee der Nation obsolet, wird durch die internationalen Entwicklungen Lügen gestraft. Die meist aus dem rechten politischen Spektrum postulierte Idee einer homogenen Nation war aber eben immer nur eine Idee, wenn man von Deutschland spricht. Nicht umsonst haben die Deutschen sich lange als Kulturnation verstanden, die Millionen Deutsche, die in Ost- und Südosteuropa lebten, einbezog. Parallel dazu gehörten zu den deutschen Staatsgebilden vom Heiligen Römischen Reich Deutscher Nation bis hin zum Deutschen Reich Bismarcks immer wieder andere Völkerschaften dazu: Niederländer, Polen, Franzosen, aber auch die Sorben, Kaschuben und Dänen. Nicht nur die Habsburger Doppelmonarchie war ein Vielvölkerstaat.

Wir und unsere Nation. Eine Reihenfolge gibt es nicht. Es ist ein Wechselverhältnis. Unsere Nation hat für Westdeutschland seit 1949 und seit 1990 für das ganze deutsche Volk eine freiheitliche und demokratische Ordnung gewählt, von der wir bisher überzeugt waren, dass sie einen Rahmen bilden kann, um gemeinsame und individuelle Identität zu entwickeln und zu leben.

Das Land in der Mitte Europas war bereits lange vor der zweiten Hälfte des 20. Jahrhunderts immer wieder das Ziel von Einwanderung oder der Ausgangspunkt großer Auswanderungswellen. Das Wissen darum ist verloren gegangen. Unser historisches Bewusstsein ist erschreckend eng. Wir leben in einer ahistorischen Zeit. Erst durch den Zweiten Weltkrieg wurden Siedlungsraum der Deutschen und Grenzen der zunächst beiden deutschen Nationalstaaten weitgehend deckungsgleich. Aber von einem ethnisch homogenen Staatsvolk kann man nur für kurze Zeit sprechen – bis in den 1960er Jahren die Gastarbeiter in Scharen nach Deutschland kamen und blieben. Lange sind die Deutschen der Frage ausgewichen, wie man diese Menschen und ihre Nachkommen in der zweiten, dritten und inzwischen vierten Generation eigentlich ansprechen soll. Gastarbeiter sind es keine mehr, sie sind ja schließlich alle hier geboren. Migranten passt auch nicht so recht. Bisher hat es niemand gewagt, diese Sprachlosigkeit aufzubrechen und sie als das anzusprechen, was sie sind: Landsleute, Deutsche. Warum eigentlich nicht?

Der Wunsch nach Zusammenhalt in unserem Land, der allerorten zu hören ist, ist nicht neu, sondern beschäftigt unsere Gesellschaft schon lange. Der Koalitionsvertrag der aktuellen Bundesregierung ist mit „Ein neuer Zusammenhalt für unser Land" überschrieben. Dem aufkommenden Rechtspopulismus, der einer Spaltung der Gesellschaft das Wort redet, begegneten viele Menschen mit Sorge und dem Ruf nach mehr Zusammenhalt.

In der aktuellen Bewältigung der Coronapandemie hingegen werden viele Beispiele des Zusammenhalts als Zeichen der Hoffnung beschrieben und dargestellt. Sich als Gemeinschaft zu sehen ist ein tiefes Bedürfnis der Deutschen. Wir wünschen uns eine Verbindung untereinander, wollen das Gemeinsame betonen. Neben dem Wunsch nach Individualität zeigt sich: Uns im Verhältnis zu anderen zu verorten, ist Teil unserer Identität. Wir möchten gern dazugehören, zusammengehören. Zusammenhalt ist dafür ein Wort, das erst in den letzten Jahren in der öffentlichen Debatte benutzt wurde. Es beschreibt eine Richtung, ein Ziel. Gesellschaft hingegen, das das Wort Volk als Ausdruck der Zugehörigkeit abgelöst hat, ist zu neutral. Neu ist also: Die Menschen wünschen sich Gemeinschaft. Sie wollen dazugehören.

Das ist eine gute Nachricht, denn die Erfahrung lehrt, dass eine Gemeinschaft mehr ist als die Summe ihrer Teile. Gemeinschaftlich und solidarisch zu handeln ist eine Grundvoraussetzung, um Herausforderungen zu meistern. Der Historiker Arnulf Baring hat bereits vor vielen Jahren erkannt: „Eine Stärkung des Gemeinschaftsgefühls und der Leistungsbereitschaft der Deutschen ist notwendig, damit wir uns vor den Herausforderungen der Gegenwart und der Zukunft bewähren können."

Die bisherigen Versuche, eine offene gesellschaftliche Diskussion darüber zu führen, wer wir sind, wer wir sein wollen und welche Erwartungen es gegenüber Menschen gibt, die sich eine Zukunft in Deutschland aufbauen wollen, sind alle gescheitert. Die politische Linke verweigert sich in weiten Teilen bis heute dieser Diskussion, sieht man von einigen positiven Ausnahmen wie dem grünen Tübinger Oberbürgermeister Boris Palmer oder dem Ministerpräsidenten Baden-Württembergs Winfried Kretschmann einmal ab. Und seit der Diskussion um eine Leitkultur, die so begonnen wurde, dass man leider den Eindruck gewinnen konnte, es ginge um die Restauration der alten Bundesrepublik und eine vollständige Assimilation aller Einwanderer, haben es auch die Bürgerlichen, Liberalen und Konservativen versäumt, den wiederkehrenden Ruf nach einer deutschen Leitkultur inhaltlich und intellektuell zu unterfüttern. So klingt die wunderbar regelmäßig aufflammende Diskussion über eine solche Leitkultur denn auch eher wie das Pfeifen im Walde und ist ein gutes Beispiel für die Suche nach uns selbst.

Wir sprechen seit der Flüchtlingskrise des Jahres 2015 zudem von einer Spaltung der Gesellschaft. Die Ursache für diese Spaltung liegt aus meiner Überzeugung nicht in der Entscheidung des Herbstes, die Grenze offen zu lassen und zumindest für eine gewisse Zeit rund 850 000 fremden Menschen Hilfe und Zuflucht zu gewähren. Die Flüchtlinge, die damals nach Deutschland kamen, haben uns lediglich wie in einem Brennglas vor Augen geführt, was wir eigentlich längst wussten: Durch Migration hat sich unser Land verändert und wird sich weiter verändern.

Und nun gibt es einen Teil der Bevölkerung, der diese Entwicklung nicht bereit ist zu akzeptieren und auch nicht versteht, dass sie unumkehrbar ist. Dem gegenüber steht der übergroße Teil, der erkannt hat, dass wir uns zu dieser Veränderung verhalten müssen. Wie die richtigen Antworten auf diese Veränderung aussehen, darüber gibt es politischen Streit. Angesichts der augenscheinlichen Probleme und des sichtbaren Scheiterns von Integration in mancher deutschen Großstadt gerät dabei allzu leicht aus dem Blick, wie gut das Zusammenleben zwischen Menschen völlig unterschiedlicher Herkunft an vielen Stellen in unserem Land jeden Tag gelingt. Ausgehend von diesem Befund müssen Antworten gefunden werden.

Doch statt Zuversicht ist Angst das prägende Gefühl der öffentlichen Debatte. Manche bedienen diese Angst und versuchen daraus politisches Kapital zu schlagen. Die Diskussionen nicht nur am Stammtisch, sondern auch in den Familien, am Arbeitsplatz und auf der politischen Bühne werden wieder grundsätzlich. Der bisher geltende politische Konsens der Bundesrepublik wird hinterfragt, angezweifelt, steht auf dem Prüfstand oder wird sogar offen abgelehnt.

In Wahrheit geht es in den meisten Debatten deshalb auch gar nicht ausschließlich um Flüchtlinge, Integration oder Einwanderung. In Wahrheit geht es um uns selbst. Wie sehen wir uns als Deutsche zu Beginn des 21. Jahrhunderts? Wie wollen wir sein? Wie sehen wir unsere Nation? Welche politische Ordnung halten wir für die richtige, um unseren Platz in der Welt zu behaupten? All diese Fragen sind spannend, sie sind relevant. Und sie sind unbeantwortet. Das ist ein wesentlicher Grund, warum viele Menschen sich bedroht fühlen. Offensichtlich haben wir keine wirklich überzeugenden Antworten, die uns Sicherheit geben und auf denen unser Angebot gründet, wenn wir Menschen in unsere Gesellschaft integrieren und sie ein Teil von uns werden.

Die Herausforderungen sind groß, und Veränderungen sind unvermeidlich

Man kann wahrlich nicht behaupten, dass unsere Zeit frei von Konflikten und Problemen wäre – unabhängig davon, dass es den Deutschen in den letzten Jahren so gut ging wie noch nie in ihrer Geschichte. Das beginnt bei den ökonomischen Eckdaten zu Beginn des zweiten Jahrzehnts dieses Jahrhunderts: Stabiler Arbeitsmarkt mit Vollbeschäftigung in vielen Regionen der Republik, steigende Löhne bei einer faktisch nicht vorhandenen Inflation, die Renten steigen ebenfalls, solide Finanzen der öffentlichen Haushalte, keine neuen Schulden, eine stetig wachsende Volkswirtschaft, jahrelang Steuereinnahmen in Rekordhöhe und weitgehend intakte Sozialversicherungen sowie Milliardeninvestitionen in schnelles Internet und Straßen sowie in Bildung und Forschung zeugen von Stabilität und Sicherheit. An diesem Befund hat auch die Coronapandemie nichts geändert. Und wir haben die Aussicht, dass Deutschland nach dieser Krise auf die Erfolgsspur zurückkehren kann.

Das Deutschland vor 100 Jahren war das komplette Gegenteil. Die heute heranwachsende Generation genießt einen gesellschaftlichen Frieden und ein Maß an Sicherheit, das für die eigenen Urgroßeltern kaum vorstellbar war. Trotz aller Probleme gehen Gewalt und Kriminalität zurück. Unsere Gesellschaft ist relativ arm an Konflikten, der soziale Frieden ist hoch. Der gesellschaftliche Aufstieg mag schwer sein, aber er ist nicht unmöglich. Die Ressourcen und das Wissen, das zur Verfügung steht, um Probleme und Herausforderungen zu meistern, sind so groß wie nie zuvor.

Dass die Bundesrepublik nach den USA heute zu den wichtigsten internationalen Partnern Israels gehört, ist 75 Jahre nach der Shoa nicht nur ein Wunder, sondern auch das Ergebnis kluger Politik und harter Arbeit seitens Deutschlands. Und dieses gegenseitige Vertrauen, diese Freundschaft steht sinnbildlich für die Kontinuität und die Verlässlichkeit unserer Nation in der Völkergemeinschaft. Deutschlands Stimme ist eine Stimme der Vernunft in der Welt und findet deswegen Gehör. Konrad Adenauer hat mit der Bundesrepublik „aus den Trümmern der Stahlgewitter ein Haus der Ehre neu erbaut", wie es der Publizist Wolfram Weimer formuliert hat.

Doch viele spüren, dass dieser Zustand womöglich nicht von Dauer, ja sogar trügerisch ist. Waren wir seit 1990 lange Zeit – um ein Bild des Historikers Christopher Clark aufzugreifen – „Schlafwandler", haben wir die neuen Herausforderungen nicht gesehen und Krisen ignoriert? Oder sind „Angstkrisen", wie sie der Historiker Frank Biess für die Bundesrepublik als wiederkehrende Elemente der deutschen Geschichte beschreibt, normal? Viele zweifeln daran, dass die Eliten in Politik, Wirtschaft und Wissenschaft in der Lage sind, die aufziehenden Herausforderungen und Probleme zu lösen.

Die Coronapandemie führt uns drastisch vor Augen, wie fragil unsere Welt ist. Der erste Reflex, der Rückzug ins Private, ins Nationale, mag verständlich sein, suggeriert aber eine falsche Sicherheit. Die Globalisierung ist nicht die Ursache dafür, dass Covid-19 auch in Europa und anderen Teilen der Welt eine große Zahl an Opfern gefordert hat. Der Blick in die Geschichte lehrt, dass Krankheiten von der Pest, den Pocken bis hin zur Cholera immer ihren Weg um den Globus fanden, wenngleich die Zeitabläufe andere waren. Sosehr die Geschwindigkeit der Verbreitung uns heute besorgt, so sehr kann man konstatieren, dass die Welt heute über geeignete Mittel verfügt, um auch solchen Krisen zu begegnen – wenn man auf Zusammenarbeit setzt.

Unser Staat folgt seit Jahrzehnten der Prämisse, dass sein Handeln betriebswirtschaftlich nachvollziehbar sein muss. Aber ist das nicht ein Holzweg? Der Staat ist kein Unternehmen, folglich kann man ihn auch nicht so führen wie einen Konzern. Es kommt nicht von ungefähr, dass eine der beliebtesten Verschwörungstheorien die von der Deutschland GmbH ist. Deutschland sei kein Staat, wir alle seien keine Bürger, sondern Angestellte, so kann man es im Internet in verschiedenen Variationen nachlesen. Wissend raunen dort Reichsbürger und andere, ein Beleg für diese Behauptung sei ja allein die Tatsache, dass wir alle über einen Personalausweis verfügen, der uns als Personal dieser GmbH ausweise und eben kein Nachweis unserer Identität als Deutsche sei. Das ist so krude, dass man es achselzuckend beiseitewischen könnte, wenn nicht solches Reden auf immer mehr fruchtbaren Boden fallen würde. Auch das ist ein Zeichen der Verunsicherung, der Angst und des mangelnden Wissens um sich selbst.

Zunehmend äußern Menschen Zweifel an unserer staatlichen Ordnung. Sie glauben nicht, dass die parlamentarische Demokratie und die föderale Bundesrepublik eingebettet in das geeinte Europa auf Dauer die aktuellen und kommenden Probleme bewältigen können. Aus dieser Sinnsuche resultiert die Frage nach unserer eigenen Identität und Rolle.

Die Erfolgsgeschichte der Bundesrepublik, die deutsche Einheit und das momentane Ansehen, die wirtschaftliche Stärke haben die Deutschen nicht selbstbewusst gemacht – im Gegenteil. Sorgen und Ängste werden laut. Manche sprechen von einer Spaltung der Gesellschaft, die sichtbar wird durch eine bisher ungekannte Zahl fremdenfeindlicher Anschläge und Gewalttaten sowie eine zunehmende Verrohung des Umgangs von Bürgern miteinander. Dem steht eine große Hilfsbereitschaft für Menschen in Not gegenüber, die unser Land so ebenfalls noch nie erlebt hat und die uns alle stolz machen sollte. Hinzu kommt, dass Deutschland weltweit ein Ansehen genießt wie nie zuvor. Das gilt auch für das

Vertrauen in die deutsche Politik, wie man anhand der Würdigung der Bundeskanzlerin durch das *Time Magazine* als „Kanzlerin der freien Welt" erkennen kann. Nur die Deutschen trauen sich selbst offensichtlich nicht so recht.

Gleichwohl muss die Frage gestellt werden, wie sich Bürgerinnen und Bürger sowie der Staat und seine Institutionen auf Krisen vorbereiten bzw. vorbereitet haben. Unter den Staaten Europas und der westlichen Welt scheint Deutschland mit einem blauen Auge davongekommen zu sein. Man gewinnt den Eindruck, dass wir Glück im Unglück haben. Die Pandemie ereilt unser Land zudem in einer Zeit, in der die Ausgangslage nicht hätte besser sein können. Man stelle sich vor, wir müssten solche massiven wirtschaftlichen Einschnitte und den dringend notwendigen Mehrbedarf im Gesundheitssystem in Zeiten hoher Arbeitslosigkeit und leerer öffentlicher Kassen stemmen!

Gerade jetzt sei die Zeit für Reformen und Veränderungen, mahnen manche. Bis vor kurzem war die Veränderungsbereitschaft in unserem Land gering ausgeprägt. Wer will sich schon etwas zumuten, wenn es vermeintlich gerade so gut läuft? Ein Beispiel hierfür war und ist die Autoindustrie. Erst die Proteste der jungen Generation, die Skandale und die Überheblichkeit der deutschen Autobauer sowie der Klimawandel zwingen nun die deutschen Autokonzerne zu Veränderungen, die dringend notwendig sind. Es bleibt offen, ob dieser wichtige Bereich unserer Volkswirtschaft die Weichen für die Zukunft richtig stellt.

Andere wieder leiden jetzt schon an den Veränderungen, die sich am Horizont abzeichnen und deren Herausforderungen mit den Flüchtlingen, die 2015 und 2016 in großer Zahl Deutschland erreichten, erstmals ein Gesicht bekommen haben. Da ist die Frage, wie man Wohlstand und Freiheit auf Dauer bewahren kann, gerade in unserer Zeit, mehr als berechtigt.

Das Festhalten am Vertrauten, das Suchen danach bestimmt das Denken. Wir haben nicht verinnerlicht, dass gerade unsere Gesellschaft ihren Erfolg nicht nur der Dynamik und Offenheit, sondern auch der Fähigkeit verdankt, schnell und flexibel auf Veränderungen zu reagieren. Die Bundesrepublik hat von ihrer Gründung über das Wirtschaftswunder, die 68er-Bewegung, den linken Terror, den Systemkonflikt mit der DDR bis hin zum Fall der Mauer und der Wiedervereinigung sowie zur folgenden europäischen Integration den Nachweis geführt, dass sie zu notwendigen Reformen und Veränderungen fähig ist.

Kriege und Krisen nötigen menschlichen Gesellschaften Veränderungen ab. Sie beschleunigen oft den Wandel. Wie steht es heute mit der Veränderungsbereitschaft und der Kraft für notwendige Umgestaltungen? Der Euro ist in der Staatsschuldenkrise nicht zerbrochen, aber ob die Reformen wirklich tragfähig für die Zukunft sind, bleibt offen. Müssen die Staaten, die sich einer gemeinsamen Währung bedienen, nicht auch konsequent für die gemeinsamen Schulden haften? Die Flüchtlingskrise des Jahres 2015, die sowohl die Schwächen des europäischen Asylsystems als auch den mangelhaften Schutz der Außengrenze der Europäischen Union offenbarte, endete zwar mit einer Reduzierung der Flüchtlingszahlen in Europa, aber es gibt weder ein neues funktionierendes Asylsystem in Europa noch einen gemeinsamen effektiven Schutz der Außengrenze, und so harrt die wunderbare Idee offener Grenzen in Europa der Vollendung.

Dauerhaft kann es offene Grenzen in der Europäischen Union nur geben, wenn sich die Europäer gemeinsam für den Schutz der äußeren Grenzen der EU verantwortlich fühlen. Und die Coronapandemie ist eben nicht nur eine Herausforderung der einzelnen Nationalstaaten in Europa, die vom Umfang und Zeitpunkt der Pandemie und ihrer Folgen unterschiedlich betroffen waren und sind, sondern es bedarf auch hier einer

europäischen Antwort, die nicht allein in Rettungspaketen bestehen kann, sondern die strukturelle Veränderungen nach sich
ziehen muss.

Aber wir brauchen gar nicht kritisch anhand dieser drei Beispiele auf Europa zu schauen, wie wir das so oft tun. Fangen wir
bei uns selbst an. Wo müssen wir uns ändern als Deutsche?

Zwei Dinge kann man nicht ändern: Geschichte und Geografie. Die Deutschen leben in der Mitte Europas und nicht auf
einer Insel. Wir sind zu groß und wirtschaftlich zu stark, um uns
auf uns selbst zurückzuziehen und einfach die Tür zuzumachen,
wenn draußen der Wind of Change weht. Und wir haben auf der
Suche nach unserem Platz auf diesem Kontinent in zwei verhee-
renden Weltkriegen nicht nur Unheil weit über Europa hinaus
verbreitet, sondern selbst einen hohen Preis bezahlt. Die Bundesrepublik mit ihrer Bundeshauptstadt am Rhein, dem beschauli-
chen Bonn, war eine Antwort auf dieses blutige 20. Jahrhundert.
Mit der Wiedervereinigung und dem Umzug der Regierung nach
Berlin sollte sich nicht viel ändern, so die stille Hoffnung man-
ches Vertreters der alten Bundesrepublik. Doch in dem Maße, in
dem sich die Welt um die Deutschen herum wandelt, ließ und
lässt sich diese Idee einer nun lediglich etwas größeren Bundesrepublik, die international in einer eher zurückhaltenden Rolle
verharrt, kaum aufrechterhalten.

Auch zu glauben, wie es vielfach stillschweigend angenommen wurde, der Osten würde sich lediglich „integrieren" müssen, und dann könne man die Erfolgsgeschichte der alten Bundesrepublik fortschreiben, erweist sich zunehmend als falsche
Annahme. Es war voraussehbar, dass ein Volk nach über 40 Jahren der Teilung und unterschiedlichsten gesellschaftlichen und
politischen Erfahrungen ein tendenziell unterschiedliches Verständnis von Freiheit und der Rolle des Staates entwickelt. Die
deutsche Einheit ist daher längst nicht nur eine Frage gleicher

Löhne und Rentenpunkte. Sie ist eine politische Frage und eine Frage der Erwartungshaltungen und des Selbstverständnisses. Die Deutschen in Ost und West sind offensichtlich geprägt von unterschiedlichen Vorstellungen ihrer Nation. Es geht bei der inneren Einheit unseres Landes also längst nicht nur um materielle Fragen und Partizipation.

Die Anspruchshaltung gegenüber dem Staat ist hoch, das Schimpfen auf die Politik ein beliebter Volkssport. Oft geschieht das ohne großes Nachdenken. Was ist eigentlich die Konsequenz, wenn man das leichtfertig Dahingesagte weiterdenkt? Denen, die den Wert unserer freiheitlich-demokratischen Grundordnung geringschätzen, kann man nur mit den Worten des amerikanischen Historikers Timothy Snyder zurufen: „Staaten sind keine Strukturen, die man als gegeben voraussetzen, ausbeuten oder verwerfen kann, sondern die Frucht langer und mühsamer Arbeit. Es ist verführerisch, aber gefährlich, den Staat von rechts zu zerschlagen oder von links wissend auf den Scherbenhaufen zu starren. Doch politisches Denken ist weder Zerstörung noch Kritik, sondern die geschichtsbewusste Imagination pluraler Strukturen – eine Arbeit, die jetzt geleistet werden muss, damit Leben und Moral in der Zukunft bewahrt werden können."

Das klingt erst mal kompliziert, ist aber eigentlich ganz einfach: Wir sollen uns des Wertes einer stabilen und weitgehend funktionstüchtigen staatlichen Ordnung bewusst sein und sie dort wo notwendig verändern und weiterentwickeln. Dabei gilt es, auf dem Bestehenden aufzubauen, und nicht, es zu zerstören. Das erwarten die Mütter und Väter des Grundgesetzes nun von uns. Sie haben damals diese Bundesrepublik auf den Lehren der beiden preußischen Philosophen Georg Friedrich Wilhelm Hegel und insbesondere Immanuel Kant gegründet. Die Bundesrepublik ist keine Schöpfung aus dem Nichts, sondern setzt politische und geistesgeschichtliche Traditionen fort, die von den

Nationalsozialisten nicht zerstört werden konnten. Das ist uns heute kaum noch bewusst.

Für ein neues Verhältnis von Staat und Bürgern: Preußen als Vorbild

Es stellen sich auf der Suche nach unserer Identität drei zentrale Fragen: Erstens gilt es zu klären, welche Vorstellung wir von unserer Nation und der politischen Ordnung, in der wir leben wollen, haben. Zweitens müssen wir entscheiden, welches Verständnis vom Citoyen, vom Staatsbürger dieser Ordnung zugrunde liegt. Welche Rechte, aber auch welche Aufgaben und Pflichten fallen uns als Bürger zu, um zum Erfolg des Staates beizutragen? Und was macht diesen Erfolg eigentlich aus? Drittens bleibt die Frage, wer denn nun dazugehört, wenn wir von den Deutschen oder von Deutschland sprechen. Angesichts einer von Migration geprägten Gesellschaft und aufgrund der Tatsache, dass wir durch die Demografie auf Einwanderung angewiesen sein werden, ist das die drängende Frage. Das bisherige, historisch geprägte sowie zudem falsche Bild eines ethnisch homogenen Staatsvolkes führt sich selbst beim Betrachten der Wirklichkeit ad absurdum. Aber was tritt an seine Stelle? Und wie kann es gelingen, hier einen neuen Konsens herzustellen?

Die Folie zur Beantwortung dieser Frage ist in diesem Buch Preußen. Die preußische Geschichte hat Licht und Schatten. Doch Geschichte erlaubt uns eine Auswahl und eine Bewertung dessen, was uns heute vorbildlich sein kann. Der liberale preußische Konservatismus, ein preußisches, den Staat prägendes Selbstbild des Maßhaltens und der Vernunft sowie ein Verständnis von Bildung und Bürgertum, das – ob wir wollen oder nicht – auch diese Bundesrepublik geprägt hat und dessen

Geist wir wiedererwecken sollten, können uns Antworten und Orientierung geben.

Der langjährige Bundestagsabgeordnete Kurt Birrenbach (CDU) hat es so formuliert: „Durch den objektiven historischen Rückblick auf die Vorgeschichte unseres Landes könnten der Bundesrepublik Deutschland Anstöße für eine zukünftige Entwicklung durch die geschichtliche Forschung gegeben werden, die sich auf längere Frist als staatstragend erweisen könnten." Diese Einschätzung teile ich.

Preußische Geschichte ist so vielfältig und birgt so viele unterschiedliche Aspekte, dass man sich getrost die preußischen Traditionen vornehmen kann, die uns heute wieder oder immer noch bedenkenswert oder gar vorbildlich erscheinen, und auch die zweifellos vorhandenen Irrungen beiseitelegen darf. Es geht – das sei noch einmal ausdrücklich betont – eben nicht um einen historischen Vergleich oder gar eine umfassende Darstellung preußischer Geschichte. Der Historiker Lothar Gall hat zu Recht festgestellt: „Kein europäischer Staat der letzten Jahrhunderte zeigt so viele Gesichter, bei keinem ist die Frage nach dem spezifischen Charakter so schwer zu beantworten – und findet dementsprechend so entschiedene Antworten unterschiedlicher Natur – wie bei Preußen." Und Galls Kollege Hans-Ulrich Wehler hat ergänzt: „Die Abwägung der Nachteile und Vorzüge Preußens macht es nicht gerade leicht, schnell eine Bilanz zu ziehen."

Wehler mahnt, man solle das Heute nicht „mit einem nostalgisch verharmlosten Preußen" vergleichen. So ist auch seine Bilanz Preußens am Ende negativ. Historisch mag man darüber streiten. Aber das soll hier nicht das Thema sein. Mein Blick ruht auf einem wohlverstandenen Preußentum. Damit wird schnell klar, dass es hier eher um preußische Redlichkeit und Liberalität als um Reaktion und Militarismus gehen wird. Und natürlich geht es um Konservatismus. Doch so einfach ist selbst das nicht.

Welche Aspekte des preußischen Konservatismus, welche Werte und welche Haltung sind denn im 21. Jahrhundert noch sinnstiftend oder zeitgemäß zu übersetzen?

Sich für die Zukunft Deutschlands an den alten Preußen orientieren, dass klingt für manche wie ein schlechter Scherz. Nicht wenige sehen in Preußen den Quell allen Übels, das im 20. Jahrhundert die Deutschen ereilte: Militarismus, Nationalismus, Untertanengeist. Und doch waren es die Preußen, die sich den Fragen nach ihrer Identität, der Staatsverfasstheit und dem Bürgerverständnis stellen mussten wie wir heute. Und sie haben auf vergleichbare Fragen ganz andere Antworten gegeben, als wir es bis dato tun. Und es waren übrigens andere Antworten, als wir sie Preußen in Unkenntnis der Geschichte zuschreiben. Wenn wir von Preußen als Vorbild sprechen, dann kann es – das sei noch einmal betont – also nur um das aufgeklärte, das liberale Preußen gehen. Dann sprechen wir von dem Ethos preußischer Freiheit und Pflicht, vom humboldtschen Bildungsideal und Menschenbild sowie der Philosophie Kants als beispielgebend.

Es ist einfach, Preußen zu diskreditieren. Und bezeichnenderweise bedienen sich die meisten dabei der nationalsozialistischen Täuschung, die eine nie vorhandene Kontinuität vom alten Fritz bis zum „böhmischen Gefreiten", wie Hindenburg Adolf Hitler abfällig nannte, suggerierte. Der Historiker Christopher Clark weist indes auf den absoluten Gegensatz hin, in dem Preußen und Nationalsozialismus zueinander stehen. „Preußen steht für die Hoheit des Staates, für die Idee, dass der Staat die gesamten Interessen der Zivilgesellschaft in sich aufnimmt. Für die Nationalsozialisten war das unvorstellbar, sie wollten ein völkisches Gebilde an die Stelle des Staates setzen." Dieser Widerspruch hinderte Hitler und Goebbels allerdings nicht daran, Preußen als „schillernden Fetisch" zu missbrauchen, auch wenn die transzendente Würde des preußischen Staates, erdacht von Georg

Wilhelm Friedrich Hegel, nichts gemein hatte mit dem national-sozialistischen Rassenstaat.

Der Schriftsteller Heinz Ohff schrieb: „Preußische und deutsche Tradition ist anders. Sie hat wenig mit dem zu tun, was die Braunen als deutsch und preußisch ausgaben." In diesem Urteil sind sich Christopher Clark und Ohff einig. Das Preußen, von dem hier die Rede sein soll, wurde nicht erst 1947 durch die Alliierten, die glaubten, eine Staatsidee zu verbieten und nicht nur einen nicht mehr vorhandenen Staat aufzulösen, getilgt. Vielleicht verschwand es bereits mit der Reichsgründung 1871 aus der Geschichte, wie manche Historiker meinen. Vieles, was man heute als preußisch bezeichnet, war längst deutschnational, und es bedurfte eines Bismarcks, um diesen überbordenden deutschen Nationalismus, dem sich auch viele Preußen hingaben, zu zähmen. Nach ihm brach sich der teutonische, nicht der preußische Furor in zwei Weltkriegen Bahn.

So einfach ist es bei genauerem Hinsehen also nicht, den Stab über Preußen zu brechen. Preußische Tugenden stehen der Ideologie des Nationalsozialismus diametral entgegen. Preußens Fähigkeit zur Integration war zudem nicht nur eine gesellschaftliche, sondern auch eine politische: Auch Bismarcks Integration Preußens in das Deutsche Reich und die dann folgende Außenpolitik als „ehrlicher Makler" sind bedenkenswert, wenn man nach der heutigen Rolle Deutschlands in Europa und der Welt fragt.

Der durch den Publizisten Sebastian Haffner so wunderbar als „Vernunftstaat" beschriebene preußische Staat wurde von Männern wie dem großen Immanuel Kant erdacht und von nüchtern-pflichtbewussten Beamten und Bürgern mit Leben erfüllt, als anderenorts Staatlichkeit noch von einem ständischen Dünkel der Fürstenherrschaft geprägt war. Preußen wollte gar kein Nationalstaat sein. Sebastian Haffner, der Preußen wohl wie kaum ein Zweiter verstanden hat, hat es so beschrieben: „Es war ganz einfach ein Staat, nichts weiter, ein Vernunftstaat, offen für alle. Gleiches Recht für alle. Und gleiche Pflichten allerdings, das auch." Dieses Verständnis ist nicht die schlechteste Grundlage für das Zusammenleben von Menschen. Der preußische Generalfeldmarschall Helmuth von Moltke hat es in seiner Zeit so formuliert: „Jede Nation ist Idee." Und die Idee eines Staates, der effektiv organisiert ist, der funktioniert, der das Recht schützt, der Sicherheit schafft, mag langweilig klingen, ist aber, wenn man sich in der Welt umschaut, offensichtlich alles andere als selbstverständlich.

Freiheit und Pflichtbewusstsein gingen in Preußen eine fast symbiotische Verbindung ein. So entstand ein Ethos, das sowohl das Bürgertum als auch den Adel zu Dienern des Staates werden ließ – mit dem König als erstem Diener an der Spitze. Daneben erwarben die Bürger Rechte, die aus der Pflichterfüllung gegenüber dem Staat erwuchsen und die in dem Ringen um eine Verfassung, erste Formen der gesellschaftlichen Teilhabe und Aufstiegsmöglichkeiten durch Bildung in der Gesellschaft ihren Niederschlag fanden. Das Tor zur bürgerlichen Freiheit war in Preußen aufgestoßen worden.

Freiheit ist auch heute der entscheidende Wert, wenn es um das Selbstverständnis eines echten Citoyens in unserer Republik geht. Doch was bedeutet Freiheit? Die Verabsolutierung von Freiheit kann keine Antwort sein. Zumal es mitzudenken gilt, dass sich das „Leben nicht auf Vorteilssuche aufbauen" lässt, wie es Georg Wilhelm Friedrich Hegel formuliert hat.

Grundvoraussetzung für einen leistungsfähigen Staat sind Bürgerinnen und Bürger, die den Staat, das Gemeinwesen tragen. Das verlangt keine Rückkehr eines obrigkeitsstaatlichen Verständnisses, das den Bürger dem Staat unterordnet. Vielmehr geht es um die Frage, ob wir uns im Sinne des von Ernst-Wolfgang Böckenförde aufgestellten Diktums bewusst sind, dass der freiheitliche, säkularisierte Rechtsstaat von Voraussetzungen lebt, die er selbst nicht garantieren kann. Die Voraussetzungen für ein funktionierendes Gemeinwesen müssen wir selbst ins Werk setzen! Es braucht also Bürgerinnen und Bürger, die ein Staatsverständnis leben, das die freiheitlich-demokratische Grundordnung und die parlamentarische Demokratie trägt. Freiheit ist dann vor allem die Voraussetzung für ein bürgerliches Ethos, das die Verantwortung des Einzelnen für die Gesellschaft wieder stärker betont.

Preußen war ein Staat, der nicht nur seinen Beamten und Soldaten, sondern auch seinen Bürgern einiges abverlangte. Der preußische Staat war dabei beileibe kein schwacher Staat – im Gegenteil. Eine effiziente Verwaltung, eine funktionierende Justiz und ein hohes Maß an Sicherheit schufen ein Gemeinwesen, das von seinen Bürgern nicht zwingend geliebt, aber geschätzt wurde. Damit lag Preußen ein Staatsverständnis zugrunde, das ohne den Bürger nicht zu denken war und den Gedanken des Dienens und der Verantwortung für sich selbst und andere zum Ausgangspunkt aller Überlegungen machte. Nur so konnten Bildung, Aufklärung, Toleranz und Recht gedeihen.

Aus den Ideen Kants ist der Begriff der kantischen oder auch preußischen Pflicht hervorgegangen. „Handle nur nach derjenigen Maxime, durch die du zugleich wollen kannst, dass sie ein allgemeines Gesetz werde." Der kategorische Imperativ ist also ein Aufruf zum Handeln. Er fordert von uns als Bürgerinnen und Bürger das Eintreten für das Gemeinwohl auch dann, wenn wir selbst zurückstehen müssen. Das steht im Widerspruch zur Neigung, das individuelle Glück zu suchen, setzt die Achtung vor dem Gesetz voraus und funktioniert nicht ohne Freiheit sowie die Fähigkeit, Normen anzunehmen, diese als richtig zu erkennen und zu achten. Wenn wir also unzufrieden sind mit manchem Zustand in unserem Land, dann müssen wir auch kritisch auf uns selbst schauen. Sind diejenigen, die besonders laut schimpfen, dazu bereit? Und wie verhält es sich mit der meist lautstark vorgetragenen Erwartungshaltung gegenüber dem Staat?

Der preußische Widerstandskämpfer Helmuth James Graf von Moltke hat in seinen Gedanken zu einer möglichen Neuordnung Deutschlands nach dem Ende der Naziherrschaft ein Prinzip formuliert, das die Freiheit in den Mittelpunkt stellt. Er hat daraus abgeleitet, was das für Staat, Gesellschaft und Bürger bedeutet: „Die Freiheit des Einzelnen muss einer der wesentlichen Programmpunkte jeder politischen Neuordnung sein. Diese Freiheit darf jedoch nicht als ein absolutes Recht dargestellt werden, sondern lediglich als Korrelat der inneren Bindung. [...] Die Gewährung von Freiheit ist daher als Vorleistung an den Einzelnen anzusehen, die ihn verpflichtet, sich um die Gegenleistung zu bemühen."

Es gibt keine Preußen mehr. Wer sollte also diese Werte und eine konservative Haltung mit Leben füllen? Nun waren es eben selten gebürtige Preußen, die zu den prägnantesten Verfechtern dieses vorbildlichen Preußens zählten. Vielleicht liegt darin die Stärke des Vernunftstaates. Die Offenheit des Staates, der zugleich nach klar erkennbaren und unumstößlichen Prinzipien agierte, ist das, was für uns heute interessant ist. Im Mittelpunkt steht dabei der Gedanke des Dienens. Dass sich immer wieder Männer – und auch Frauen – diesem Selbstverständnis verpflichtet fühlten, war das Glück Preußens.

Dabei konnte dieser „Vernunftstaat" darauf bauen, dass Dienst gerade auch von denen geleistet wurde, die gar keine gebürtigen Preußen, sondern Sachsen, Hannoveraner oder Mecklenburgerinnen waren. Das, wofür Preußen stand, erweckte ihre Bereitschaft, sich in den Dienst der für gut befundenen Sache zu stellen. Und genau das ist es, was Deutschland heute braucht: Bürgerinnen und Bürger, die den Staat zu ihrer eigenen Sache machen und nicht nur Erwartungen formulieren und Ansprüche stellen.

Es stimmt: Preußen ist nicht mehr. In der Reaktion Wilhelms I. nach der Kaiserproklamation in Versailles regte sich noch einmal das alte Preußen, als er nicht etwa triumphierte, sondern traurig und niedergeschlagen das Ende gekommen sah. Der „pompöse, taktlose Mummenschanz" im Spiegelsaal hatte so gar nichts mit dem alten Preußen gemein. Hier endete das, was erst 1947 durch die Entscheidung der Siegermächte formal aufhörte zu existieren. Wolf Jobst Siedler hat es einmal so formuliert: „Vielleicht ist Preußen die Summe, die Deutschland zahlen musste, um Europa zu versöhnen. Dann wäre der Abschied von Preußen ein hoher Preis für einen endlich gewonnenen Ausgleich. Aber ein beruhigtes Deutschland und ein besänftigtes Europa wären es wert, dass Preußen der Baustein der neuen Ordnung ist."

Es wäre ein versöhnliches Ende und dem preußischen Ethos entsprechend, sich für eine übergeordnete Sache selbst aufzugeben, wenn man Preußen diese historische Rolle mit Blick auf die Bundesrepublik zubilligt. Folgt man dieser Annahme, dann stellt sich die Frage, was heute zu tun ist, um das historische Erbe einer von einem hohen Maß an Rationalität und Vernunft geprägten deutschen Staatlichkeit, die Ausdruck in der Kontinuität politischen Handelns in der Bundesrepublik unabhängig von den jeweils regierenden Parteien findet, zu bewahren. Viel steht auf dem Spiel. Darum ist diese Schrift eben kein wehmütiger Blick zurück. Ich halte es mit dem Preußen Theodor Fontane, der gesagt hat: „Alles Alte, soweit es Anspruch darauf hat, sollen wir lieben, aber für das Neue sollen wir recht eigentlich leben."

Von Konrad Adenauer über Willy Brandt und Helmut Kohl bis heute zu Angela Merkel haben die Kanzler der Bundesrepublik viel getan, um an dieser neuen Ordnung eines wieder vereinigten Deutschlands in einem geeinten Europa zu arbeiten. Wenn Preußen einer der Bausteine dieser Ordnung ist – nicht als Staat, aber im Sinne einer Haltung zum Staat und der Frage der Verantwortung des Einzelnen für die Zukunft Deutschlands und Europas –, dann bin ich davon überzeugt: Wir sollten dringend mehr Preußen wagen.

Bestimmen wir unser Selbstverständnis neu

Das Verhältnis der Bürgerinnen und Bürger zu ihrem Staat wird von Generation zu Generation neu geprägt. In einer Gesellschaft, in der viele Menschen leben, deren eigene Wurzeln oder die ihrer Eltern und Großeltern außerhalb Deutschlands liegen, sind sowohl die Bereitschaft teilzuhaben als auch die Offenheit der ansässigen Bevölkerung, neue Landsleute als solche anzunehmen, eine zentrale Herausforderung. Historisch haben die Deutschen über die Jahrhunderte immer wieder entsprechende Erfahrungen gemacht. Das Bewusstsein dafür ist aber weitgehend verloren gegangen.

Wir kommen nicht umhin, in die Diskussion um unser Selbstverständnis und unsere Identität auch diejenigen einzubeziehen, die nicht aus dem Schwarzwald, dem Vogelsberg oder von der Waterkant kommen, sondern aus Anatolien, Arabien oder Südostasien und nun in Deutschland eine neue Heimat gefunden haben. Wir brauchen ihren Fleiß und Ideenreichtum, wenn Deutschland in Zukunft erfolgreich und stark bleiben soll. Wir müssen sie für diese Bundesrepublik begeistern und sie künftig als Landsleute ansprechen. Warum sollten sie sonst für diese Gesellschaft eintreten und sich mit diesem Deutschland und seiner Geschichte identifizieren? Auch hier ist Preußen ein spannendes Vorbild.

Angesichts der fast legendären preußischen Toleranz gegenüber Glaubensflüchtlingen und der bewussten Ansiedlung von Ausländern auf preußischem Territorium musste der Staat seinen Bürgern zugestehen, unterschiedliche Identitäten zu leben, unter denen die preußische nur eine war. Die Bürger dieses Staates sahen sich als Brandenburger, Ostpreußen, Polen, Rheinländer oder Schlesier und erst dann als Preußen. Und interessanterweise traten meist Menschen, die keine gebürtigen Preußen waren, an, wenn es darum ging, den preußischen Staat zu reformieren oder zu bewahren. Die Militärs Scharnhorst, Gneisenau, Blücher und Moltke, der knorrige Reformer und Politiker Freiherr vom Stein oder der preußische Staatsphilosoph Hegel: Allesamt waren sie keine geborenen Preußen. Aber diesem Staat und mehr noch seinen Ideen fühlten sie sich besonders verpflichtet.

In der Bundesrepublik wurde aus der exklusiven Vorstellung der deutschen Nation eine inklusive – die damit der preußischen Staatsidee viel näher war als der deutschen Nationalbewegung. Jakob Grimm hatte es schon viel früher formuliert, was von den Deutschen heute gelernt und akzeptiert werden muss: „Ein Volk ist der Inbegriff von Menschen, die dieselbe Sprache sprechen." Das würde bedeuten, dass man durch das Erlernen der Sprache dazugehören kann. Ein weitgefasster Nationsbegriff wäre das. Hier sind sich Bundesrepublik und Preußen erstaunlich ähnlich.

Preußen war in seiner Migrationspolitik ungemein einfallsreich. Man gewährte nicht nur Flüchtlingen Aufnahme, sondern gründete in den verschiedensten Städten von Amsterdam bis Lyon Immigrationsbüros, um neue Bürger zu gewinnen. Festzuhalten ist, dass die preußische Einwanderungspolitik nicht selbstlos war, sondern dem Ziel folgte, innovative und leistungsbereite Migranten zur Gründung von Unternehmen, zur Urbarmachung und Bewirtschaftung der agrarischen Flächen und als

Arbeitskräfte ins Land zu holen. Und dennoch hatte die Aufnahme von Glaubensflüchtlingen eine humanitäre Bedeutung.

Niemand mag behaupten, dass dies nicht zu gesellschaftlichen Konflikten führte. Unbestritten verlangte die Einwanderung von der preußischen Gesellschaft eine große Integrationsanstrengung. Michael Salewski hat Preußen in Anlehnung an die USA als „melting pot" bezeichnet und auf die verschiedenen ethnischen Milieus von der Memel bis zum Rhein aufmerksam gemacht, die doch „wie jene Amerikaner" alle Preußen waren. Besonders eindrucksvoll wird das deutlich, wenn man einen Blick auf die Hauptstadt Preußens wirft. Fast die Hälfte der 11 000 Einwohner Berlins waren zu Zeiten des Großen Kurfürsten Franzosen. Berliner und dann Preußen mussten aus ihnen erst noch werden. Gekennzeichnet war dieses Preußen aber durch seine Offenheit. Friedrich der Große setzte diese Tradition fort und brachte das in seiner Haltung gegenüber Bürgern unterschiedlichen Glaubens zum Ausdruck: „Wenn Mohammedaner kommen, werden wir ihnen Moscheen bauen." Man führe sich noch einmal vor Augen, was dieser Satz, in einem Land, das der Religionsfreiheit immerhin Verfassungsrang einräumt, heute noch an Debatten auslöst.

Was heißt das für uns? Es bedeutet, dass wir den Kampf um die Herzen derjenigen aufnehmen müssen, die heute zu uns kommen. Und wir müssen noch einmal auf die zugehen, deren Vorfahren einst zu uns kamen und die sich erkennbar noch nicht als Teil dieser Gesellschaft sehen und fühlen. Das gelingt durch klare und verständliche Regeln, die für alle gelten und deren Nichteinhaltung sanktioniert wird, aber noch mehr durch Offenheit, Interesse und Respekt in der Begegnung miteinander. Der Kampf um die Herzen und Köpfe lohnt sich für die Deutschen. Denn die meisten Ausländer, die in Deutschland leben, leben gern hier. Es spricht nichts dagegen, dass sie Deutsche werden und sich dann auch selbst so sehen.

Für uns Deutsche bedeutet es: Es kommt in erster Linie darauf an, was wir tun. Nicht woher wir kommen.

Deutschland selbst ist durch die Einwanderung seit den 1960er Jahren und die niedrige Geburtenrate bereits in einem Wandel begriffen, der nicht mehr aufzuhalten ist. Zwischen 1954 und dem Jahr 2006 sind insgesamt 37 Millionen Menschen nach Deutschland eingewandert, 80 Prozent von ihnen waren Ausländer, die anderen Spätaussiedler und Deutsche, die in ihr Heimatland zurückgekehrt sind. Uns wird bewusst, dass die Integration von Millionen Ausländern und Spätaussiedlern in den letzten Jahrzehnten zwar vielfach eine Erfolgsgeschichte ist, aber das Scheitern von Integration kann man in deutschen Großstädten ebenfalls jeden Tag vor Augen geführt bekommen, wenn man genau hinsieht.

Hinzu kommt, dass Einwanderer politische Konflikte aus ihren Herkunftsländern mit in die deutsche Gesellschaft getragen haben. Deutlich wird dies durch eine Zunahme des Antisemitismus – offen zur Schau gestellt von meist jungen Migranten aus der arabischen Welt. Im Windschatten wird der Judenhass auch bei Rechtsradikalen nicht nur durch Worte zum Ausdruck gebracht, wie man an Angriffen auf jüdische Einrichtungen und Lokale sehen kann. Dagegen muss man aufstehen.

Im Mittelpunkt steht aber eine andere Frage: Wie gehen wir damit um, dass sich das deutsche Staatsvolk in den nächsten 20 Jahren weiter drastisch verändern wird – auch ohne die aus demografischen Gründen notwendige Einwanderung? Wie schaffen wir Loyalität und Zusammengehörigkeitsgefühl zwischen Bürgern und Staat? Welche Folgen hat das für das Staatsverständnis der Republik?

Nicht nur aufgrund der jahrzehntelangen Einwanderung, sondern auch aufgrund einer Pluralisierung der Gesellschaft sind kulturelle Konflikte zunehmend spürbar. Die Deutschen haben sich bis zur Gründung eines Nationalstaates lange als Kulturnation verstanden. Nun erleben wir, dass sich deutsche Bürger mit einer Einwanderungsgeschichte, die hier Unternehmen gründen, Steuern zahlen, sich engagieren und ihre Kinder großziehen, weiterhin der Kultur und Sprache ihrer ursprünglichen Heimat verpflichtet fühlen. Wie gehen wir mit dieser Vielfalt um? Wie schaffen wir es, dass deutsche Bürger mit einer Einwanderungsgeschichte nicht nur einen deutschen Pass in der Tasche haben, sondern sich im besten Sinne des Wortes als Bürger dieser Republik verstehen? Und lernen die Deutschen, dass es eine elementare Voraussetzung eines Einwanderungslandes ist, von Neubürgern ein Bekenntnis zur Nation einzufordern und zugleich kulturelle Vielfalt als Bereicherung zu empfinden?

Während Deutschland derzeit attraktiv ist und Menschen aus dem Ausland hier arbeiten und oftmals hier heimisch werden, müssen wir uns außerdem bewusstmachen: Diese Entwicklung ist nicht zwingend von Dauer. Noch vor wenigen Jahren musste unser Land erleben, dass mehr Menschen aus- als eingewandert sind. Und es waren die gut qualifizierten und motivierten, die damals Deutschland den Rücken kehrten. Was ist also zu tun, damit Talente in Deutschland bleiben und weitere von außen zu uns kommen? Mit dieser Frage muss sich unsere Gesellschaft intensiv auseinandersetzen, denn angesichts der Demografie wird Deutschland auf Einwanderung angewiesen sein. Wenn wir nicht die fatale Gleichsetzung von Asyl- und Einwanderungspolitik in der öffentlichen Debatte der letzten Jahre endlich überwinden, dann wird eine rationale Debatte nur schwer möglich sein.

Die Welt wird sich verändern – ob wir wollen oder nicht. Wir werden also nicht nur die hier aufgeworfenen Fragen beantworten müssen, sondern ganz allgemein zu klären haben, wie wir mit diesen Herausforderungen umgehen. Sind die Deutschen so satt, so bequem, ist die German Angst so sprichwörtlich, dass sie uns lähmt und damit unfähig macht, unseren Platz in der Welt zu behaupten und die dafür notwendigen Entscheidungen zu treffen? Der preußische General Kurt von Hammerstein-Equord hat den Satz „Angst ist keine Weltanschauung" geprägt. Man möchte mit Blick auf die aufgeregte Stimmung im Lande meinen, dass die Deutschen gerade das Gegenteil praktizieren. Sie kultivieren ihre Ängste, anstatt sich mit wachem Blick die Welt anzuschauen, zu analysieren, wo wir stehen, und dann die notwendigen Schlüsse zu ziehen und Entscheidungen zu treffen. „Wer von Angst getrieben ist, vermeidet das Unangenehme, verleugnet das Wirkliche und verpasst das Mögliche", mahnt uns der Soziologe Heinz Bude.

Die Wahrheit ist, dass die Digitalisierung, die Globalisierung und der demografische Wandel keine Veränderungen sind, bei denen wir entscheiden, ob sie stattfinden. Sie geschehen bereits. Beim von Menschen verursachten Klimawandel ist noch offen, ob wir rechtzeitig die notwendigen Entscheidungen treffen. Auch hier ist der nationale Handlungsrahmen in seiner globalen Wirkung beschränkt. Wir sind abhängig vom Handeln anderer Nationen und der Völkergemeinschaft. Für die Zukunft Deutschlands wird es also darauf ankommen, ob wir bereit sind, uns diesem vielfachen Wandel, den man zu Recht auch als Zeitenwende bezeichnen kann, zu stellen. Entscheidend sind die Haltung und das Selbstverständnis, mit der wir als Deutsche diesen Herausforderungen begegnen. Ergeben wir uns dem Alarmismus? Ergötzen wir uns in der Angst vor dem Klimawandel, dem Terror oder den Finanzmärkten? Es ist notwendig, dass wir uns bewusstmachen, was das Ziel unserer Anstrengungen ist. Ausgangspunkt sind bei dieser Annäherung die formulierten Fragen: Wer sind wir? Wer wollen wir sein? Was müssen wir tun, um als Deutsche unseren Platz in der Welt zu behaupten, unserem eigenen Volk eine gute Zukunft zu sichern? Welches Angebot haben wir Menschen zu machen, die zu uns kommen und dazugehören wollen oder können?

In der Tat braucht es Bürgerinnen und Bürger, die für unser Land Verantwortung übernehmen. Ist ein guter Staatsbürger dieser Republik nicht viel eher jemand, der nach dieser Verantwortung für sich selbst und seine Familie strebt, als jemand, der aufgrund seiner Abstammung Bürgerrechte erworben hat? Friedrich der Große hat einen Satz geprägt, der so gar nicht zu seinen Eroberungszügen passte, der aber dennoch wahr und gerade für heutige Zeiten uneingeschränkt Gültigkeit hat, wenn man nicht auf den Staat allein, sondern auf verantwortlich handelnde Bürger setzt. Er hat gesagt: „Die Bereicherung des Vaterlandes um einen guten Bürger ist mehr wert als eine Erweiterung seiner Grenzen."

Wir erinnern uns: Es war Preußen, das Glaubensflüchtlinge aufgenommen hatte, eine aktive „Peuplierungspolitik" betrieb, Kolonisten ansiedelte und dafür eigens „Immigrationsbüros" in aller Welt schuf. Wenn das heutige Deutschland ein Einwanderungsland ist, dann müssen wir entscheiden, wer zu uns passt, wen wir brauchen und welche Eigenschaften und Fähigkeiten jemand mitbringen soll, der zu uns kommt. Die damit verbundene Debatte um eine deutsche Leitkultur und unser Staats- und Bürgerverständnis flammt immer wieder auf. Hier lohnt der Blick auf Preußen ganz besonders, denn wir brauchen ein inklusives Angebot, ein offenes Verständnis von Gesellschaft und einen zeitgemäßen Patriotismus gleichermaßen.

Sprichwörtlich war die preußische Toleranz auch in Religionsfragen. Und Religion ist für viele Menschen ein wesentlicher Teil ihrer Identität. Wie ist das nun in einer Gesellschaft, in der die Menschen verschiedenen Religionen angehören oder vermeintlich an nichts glauben? Salafismus und ein politischer Islam, der zudem kulturelle Unterschiede in der Lebensweise in Europa zur

Abgrenzung nutzt, waren in Preußen unbekannt. Sie wären wohl nicht akzeptiert worden, weil das die Religionsfreiheit für politische Zwecke instrumentalisiert hätte. Man kann die Frage nach unserem Selbstbild als Bürger, unserem Verständnis als Nation daher nicht diskutieren, ohne auch einen Blick auf die Religion zu werfen. Wir müssen diese Grenze neu fassen, ohne mit dem Prinzip des alten Fritz, dass „jeder [...] nach seiner Façon selig werden" solle, zu brechen. Das Grundgesetz gewährt Religionsfreiheit. Der Staat muss allen Religionsgemeinschaften gleiche Rahmenbedingungen setzen. Er kann jedoch im Gegenzug von allen Gläubigen, die zugleich Bürger sind, die gleiche Loyalität fordern.

Deshalb muss der deutsche Staat seinen muslimischen Bürgern die Gelegenheit geben, ihren Glauben zu leben, er muss den Einfluss fremder Staaten auf seine muslimischen Bürger unterbinden und zugleich Loyalität stiften. Das ist die Aufgabe. Es geht nicht um Deutsche und Muslime. Es geht um deutsche Muslime und um Muslime in Deutschland. Wer hier einen Loyalitätskonflikt konstruiert, der läuft Gefahr, die Fehler Bismarcks im Kulturkampf zu wiederholen. Der preußische Ministerpräsident und Reichskanzler sprach den katholischen Bürgern des Staates ab, beides sein zu können: gute Katholiken und gute Staatsbürger. Die Antwort auf diese Unterstellungen war der politische Katholizismus. Bismarck scheiterte. Für mich ist klar: Ein guter Muslim kann natürlich ein guter deutscher Bürger sein.

Eine Rückbesinnung auf uns selbst wird in der globalisierten Welt keine Antwort sein können, selbst wenn Rechtspopulisten das lautstark propagieren. Auch Preußen erlebte seine dunkelste Stunde, als es glaubte, sich in der Auseinandersetzung mit Napoleon auf sich selbst zurückziehen zu können. Es war stark, wenn es den Blick über die eigenen Grenzen wagte, und damit ist nicht die militärische Expansion gemeint, sondern die Bereitschaft zur Veränderung, zur Reform und zur Integration.

Das obrigkeitshörige, bornierte Preußen war Konrad Adenauer als katholischem Rheinländer verhasst. Das ist bekannt. Ob er den ihm zugeschriebenen Satz „Letztlich sind wir alle Preußen" daher mit einem Seufzen oder als Anspruch formuliert hat, entzieht sich meiner Kenntnis. Ein Porträt von ihm mit diesen Worten hängt im Berliner Sitzungssaal einer politischen Stiftung, die seinen Namen trägt. Man kann den Satz aber so verstehen: Es gibt bis heute Werte und Normen, die empfinden und beschreiben wir als preußisch. Wer entsprechend handelt, der wird zum Preußen und auch so beschrieben. Der bereits erwähnte australische Historiker Christopher Clark hat zur Beschreibung der Bundeskanzlerin in einem Interview gesagt: „Angela Merkel ist sehr preußisch." Damit meinte er offenkundig, dass sie das preußische Ethos des Dienens als Politiker verkörpere wie kaum sonst jemand.

Wie wurden diese Werte geprägt und vermittelt? Die Verantwortung der Eliten und Staatsdiener für das Gemeinwesen sowie ein modernes einheitliches Bildungssystem, das den Bürger erziehen und bilden sollte, die religiöse Toleranz und die Aufklärung waren Grundlage für die Aneignung der sprichwörtlichen preußischen Tugenden wie beispielsweise Fleiß, Redlichkeit, Disziplin, Ordnung, Sparsamkeit, Gerechtigkeit und Pünktlichkeit. Die Frage nach Verantwortung der Eliten in Politik, Wirtschaft und Gesellschaft wird heute immer wieder laut gestellt, wenn man mit Bürgern diskutiert. Hat man das Gefühl, dass die Spitzen von Staat und Gesellschaft sich diesen Werten verpflichtet fühlen in ihrem Handeln? Oft genug nicht. Aber wie ist das mit uns? Dass nach preußischem Verständnis Bürger dem Gemeinwesen verpflichtet sind und nicht nur Rechte haben, gehört zu dieser Diskussion nämlich dazu – niedergelegt im kategorischen Imperativ Kants. Noch ein Preuße.

„Pflicht eines jeden guten Bürgers ist es, dem Vaterland zu dienen,
daran zu denken, dass er nicht allein für sich auf der Welt ist,
sondern dass er zum Wohl der Gesellschaft,
in die ihn die Natur gesetzt hat, arbeiten muss."
    FRIEDRICH DER GROSSE

„Die Freiheit des Einzelnen muss einer der wesentlichen Programm-
punkte jeder politischen Neuordnung sein. Diese Freiheit darf jedoch
nicht als ein absolutes Recht dargestellt werden, sondern lediglich
als Korrelat der inneren Bindung. […] Die Gewährung von Freiheit
ist daher als Vorleistung an den Einzelnen anzusehen,
die ihn verpflichtet, sich um die Gegenleistung zu bemühen."
    HELMUTH JAMES GRAF VON MOLTKE

Was tun wir füreinander?
Für einen neuen Republikanismus

Es ist viel von Freiheit die Rede in dieser Zeit. Oft genug in
Verbindung mit der Idee, sich selbst zu verwirklichen und dabei
unabhängig von äußeren Zwängen zu sein, aber auch frei von
staatlichen, also gemeinschaftlich gesetzten Normen handeln
und entscheiden zu können. Wer eine Forderung erhebt, die am
besten von anderen umgesetzt werden soll, der formuliert das
gern mit dem Satz „Man müsste mal". Jeder kennt das. Es klingt
so, als ob man sich an einer Diskussion beteiligt und sich einbringt. Die Verantwortung und das Handeln schiebt man aber

bitte schön anderen zu. Die Frage nach dem eigenen Beitrag stellt sich so also gar nicht. Zum Glück.

Die einen schimpfen, der Staat mische sich in alles ein. Die anderen führen Klage, es sei alles so ungerecht und nichts funktioniere. In beiden Fällen richten sich Vorwürfe und Kritik an den Staat und seine Institutionen. Damit geht man der Frage nach der eigenen Verantwortung aus dem Weg, denn natürlich arbeiten für den Staat und in den von ihm geschaffenen Institutionen von den Verwaltungen bis hin zur Justiz Menschen. Wir alle sind die Bürger des Gemeinwesens, das dann abstrakt als Staat tituliert wird.

Verantwortlich sind also immer die anderen! Bevor wir uns aber dem Staat und seiner Funktionsfähigkeit widmen, gilt es zu klären, von welchen Bürgerinnen und Bürgern wir eigentlich sprechen. Was ist unsere Erwartungshaltung an uns selbst und unsere Mitbürger? Für mich persönlich ist die Freiheit der entscheidende Wert, wenn es um das Selbstverständnis eines echten Citoyens in unserer Republik geht. Was bedeutet Freiheit, welche Freiheit meinen wir, wie wichtig ist sie, was setzt sie voraus und wozu befähigt sie uns als Bürger? Um es vorwegzunehmen: Sie befähigt uns, die Pflichten zu erfüllen, die aus unserer Rolle als Staatsbürger erwachsen. Darum muss man der Anspruchshaltung vieler „Bürger" gegenüber dem Staat Teilhabe und Partizipation entgegensetzen. Und Teilhabe und Partizipation gelingt nur freiwillig, baut auf Freiheit und Verantwortung auf.

Die Verabsolutierung von Freiheit als Selbstzweck, wie sie uns in politischen Debatten immer wieder begegnet, ist in Wahrheit zerstörerisch, denn sie ignoriert, dass der Mensch ein auf die Gemeinschaft angewiesenes Wesen ist. Die Einschränkung von Freiheiten zum Beispiel in der Bewältigung der Coronapandemie folgte einem Zweck, Menschen vor einer im Zweifel lebensbedrohlichen Erkrankung zu schützen. Der linke Publizist Jakob

Augstein sah darin eine „Stilllegung von Grundrechten". Dass ein Großteil der „Regeln" appellativen Charakters war, überging er genauso, wie er suggerierte, es gäbe ein darüber hinausgehendes Interesse seitens der Politik, im Kontext der Krise Grundrechte auf Dauer einzuschränken oder zumindest die Voraussetzungen dafür zu schaffen. In Wahrheit offenbarte er aber damit einen gerade für einen Linken erstaunlichen Egoismus. Seine mangelnde Bereitschaft, sich für andere zurückzunehmen und zu verzichten, zeigt, wie wenig er den Zusammenhang zwischen eigener Freiheit und der allgemeinen Freiheit, die nur gewahrt werden kann, wenn jeder sich selbst beschränkt, verstanden hat. Und damit ist er nicht allein.

Wenn die Selbstverwirklichung das oberste Lebensziel ist und eine verabsolutierte Freiheit die Grundlage dafür, dann ist es nicht weit her mit einer solidarischen Gesellschaft oder einer sich als Schicksalsgemeinschaft verstehenden Nation. Besteht also unsere Identität darin, dass wir nur noch eine Gemeinschaft sind, in der jeder nach Selbstverwirklichung strebt? Georg Wilhelm Friedrich Hegel stellt dem sein Postulat entgegen. Man könne das „Leben nicht auf Vorteilssuche aufbauen", so hat er es formuliert. Darum steht am Anfang nicht die Frage, was der Staat für die Menschen, die in seinen Grenzen leben, leistet. Grundvoraussetzung für einen leistungsfähigen Staat sind Bürgerinnen und Bürger – Staatsbürger –, die den Staat, das Gemeinwesen tragen. Das klingt ein bisschen nach Kennedy: „Fragt nicht, was euer Land für euch tun kann. Fragt, was ihr für euer Land tun könnt."

Wollen wir uns ernsthaft mit dem notwendigen bürgerlichen Selbstverständnis beschäftigen, dann kommt man an zwei Männern nicht vorbei, die wie nur wenige die Welt durchdacht haben: Kant und Hegel. Letzterer stieg auf zum preußischen Staatsphilosophen, obwohl er wie die meisten klugen Preußen gar kein Preuße war, sondern aus Schwaben kam und auch so sprach.

Hegel folgte der Idee einer hohen Sittlichkeit des Staatswesens, also einem moralischen Anspruch und lehnte die von Kant propagierte Trennung von Staat und Kirche entschieden ab, da auch der Mensch nicht in einen Staat- und einen Kirchenmenschen gespalten werden könne, und demzufolge seien Staat und Kirche ebenfalls untrennbar. Dass uns dieses Denken immer noch begegnet, wenngleich in seiner negativen Umkehrung, merken wir an den merkwürdigen Debatten, wie Muslime und Deutsche sich zueinander verhalten. Dabei wäre der Bezugsrahmen dann doch eher die Frage, wie Christen und Muslime bzw. Atheisten zueinander stehen. Gerade die politische Rechte suggeriert, ein Muslim könne kein Deutscher sein. Und wir gehen im allgemeinen Sprachgebrauch diesem Narrativ ständig auf den Leim. Dieses Narrativ ist übrigens nicht neu. Es ist uns in der deutschen Geschichte schon einmal begegnet, wenn von den Deutschen und den Juden die Rede war.

Zurück zu Hegel. Er genoss bereits einen hervorragenden Ruf, als ihn der preußische Kultusminister Karl von Stein zum Altenstein zum Professor an die neu gegründete Universität nach Berlin rief. Dort konnte er in Ruhe seine Staatsphilosophie, die die sittliche Existenz des Menschen nur in einem Gemeinwesen, einem Staat als verwirklicht sah, weiterdenken.

Seine Philosophie blieb nicht abstrakt, sondern er richtete sie auf das neue Preußen aus, das er unverhohlen bewunderte, so wie er das von Napoleon geschlagene Preußen öffentlich verachtete: „Und es ist insbesondere dieser Staat, der mich nun in sich aufgenommen hat, welcher durch das geistige Übergewicht sich zu seinem Gewicht der Wirklichkeit und im Politischen emporgehoben, sich an Macht und Selbständigkeit solchen Staaten gleichgestellt hat, welche ihm an äußeren Mitteln überlegen gewesen wären. [...] Nicht nur ist es aber auch das geistige Leben überhaupt, welches ein Grundmoment in der Existenz dieses

Staates ausmacht, sondern höher hat jeder große Kampf des Volkes im Verein mit seinen Fürsten um Selbständigkeit, um Vernichtung fremder gemütloser Tyrannei und um die Freiheit im Gemüte seinen höheren Anfang genommen: es ist die sittliche Macht des Geistes."

Wir wollen heute den Staat nicht überhöhen. Darin liegt auch die Gefahr von Hegels Philosophie. Aber daran zu erinnern, dass der Staat kein Unternehmen ist, dass die alleinige Bezugsgröße zum Messen des Erfolgs und der Glückseligkeit nicht das BIP sein kann und darf, daran ist nichts verkehrt. Gerade in der Krise merken wir ja, wie wenig bleibt, wenn die Statistiken, in die wir uns verliebt haben, auf einmal ins Negative kippen. Geht es den Deutschen nur noch um Quoten und Prozentzahlen, Arbeitslosenzahlen, Aktienkurse, Renditen, Rentenniveau, Mindestlohn? Machen diese Messdaten uns Deutsche aus? Uns sollte mehr verbinden als Wohlstand für alle. Nicht zuletzt Ludwig Erhard, der Vater der sozialen Marktwirtschaft, hat uns ins Stammbuch geschrieben, dass die Wirtschaft den Menschen zu dienen habe und nicht umgekehrt.

Hegel hätte zugestimmt, wenn man ihn gefragt hätte, ob das Leben mehr sei als rationales Handeln und Vernunft. Da unterschied er sich von Kant grundlegend. Die Vernunft als Instrument zum Verstehen der Welt reichte ihm nicht. Der Staat ist laut Hegel das Gefäß, in dem der Mensch gleichsam nach Höherem strebe – mit einem religiösen Impetus, der nicht jenseitig war, sondern sich konkret auf das Hier und Jetzt bezog. Grundlage dafür müsse ein Staat sein, der durch Gesetzlichkeit Freiheit generiere und Willkür verhindere. Das legitimierte Herrschaft auf der einen Seite, unterband aber Veränderungen. Damit schuf Hegel ein Problem. Seine Kritiker warfen ihm durchaus zu Recht vor, er spreche das Bestehende als Bestehendes heilig. Das war in unruhigen Zeiten ein Maßstab zur Orientierung und sicherte die gerade erst durchgesetzten Reformen, aber es machte den Staat in der Zukunft nahezu unfähig, auf notwendige Veränderungen zeitgemäß zu reagieren. Diese konservative und auch restaurative Sicht auf die Dinge ließ indes Hegel und nicht Kant zum Staatsphilosophen Preußens werden.

Die Bundesrepublik hat sich hingegen in ihrem Staatsverständnis eher an Kant orientiert, wenngleich das Denken Hegels in vielen Diskussionen um das Wesen unseres Staates und der Nation nachwirkt. Die Mütter und Väter des Grundgesetzes hatten 1945 allerdings keinen Nachholbedarf an Pathos und Überhöhung des Staates. Da waren die Deutschen reichlich bedient. Und die Not des Alltags half, sich auf das Wesentliche zu konzentrieren. Für den Wiederaufbau bedurfte es einer rationalen neuen staatlichen Ordnung. Aus den Fehlern der Weimarer Verfassung wollte man lernen, aber das Grundgesetz war mehr als nur eine modifizierte Verfassung. Es war die bewusste Rückbesinnung nicht nur auf christliche Werte, wie sie durch den Gottesbezug in der Präambel und im Artikel 1 von der unantastbaren Würde des Menschen deutlich werden, sondern auch auf die Gedanken Immanuel Kants.

Für Hegel war der Staat mehr als nur der Rechtsrahmen für die Summe von Einzelinteressen der Bürger, sondern der Staat verkörpere einen objektiven Willen, der Gültigkeit habe und durchgesetzt werden müsse, unabhängig von der Frage, „ob es vom Einzelnen erkannt und in seinem Belieben gewollt werde oder nicht". Vor den Erfahrungen zweier deutscher Diktaturen ist diese Sichtweise heute zumindest missverständlich, aber selbst die Väter und Mütter des Grundgesetzes waren bemüht, die Verfassung so zu gestalten, dass der Bestand des Grundgesetzes auf ewig gesichert ist. Es verfügt über Mechanismen, die die Aufrechterhaltung der staatlichen Ordnung selbst in dem Falle gewährleisten sollen, dass die Mehrheit der Deutschen sie ablehnt.

Ein einmaliges Konstrukt und im Denken ganz hegelianisch. Der Fortbestand der staatlichen Ordnung und, mehr noch, die Bewahrung seiner „sittlichen Idee" – niedergelegt in den ersten 20 Artikeln des Grundgesetzes als Antwort auf die deutsche Geschichte – stehen im Mittelpunkt.

Doch man ahnt, dass auf Dauer die Bürgerinnen und Bürger ihren Staat tragen müssen. Die Grundrechte gelten auch für diejenigen, die sich nicht aktiv einbringen, um Gesellschaft und Staat voranzubringen. Das ist klar. Allerdings ist weniger klar, wie es um diejenigen steht, die unsere staatliche Ordnung ablehnen. Kann man sich auf die Rechte des Grundgesetzes auch dann vorbehaltlos berufen, wenn man es ablehnt? Der Artikel 18 unserer Verfassung eröffnet zumindest die Möglichkeit, Grundrechte zu entziehen, wenn diese missbraucht werden, um die staatliche Ordnung zu beseitigen. Schon die bloße Erwähnung dieser Möglichkeit hat am rechten und auch am linken Rand des politischen Spektrums für heftige Empörung gesorgt, als ich im Zuge des zunehmenden Rechtsextremismus für eine wehrhafte Demokratie plädiert habe.

So sympathisch schlicht und bodenständig das Grundgesetz und seine Entstehungsgeschichte auch auf den ersten Blick wirken, es regelt nicht nur das Zusammenleben in Deutschland, sondern es gibt auch den ethischen Rahmen dafür vor. Insofern kann mit Blick auf die Grundrechtsartikel des Grundgesetzes von einem Gefäß, in dem der Mensch – noch einmal Hegel – „glücklich nach Höherem strebe", gesprochen werden.

Hegel wollte den vermeintlichen Widerspruch zwischen individueller Freiheit und Vorrang des Staates auflösen. Das Miteinander eines geordneten Gemeinwesens und eines hohen Maßes an persönlicher Entfaltung fand er im preußischen Staat verwirklicht: „Der Staat ist die Wirklichkeit der konkreten Freiheit; die konkrete Freiheit aber besteht darin, dass die persönliche Einzelheit und deren besondere Interessen sowohl ihre vollständige Entwicklung und die Anerkennung ihres Rechts für sich [...] haben, als sie durch sich selbst in das Interesse des Allgemeinen [...] übergehen."

Das klingt kompliziert und ist es auch. Um die Fähigkeiten, das Gute und das Beste in den Menschen, den Bürgern, hervorzurufen, brauchte es also den richtigen Rahmen, die dafür beste staatliche Ordnung. Damit werden wir uns noch beschäftigen müssen. Aber bleiben wir noch eine Weile bei der Frage, welche Bürgerinnen und Bürger es braucht.

Wege aus der selbstgewählten Untätigkeit: Plädoyer für eine neue Aufklärung

Die „persönliche Einzelheit", von der Hegel spricht, führt weiter zum Philosophen aus Königsberg, in dessen Denken der Mensch den Mittelpunkt bildete. Die von Kant maßgeblich geprägte Aufklärung und seine Philosophie haben unser Bild des Menschen, unser Verständnis vom Recht, das aus Sicht des Bürgers auch ein Abwehrrecht gegen die Macht des Staates ist, geprägt. Kant leitete aus dem christlichen Glauben die staatlich verbürgte Menschenwürde ab, wie wir sie heute im Grundgesetz finden. Auch preußisches Pflichtbewusstsein und Tiefsinnigkeit als Elemente des deutschen Nationalcharakters kann man nicht ohne ihn denken.

Merkwürdig ist, dass wir einerseits Verantwortung gern an eine abstrakte staatliche Ordnung delegieren und damit dem Denken Hegels zur Rolle des Staates doch wieder nahe sind, wir uns auf der anderen Seite aber der Individualität, die in Kants Philosophie grundlegend ist, nahe fühlen – ohne uns freilich der von Kant eingeforderten Verantwortung zu stellen. Wir müssen uns entscheiden. Ich bin überzeugt, dass die Herausforderungen unserer Zeit zwar im Rahmen einer funktionierenden Ordnung, aber letztlich nur durch das Handeln des Individuums gemeistert werden können. Bismarck hat diese Überzeugung in den schönen Satz gekleidet: „Mit schlechten Gesetzen und guten Beamten lässt sich immer noch regieren. Bei schlechten Beamten aber helfen uns die besten Gesetze nichts." Mit Blick auf die Gesellschaft gilt das ebenso. Wenn niemand bereit ist, für den Schulelternbeirat zu kandidieren, und sich niemand mehr findet, der sich in der Freiwilligen Feuerwehr engagiert, dann nützen Elternrechte und die modernsten Feuerwehrfahrzeuge wenig. Menschen bringen uns voran, nicht der Glaube an Systeme und abstrakte Ordnungen.

Wir sprechen oft davon, dass wir eine aufgeklärte Gesellschaft sind. Aber stimmt das im Sinne Kants überhaupt? Nach Kant ist der eigene Verstand das Instrument, das uns als Menschen zur Verfügung steht, um die Welt zu verstehen: „Habe den Mut, dich deines eigenen Verstandes zu bedienen!" Kant hat in der „Kritik der reinen Vernunft" durchdekliniert, was das bedeutet: Den Menschen in die Lage zu versetzen, sich seines eigenen Verstandes ohne Leitung eines anderen zu bedienen, sei der Weg aus der Unmündigkeit und mache frei. Diese Unmündigkeit ist aus Sicht Kants in der Regel selbstverschuldet – nicht etwa durch einen Mangel an Verstand, sondern durch fehlenden Mut und Entschluss.

Mangelt es uns an Aufklärung? Ja. Wie oft hört man die folgenden Sätze: „Ich kann ja eh nichts ändern" oder „Die machen doch eh, was sie wollen". Da fehlen Mut und Entschluss, und der Weg in die selbstverschuldete Unmündigkeit ist vorgezeichnet. Die meisten, die so reden, haben gar nicht versucht, etwas zu ändern. Menschen, die sich engagieren und Verantwortung übernehmen, berichten hingegen von ganz anderen Erfahrungen. Was wir heute modern mit Teilhabe und Partizipation beschreiben, ist nichts anderes als die Erfahrung, dass Verantwortung eben nicht nur eine Bürde ist, sondern bereichernd, ja sogar beglückend sein kann.

Wir müssen uns also kritisch fragen, ob eine neue Aufklärung nicht notwendig ist. Damals galt es, die Instrumente der Aufklärung den Menschen durch Erziehung und Bildung zugänglich zu machen. Angesichts der Globalisierung und der Digitalisierung bedarf es einer Erneuerung der Vernunftkritik und einer Einsicht in die Grenzen unserer Erkenntnisfähigkeit. Hinzu kommt, dass ein aufgeklärter Staat aufgeklärte Bürger voraussetzt! Noch einmal Kant: Wenn die Aufklärung der Ausgang des Menschen aus seiner selbstverschuldeten Unmündigkeit ist und die Unmündigkeit das Unvermögen, sich seines Verstandes ohne Leitung eines anderen zu bedienen, dann merkt man beim täglichen Blick in soziale Netzwerke, wie schlecht es um die aufgeklärte Gesellschaft steht.

Man möchte fast meinen, dass die selbstverschuldete Unmündigkeit – herrührend aus einem Mangel an Verstand, dem Fehlen von Mut und dem nicht vorhandenen Entschluss, sich eines zweifelsfrei vorhandenen Verstands auch zu bedienen – in sozialen Netzwerken und bisweilen auch auf Deutschlands Straßen am 1. Mai in Berlin oder bei Pegida in Dresden fröhliche Urständ feiert. In sozialen Netzwerken folgen oft selbst gebildete Menschen den krudesten Theorien, teilen die abwegigsten Behauptungen und sind nicht bereit, objektive Fakten zur Kenntnis zu nehmen.

Was hat es mit der Aufklärung als Grundlage für den selbstbestimmten Bürger auf sich? Die Aufklärung ist für Kant ein langer, nicht abgeschlossener Prozess der vernunftorientierten Selbständigkeit, unabhängig von Autoritäten und Dogmen. Die vorhandenen Autoritäten legitimieren sich durch Zuständigkeit und Kompetenz. Sie gründen also auf Gewaltenteilung sowie Bildung. Der Trainer macht die Mannschaftsaufstellung und nicht der Zeugwart. Und der Trainer hat zur Erfüllung seiner Aufgabe einen Trainerschein gemacht. Dennoch ist er in seinem Tun anderen Rechenschaft schuldig, und zwar nicht nur den Fans und der Mannschaft, sondern vor allem dem Präsidium des Vereins. So stellt sich auch Kant ein Kooperationsmodell vor, in dem alle herrschen und für verschiedene Aufgaben die dafür qualifizierten Personen auswählen. Dabei greift er in seinen Schriften auf andere Lehren wie die der Gewaltenteilung zurück. So weit, so gut.

In der Coronapandemie erleben wir, dass dieses Konstrukt nach wie vor Geltung hat: Wir hören auf einmal wieder auf Experten. Virologen und Wissenschaftler beschreiben zur besten Sendezeit, wie eine Pandemie verläuft und was sie über das neue Coronavirus und die Krankheit Covid-19 wissen. Politiker entscheiden nicht nach Umfragen, sondern berufen sich auf die Leopoldina, die weltweit älteste Nationale Akademie der Wissenschaften, wenn es um Maßnahmen zur Überwindung der Krise geht. Hier liegt eine große Chance für unsere Gesellschaft. Doch täuschen wir uns nicht. Es sind wieder und immer noch Stimmen zu hören, die trotz abwegiger Meinungen und Thesen viel Aufmerksamkeit erfahren.

Entscheidend für die Rolle des Bürgers in einer aufgeklärten und freien Gesellschaft ist ein weiterer zentraler Gedanke Kants, der kategorische Imperativ. Ich muss meine eigenen Interessen und Begierden aus einer Perspektive der Allgemeinheit denken, die mir in Gestalt der Vernunft begegnet: Vernunft verlangt von mir Handlungen und Entscheidungen, selbst wenn sie zumindest auf den ersten Blick nicht meinem eigenen Nutzen dienlich sind.

Oft wird der kategorische Imperativ mit dem volkstümlichen Sprichwort „Was du nicht willst, das man dir tu, das füg auch keinem anderen zu!" gleichgesetzt. Das erfasst den Sinn des kategorischen Imperativs jedoch nicht, denn der Volksmund weist ja nur auf den eigenen Nutzen hin. Indem ich mich richtig verhalte und Rücksicht übe oder zurückstehe, hoffe ich, dass andere es mir gleichtun und ich wiederum davon profitiere. Von diesem eigenen Vorteil ist bei Kant nicht die Rede. Eher trifft es schon der schlichte und schöne Satz „Das tut man nicht!", den die meisten von uns als Kind oft genug von der eigenen Mutter gehört haben. Haben Mütter Kant also ganz anders verinnerlicht? Vermitteln sie uns den kategorischen Imperativ auch ohne Philosophiestudium? Nicht ganz. Auch in den mahnenden Worten der Mutter geht es ja um die Unterlassung einer Handlung. Kant ruft uns hingegen zum Handeln auf.

Aus dieser zweiten großen Idee Kants ist der Begriff der kantischen oder auch preußischen Pflicht hervorgegangen. „Handle nur nach derjenigen Maxime, durch die du zugleich wollen kannst, dass sie ein allgemeines Gesetz werde." Der kategorische Imperativ ist also ein Aufruf zum Handeln. Er fordert von uns als Bürgern das Eintreten für das Gemeinwohl auch dann, wenn wir selbst zurückstehen müssen. Das steht im Widerspruch zur Neigung, das individuelle Glück zu suchen, setzt die Achtung vor dem Gesetz voraus und funktioniert nicht ohne Freiheit sowie die Fähigkeit, Normen anzunehmen, diese als richtig zu erkennen und zu achten.

Freiheit ist kein Selbstzweck: Die Ehrenamtlichen halten uns zusammen

Da ist sie wieder, die Freiheit. Sie ist eben keine Freiheit von staatlicher Ordnung, wie es die 68er mit ihrer Systemkritik formulierten, und auch kein Selbstzweck, wie es sich die 89er mit der Überhöhung des Individualismus erträumten. Sie verlangt Loyalität gegenüber dem eigenen Gemeinwesen und trägt dem Staat die Aufgabe zu, um diese Loyalität zu werben. Konrad Adenauer hat den kategorischen Imperativ Kants so formuliert: „Jeder einzelne Bürger muss das Gefühl haben und das Bewusstsein, dass er selbst Mitträger des Staates ist. Er muss erkennen und wissen, dass es ein gemeinsames Interesse gibt, das beachtet werden muss, und dass das in seinem ureigenen Interesse geschieht." Dieses Verständnis vom Bürger und das damit beschriebene Verhältnis von Bürger und Staat in der Bundesrepublik funktionieren nicht ohne Kant. War Hegel der Staatsphilosoph Preußens, so ist der Preuße Kant der Staatsphilosoph der Bundesrepublik.

Voraussetzung für Teilhabe und Partizipation sind also nicht so sehr verfassungsrechtliche Fragen wie die Möglichkeit von Volksabstimmungen und direkter Demokratie. Entscheidender ist, dass die Ziele des Staates identisch mit denen des gewissenhaften Bürgers sind. Wer den Dienst am und für den Staat nicht nur aus Pflichtgefühl oder Eigeninteresse, sondern auch durch ein umfassendes ethisches Verantwortungsbewusstsein leistet, der hat Kants kategorischen Imperativ verinnerlicht. Die Bürgerinnen und Bürger bilden also eine Solidargemeinschaft, die über die Beziehung zwischen Staat und Bürger als Subjekt hinausreicht und die Verantwortung der Menschen in der Gesellschaft füreinander in den Mittelpunkt rücken lässt. Der aufgeklärte Staat setzt dafür Regeln und Normen und unterscheidet sich dadurch von Staaten totalitärer Prägung, die den Menschen für eine Ideologie wie den Sozialismus oder einen enthemmten Nationalismus vereinnahmen.

Wir haben uns nun lange mit Hegel und Kant auseinandergesetzt. Doch braucht es Philosophie für das Verstehen eines Staates und das Nachdenken über die Rolle von Bürgerinnen und Bürgern in einem Gemeinwesen überhaupt? Kann es jetzt endlich mal etwas konkreter werden? Ich bin überzeugt: Ohne Gedankengerüst, ohne einen philosophischen Unterbau kann man keinen Staat machen. Weder Markus Söder noch Günter Jauch oder Richard David Precht sind in der Lage, der Bundesrepublik ein solches Gerüst zu geben. Da bedarf es eines Preußen. Kant. Wenden wir uns also der Frage zu, welche Bürger die Republik nun braucht.

Zunächst bedarf es Bürgerinnen und Bürger, die sich bewusst sind, dass das Wohl und Wehe des Gemeinwesens von ihnen selbst abhängt und nicht vom Handeln anderer. Und im zweiten Schritt müssen diese Bürger bereit sein, Verantwortung zu übernehmen. Der Hacker muss sich fragen, ob seine Fähigkeiten nicht besser in der Cybertruppe der Bundeswehr gebraucht werden und er sich dort in der Reserve verpflichten will. Der Unternehmer überlegt, ob er seine Arbeitnehmer unterstützt, wenn sie in der Freiwilligen Feuerwehr Dienst tun, und der Rentner entscheidet sich dafür, den Lebensabend nicht auf Mallorca zu verbringen, sondern lieber ein Ehrenamt in seiner Heimatgemeinde zu übernehmen. Viele Millionen Bürgerinnen und Bürger handeln entsprechend. Das ist praktischer Patriotismus. Wilhelm von Humboldt war ebenfalls ein gutes Beispiel für diese Haltung. Nachdem man ihn überredet hatte, in den Staatsdienst einzutreten, schrieb er seiner Frau: „Wir gehören einmal zu dem Lande, unsere Kinder auch, ganz müßig kann man dafür nicht bleiben."

Eine Voraussetzung für dieses Denken ist die freie Entscheidung. Ein Bewusstmachen der eigenen Verantwortung für den Staat. Karl Friedrich Schinkel hat diese Einsicht formuliert und seiner Familie als Wahlspruch vorangestellt: „Unser Geist ist nicht frei, wenn er nicht Herr seiner Vorstellungen ist; dagegen erscheint die Freiheit des Geistes bei jeder Selbstüberwindung, bei jedem Widerstande gegen äußere Lockung, bei jeder Pflichterfüllung, bei jedem Streben nach dem Besseren und bei jeder

Wegräumung eines Hindernisses zu diesem Zweck. Jeder freie Moment ist ein seliger." Die aus der Freiheit erwachsende Pflicht zu dienen als eine süße Last: So weit würden heute nur die wenigsten gehen. Im Kern ist Schinkels Satz das, was der Staat von seinen Bürgerinnen und Bürgern erwartet. Es ist das, was wir als Bürger für unsere Republik leisten müssen.

Freiheitsliebe und Pflicht zusammenzudenken, ist urpreußisch und findet durchaus an vielen Stellen in unserer Gesellschaft noch statt. Das beste Beispiel ist das in nahezu allen Bereichen vorhandene Ehrenamt. Hier kommen Pflichtbewusstsein, Dienst am Gemeinwesen und Bescheidenheit – die Werte, die Kant in seiner „Kritik der praktischen Vernunft" beschrieben hat – zusammen. Kant unterscheidet dabei zwei wesentliche Elemente der Pflicht: Eine Handlung aus Pflicht erfolgt aus Einsicht in die Notwendigkeit und Richtigkeit einer Sache; eine Handlung gemäß der Pflicht erfolgt aufgrund vorgegebener Regeln.

Das Einhalten von Regeln ist dabei die leichtere der beiden Aufgaben. Sich an Recht und Gesetz zu halten ist eine Grundvoraussetzung für das Funktionieren eines Gemeinwesens. Je weniger Fehlverhalten es gibt, je weniger Sanktionen es für ein solches Fehlverhalten braucht, desto reibungsloser funktioniert die staatliche Ordnung. Es bleibt aber auch hier dabei, dass damit eine passive Haltung verbunden ist. Das reicht nicht aus. Es kommt eben nicht allein darauf an, dass wir einfach tun, was man uns sagt. Da ist die Grenze zur selbstverschuldeten Unmündigkeit schnell wieder erreicht. Als aufgeklärte und mündige Bürgerinnen und Bürger wollen wir ja gerade nicht unreflektiert das ausführen, was uns eine Regierung aufträgt.

Aus Pflichtgefühl heraus zu handeln, bedeutet hingegen, dass ich überzeugt davon bin, dass mein Tun geboten und notwendig ist, auch wenn es von mir etwas verlangt und ich mich in meinem individuellen Anspruch beschränken muss. Diese innere Einsicht, die dazu führt, dass man sich auch dann an Regeln hält, wenn die Sanktionierung eines Regelverstoßes nicht wahrscheinlich ist, meint die von Kant beschriebene „Handlung aus Pflicht".

Millionen Deutsche engagieren sich ehrenamtlich. Der Bundestag spürt diesem Phänomen mit dem Unterausschuss Bürgerschaftliches Engagement nach, auf kommunaler Ebene gibt es Ehrenamtsbörsen, Stiftungen geben viel Geld für Studien aus, die Zuschüsse für Vereine und Freiwillige Feuerwehr sind eine der wichtigsten kommunalpolitischen Fragen. Es gibt viele verschiedene Förderpreise; wer 30 Jahre den Turnverein führt, der wird mit dem Landesehrenbrief geehrt, und in den Sonntagsreden werden diejenigen gelobt, die sich ehrenamtlich engagieren. Die Wahrheit ist: Das alles bringt keinen einzigen Menschen dazu, in einem Verein, einer Initiative, dem Roten Kreuz oder der Freiwilligen Feuerwehr Verantwortung zu übernehmen und mitzumachen.

Warum also haben gut 16 Millionen Deutsche ein Ehrenamt? Die Antwort ist recht simpel: Sie haben eine Aufgabe gefunden, die ihren Interessen entspricht, die ihnen erlaubt, Verantwortung zu übernehmen und zu entscheiden. Oft kommen sie dabei mit anderen Menschen zusammen, die ihre Leidenschaft teilen und die spüren, dass sie gebraucht werden.

Ist also alles wunderbar? Ist das Ehrenamt ein Lernort, um ein mündiger, aufgeklärter und verantwortlicher sowie pflichtbewusster Bürger zu werden? Keine Frage ist das Ehrenamt eine wichtige Säule unserer Bürgergesellschaft. Doch inzwischen gibt es hier ernsthafte Probleme. Bürokratische Hürden und Gesetze verleiden die Übernahme bestimmter ehrenamtlicher Tätigkeiten. Die Kasse eines Vereins zu führen ist ohne kaufmännische Ausbildung oder Banklehre schon fast nicht mehr möglich. Auflagen der Ämter und Behörden, deren politische Leitung sonntags immer das Ehrenamt über den grünen Klee lobt, machen die Durchführung eines simplen Vereinsfestes zu einem komplexen Verwaltungsakt, der fast so viele Personen beschäftigt, wie am Vereinsfest teilnehmen.

Ein weiteres Problem kommt hinzu: Es braucht eine Kultur, die es wertschätzt, wenn Menschen freiwillig Verantwortung übernehmen und dabei offensichtlich auch noch daran Spaß haben. Die Erfahrung, die Ehrenamtliche oft machen, ist aber eine ganz andere. Wer morgens müde zur Arbeit kommt, weil er nachts mit der Freiwilligen Feuerwehr im Einsatz war, der hört kein Dankeschön, sondern muss sich gegenüber Chef und Kollegen rechtfertigen. Reservisten, die zu einer Wehrübung einberufen werden, sollen doch dafür Urlaubstage nutzen, anstatt freigestellt zu werden. Wer solche Erfahrungen gemacht hat, der wird gar nicht auf die Idee kommen, die fünf Tage Sonderurlaub im Jahr, die in den meisten Bundesländern jedem gesetzlich zustehen, zu nehmen, um sich fortzubilden und vielleicht einen Lehrgang zu besuchen, der die Übernahme weiterer Ehrenämter ermöglicht.

Wir brauchen in den Chefetagen und Unternehmensführungen dringend ein Umdenken. Denn die Wirtschaft profitiert in Wahrheit von ehrenamtlich engagierten Mitarbeiterinnen und Mitarbeitern. Sie bringen ein – auf Neudeutsch würde man sagen – besonderes Mindset mit. Wer genau hinschaut, der wird erkennen, dass diejenigen, die ein Ehrenamt innehaben, selten nur Dienst nach Vorschrift verrichten. Sie übernehmen auch im Job mehr Verantwortung. Man muss also gar nicht an die gesellschaftliche Verantwortung von Chefs und Unternehmern appellieren. Die Unternehmen profitieren enorm von dem, was Ehrenamtliche an sozialen Kompetenzen mitbringen.

Den Mehrwert des Ehrenamts für uns alle kann man konkret beziffern. Besonders bei den Feuerwehren, den Rettungsdiensten und dem Technischen Hilfswerk (THW) wird deutlich, was für ein Schatz das Ehrenamt in doppelter Hinsicht für unser Land ist: Würden nicht Ehrenamtliche diese Aufgaben übernehmen, dann müssten zum Beispiel die Kommunen eine hauptamtliche Feuerwehr beschäftigen, und Steuererhöhungen zur Finanzierung wären unvermeidlich. Das Ehrenamt verschafft uns also einen „geldwerten Vorteil".

Hinzu kommt, dass hier Bürgerinnen und Bürger Verantwortung übernehmen und nicht nach dem Staat rufen. Wir alle sollten stolz auf diese Freiwilligen sein. Sie tragen wesentlich dazu bei, unser Land am Laufen zu halten. Und wir müssen der Tendenz, dass Freiwillige trotz rechtlicher Absicherung von ihren Arbeitgebern an der Ausübung des Ehrenamtes gehindert werden, entgegenwirken. Das Ehrenamt in dieser Form gibt es in keinem zweiten Land auf der Welt. Es ist Ausdruck unserer politischen und gesellschaftlichen Kultur.

Wenn vielerorts aber weniger Menschen bereit sind, sich auf eine ehrenamtliche Aufgabe einzulassen, dann stellt sich die Frage, wie man das Verantwortungsethos und die Bereitschaft, sich in die Pflicht nehmen zu lassen, vermitteln kann. Verschiedene Ansätze sind denkbar. Neben der Familie und dem Elternhaus ist die Schule besonders gefordert.

Ohne Eltern ist kein Staat zu machen: Familien machen uns stark

Wo lernen wir zuerst, dass wir nicht für uns selbst auf der Welt sind, sondern als soziale Wesen andere brauchen? In der Familie. Hier ist der Ort, wo gesellschaftliches Miteinander im Kleinen geübt und gelernt wird. Die Familie ist eine besondere Verantwortungsgemeinschaft. Jeder hat seinen Platz und seine Aufgaben. Aber das Miteinander entsteht erst, wenn man sich für den anderen interessiert, ihn wahrnimmt, einander hilft und sich gegenseitig annimmt. Dann erst wird Familie zu dem Ideal, das uns vorschwebt, wenn wir dieses Wort hören. Wir wissen, dass aus vielerlei Gründen Familien nicht immer diesem Ideal entsprechen. Es ist etwas, dem wir nachstreben.

Nicht der Staat erzieht seine Bürgerinnen und Bürger, sondern in den Familien wird das vermittelt, was wir nachher brauchen, um eine solidarische und arbeitsteilige Gesellschaft erfolgreich zu managen. Wenn Familie der Ort ist, wo Zusammenhalt und Verantwortung gelebt und gelernt werden, dann muss der Staat Familien nicht nur schützen, wie es im Grundgesetz steht, sondern er muss ermöglichen, dass Werte und Normen vermittelt werden können, Erziehung stattfinden kann. Dem entgegen steht die „Lufthoheit über den Kinderbetten", nach der die politische Linke traditionell strebt. Auf der konservativen Seite ist es nicht viel besser bestellt, wenn manch einer immer noch so tut, als ob es das eine anzustrebende ideale Familienmodell gäbe.

Eine der bekanntesten Familien war von dem beschriebenen Ideal übrigens meilenweit entfernt: die Heilige Familie. Maria ist verheiratet, bekommt aber ein Kind von einem anderen. Und bei dem einen Kind bleibt es dann auch. Es muss in einem Stall geboren werden. Eine gesicherte Existenz sieht anders aus. Es gibt in der Wissenschaft übrigens über 100 sozioethnologische Definitionen von Familie. Welche davon soll für Deutschland die richtige sein? Vater, Mutter und zwei Kinder? Das kann der Staat nicht entscheiden. Er kann aber etwas dafür tun, dass Familie gelebt werden kann. Und da tut er nicht genug.

Wenn heute durch flexible, qualitativ hochwertige und umfassende Betreuungsangebote von der Krippe bis zum Hort die Bildung und Begleitung von Kindern bereits ein Jahr nach der Geburt beginnt, dann hat das wenig mit der staatlichen Inobhutnahme à la DDR zu tun, wie manche Konservative leider heute noch unken. Es geht vielmehr darum, Freiräume zu schaffen für die Berufstätigkeit der Eltern und den Kindern Erfahrungsräume zu eröffnen, die sie nur außerhalb der Familie haben. Das mindert keineswegs die Verantwortung der Eltern.

Dort, wo Eltern ihren Erziehungsauftrag, aus welchen Gründen auch immer, nicht wahrnehmen können, ist die Gesellschaft gefordert – mit Hinsehen und Nachbarschaftshilfe, mit funktionierenden Jugendämtern in besonders schwierigen Situationen, mit einem Sozialstaat, der anregt und direkt bei den Kindern und Jugendlichen ansetzt und nicht die Eltern noch umfangreicher alimentiert, und mit einem Bildungssystem, das Chancen eröffnet und nicht Sozialstaatskarrieren befördert.

Die Wahrheit ist: Eltern, die das eigene Kind fördern, aber auch fordern, begleiten, unterstützen, werden dem eigenen Nachwuchs etwas mit auf den Weg geben, das staatliche Institutionen und Hilfesysteme neben der Schule selbst so nicht leisten können. Die Idee, Schule so zu organisieren, dass alle Kinder die gleichen Chancen haben, ist zwar richtig. Es ist aber falsch zu glauben, die Ausgangsvoraussetzungen seien für alle Kinder gleich, und man könne die durch das Elternhaus gegebenen Unterschiede nivellieren. Kinder, die zuhause nicht die entsprechende Unterstützung und Förderung erfahren, werden mehr leisten müssen, sich mehr anstrengen müssen als die, die den Wert der Bildung zuhause vorgelebt bekommen. Nur wenn man diese Wahrheit akzeptiert, dann kann man diesen Kindern helfen.

Der Staat ist immer nur ein Ersatz. Er darf nicht an die Stelle der Eltern treten wollen. Dies ist notwendig zu betonen, weil unabhängig vom Geldbeutel der Eltern und ihrem Bildungsabschluss die Kinder zuhause etwas bekommen, das es exklusiv nur dort gibt: Liebe. Den „guten Ton", den sich Thomas de Maizière in unserer Gesellschaft wünscht, den lernt man im Idealfall zuerst in der Familie und nicht im Klassenzimmer. Norbert Blüm weist mit Blick auf seine eigene Biografie darauf hin, dass die Vermittlung dieser Werte keine Frage des Geldbeutels ist: „Ich bin in einer von den Soziologen als bildungsfern stigmatisierten Familie großgeworden. Ich habe dort mehr Bildung mitbekommen als manche meiner Schulkameraden aus Familien mit Spitzeneinkommen. Ich habe früh gelernt, was man nicht tut."

Wenn das Elternhaus sich nicht kümmert, dann können staatliche Institutionen die Lücke nur schwer schließen. Kinder mit Eltern, die ihren Erziehungsauftrag wahrnehmen, werden also immer im Vorteil sein. Eine umfassende Ganztagsschule wird die Bedeutung des familiären Umfeldes deshalb nie verdrängen können. Man sollte weder dieser linken Utopie noch den konservativen Befürchtungen folgen: Eltern und auch die Großeltern bleiben wichtig. Und der Staat muss aufpassen, dass er in seinem Bemühen, Chancengleichheit zu generieren, durch diverse Angebote nicht diejenigen Eltern aus der Verantwortung entlässt, die ihren Pflichten bis jetzt nachkommen.

Die Eltern weiter in die Pflicht zu nehmen, ist also kein Plädoyer gegen die Ganztagsschule. Das Gegenteil ist der Fall: Ohne eine Schule, die neben dem reinen Unterricht Möglichkeiten bietet, mit Gleichaltrigen zu lernen und sich zu entdecken, wären die durch das Elternhaus gegebenen Unterschiede noch größer. Wir brauchen deswegen überall und flächendeckend qualitativ gute Ganztagsschulen. Im besten Falle werden Schulen so nicht nur zu Orten der Wissensvermittlung, sondern zu Lernorten, wo junge Menschen erfahren, wie unsere Gesellschaft funktioniert. Nur so kann man die Schule zu einer Schule machen, die mehr ist als bloße Berufsvorbereitung. Genau diese Reduzierung von Bildung auf Ausbildung, auf Berufsvorbereitung war ein großer Fehler. Konservative huldigten in den letzten Jahrzehnten den Appellen der Wirtschaft, Schule auf Effizienz zu trimmen – die

Diskussion um die Schulzeitverkürzung auf dem Weg zum Abitur war ein Beispiel dafür. Und die Linke wehrte sich dagegen, in der Schule die für unsere Leistungsgesellschaft notwendigen Werte wie Fleiß, Leistungsbereitschaft und Disziplin zu vermitteln. Die pauschale Ablehnung von Kopfnoten, die soziales Verhalten und die Bereitschaft mitzuarbeiten bewerten, zeigt das.

Es wäre klug, intellektuelle und charakterliche Bildung als Einheit zu sehen. Die Vermittlung von Werten wie Disziplin schafft Freiräume: für die Entdeckung von Interessen in Arbeitsgemeinschaften, für selbständiges Arbeiten und die Entwicklung von Neigungen und Fähigkeiten, die bei jungen Menschen so vielfältig sind wie ihre Persönlichkeiten. Auch dafür braucht es übrigens eine Ganztagsschule. Das kann man nicht an einem Vormittag organisieren.

Wir sind leider nicht konsequent. Einerseits muten wir den Schulen immer mehr zu. Sie sollen ganztägig Wissen vermitteln, auf die Welt und den Ernst des Lebens vorbereiten, die Kinder sollen möglichst keine Hausaufgaben mehr machen müssen, und selbst das Beibringen, wie man Essen mit Messer und Gabel zu sich nimmt, wird auf manch einem Elternabend – wenn die betroffenen Eltern überhaupt erscheinen – zur Aufgabe der Schule erklärt. Wem ein Lehrer sein Herz ausschüttet, der kann bei vielen Erlebnissen nur den Kopf schütteln.

Wenn die Schule Wissen vermitteln und erziehen soll, dann brauchen Lehrerinnen und Lehrer Autorität. Und wir brauchen Lehrerinnen und Lehrer, die ihre Autorität nutzen wollen, um Kinder und Jugendliche zu erziehen. Ein bisschen preußische Ordnung würde also auch den Schulen nicht schaden.

Zurück zu Humboldt:
Bildung muss auch Herzensbildung sein

Wenn neben der Familie die Schule ein wichtiger Ort ist, um uns zu Bürgerinnen und Bürgern zu erziehen, dann kommt man an einem Mann nicht vorbei: Wilhelm von Humboldt. Sein Plädoyer für eine Allgemeinbildung, manifestiert im Humboldt'schen Bildungsideal, in dem er eine „allgemeine Menschenbildung" forderte, „die zu individueller Selbstbestimmung" führen soll, ist zeitlos.

Humboldt und seine Mitstreiter hatten anderes im Sinne als nur eine Strukturreform von Schule und Universität, wie wir sie aus heutigen bildungspolitischen Debatten meist kennen. Es ging nicht so sehr um die Verfasstheit der Bildungseinrichtungen, sondern um Sinn und Zweck der Bildung und damit um die Menschen, die in Schulen und Universitäten lernen sollten. Sein Menschenbild rekurrierte immer wieder auf die „Selbstoptimierung" des Geistes durch permanente Bildung, gegründet auf den Prinzipien der Aufklärung Kants. Bildung war für ihn die Grundlage zur Selbstemanzipation. Die Befreiung aus der von Kant beschriebenen selbstverschuldeten Unmündigkeit war also nur durch eigenes Tun, durch Bildung möglich und nicht durch das Gewähren von Rechten durch den Staat. Wenn man das versteht, dann ist man dem sehr nahe, was einen mündigen Bürger ausmacht.

Wo stehen wir heute? Angesichts der Verschulung der Universität und der Reduzierung der Schule auf die Berufsvorbereitung wundert es nicht, dass an die Stelle des aufgeklärten Staatsbürgers heute viel zu oft inzwischen der ignorante und laute Wutbürger tritt. Bildung ist aber mehr als Ausbildung, viel mehr als Berufsvorbereitung. Bildung ist ein Wert an sich. Und wenn wir heute vom „lebenslangen Lernen" sprechen, so wird dies meist nur mit Blick auf eine sich dramatisch verändernde Berufs- und Arbeitswelt formuliert und mit dem mahnenden Hinweis verknüpft, dass Auszubildende heute nicht davon ausgehen können, ein Arbeitsleben lang nur in einem Beruf zu arbeiten. Als ob der Mensch in seiner Bildung, gerade auch in seiner Herzensbildung, im Sammeln von Erfahrungen jemals fertig wäre.

Deswegen sah Humboldt auch in der Bildung „den wahren Zweck des Menschen". Sich durch Bildung und Fleiß, durch Lernen und Lesen, durch das Betrachten der Welt weiterzuentwickeln, ein selbstbestimmtes Leben zu führen und den sozialen Aufstieg zu schaffen: Das waren Ideale nicht nur des Bürgertums, sondern auch der Arbeiterbewegung. Das Bildungsideal des sich selbst erkennenden und weiterentwickelnden Menschen war das Kernstück der Reformbemühungen Humboldts und daher unabhängig von politischen Meinungen ein umfassendes Prinzip.

Wer heute mahnt, man dürfe doch bitte nicht zurückschauen, nicht durch die Nennung von Kant und Humboldt und anderer großer Namen darüber hinwegtäuschen, dass Pedanterie und Borniertheit in preußischen Schulen, in den Köpfen der Lehrer beheimatet waren, dem sei das zugestanden. Nur streben wir zu jeder Zeit nach einem Idealbild, dem die Wirklichkeit ja in den seltensten Fällen standhält. Und überträgt man dann doch zu leichtfertig das Bild vom vermeintlich despotischen Staatswesen auf ein an sich vor allem in seiner Zeit erstaunlich liberales und egalitäres Bildungssystem? Nicht umsonst kamen schließlich Bildungspolitiker und Forscher aus aller Welt nach Deutschland und nach Preußen, um zu ergründen, welcher Geist und Forscherdrang dort in den Schulen in die Köpfe der kommenden Nobelpreisträger gepflanzt worden war.

An Preußens Schulen schieden sich die Geister. Die preußische Elementarschule wurde sowohl für die Revolution von 1848 verantwortlich gemacht wie für die Obrigkeitshörigkeit des viel beschriebenen preußischen Untertanen. Unterm Strich bleibt als Bilanz, dass der achtjährige Schulbesuch die nahezu vollständige Alphabetisierung der Bevölkerung erreichte und ein Baustein für die Vermittlung der geltenden Normen und Werte der Gesellschaft war.

Angesichts der Tatsache, dass heute in Deutschland 6,2 Millionen Erwachsene, deren Muttersprache wohlgemerkt Deutsch ist, Probleme damit haben, deutsche Texte zu verstehen und zu lesen, ist das Ergebnis der preußischen Elementarschule nicht so schlecht. Und dann haben wir über die mangelnde Fähigkeit des heutigen Schulsystems im Vergleich zu Preußen, gesellschaftliche Identität zu stiften, noch gar nicht gesprochen.

Widersprechen sich also gute moderne Schulen und das althergebrachte preußische Bildungsideal? Wohl kaum. Eher ist das Gegenteil der Fall, wenn das Ziel ist, junge Menschen zu inspirieren. Und wenn es eines Kronzeugen bedarf, dann soll der große Marcel Reich-Ranicki von seiner Schulzeit berichten: „Ich war Schüler eines preußischen Gymnasiums, und ich bedaure dies nicht. Preußen, das bedeutet für mich Kleist, Schinkel und Fontane, Kant und Hegel, Mommsen und Ranke. Aber dazu gehören auch die Juden, von Moses Mendelssohn und Rahel Varnhagen bis zu Max Liebermann, Alfred Döblin und, man wird sich wundern, auch Kurt Tucholsky. Daraus geht ja schon hervor, dass Preußen für mich in viel höherem Maße ein geistiger Begriff ist und kein geographischer, kein territorialer."

Wenn in den Schulen heute Schülerinnen und Schüler untereinander die Einhaltung von Regeln lernen, wenn sie demokratische Prozesse einüben, dann ist das gut. Aber es reicht nicht, einen Klassen- und einen Schulsprecher zu wählen. Es braucht darüber hinaus ein Verstehen der politischen Ordnung sowie das Erlernen von Symbolen und die Stiftung von Identifikation mit diesen. So entsteht ein Zusammengehörigkeitsgefühl und man schafft Identität. Darum wählt sich jeder Abiturjahrgang einer Schule ein Abimotto, und an vielen Schulen gibt es Hoodies und Shirts mit dem Logo der Schule, die von Schülern gern getragen werden. Was spricht dagegen, am Verfassungstag zusammenzukommen und das Grundgesetz hochleben zu lassen inklusive gehisster deutscher Flagge an der Schule und dem gemeinsamen Singen der Nationalhymne? Nichts.

Es ist bedenklich, wie wenig Wert in den Schulen darauf gelegt wird, zu vermitteln, wie der Bundestag arbeitet. Wenn das geschieht, dann bleibt es bei blutarmen Pfeildiagrammen in Schulbüchern. Begeisterung für unsere Republik wird so nicht in die Herzen gepflanzt. Es fehlt vielfach an der Erklärung unserer nationalen Symbole von den deutschen Farben bis zur Nationalhymne. Wie sollen da junge Menschen demokratische Werte lernen und verstehen, wenn sie deren Ursprünge und ihre Symbole nicht kennen? Die Feinde der Republik kennen ihre „Werte" und haben eine klare Symbolsprache für sich entwickelt. Dem muss etwas entgegengesetzt werden. Eine Deutschlandfahne mit den Farben der Republik sowie eine Europafahne vor der Schule und die Nationalhymne auf dem Abiball sind daher kein Zeichen von aufkommendem Nationalismus, sondern von republikanischem Stolz.

Eine republikanische Erziehung muss auch in der Schule gewährleistet sein. Darum haben Lehrer mit rechts- und linksextremen Vorstellungen nichts in einem Klassenzimmer verloren. Unsere Demokratie ist nachlässig geworden gegenüber ihren Feinden. Und diese verhöhnen die Schule noch, indem sie öffentlich im Internet Lehrer an den Pranger stellen, die Stellung gegen sie beziehen. Wenn der Innenminister klarstellt, dass für Verfassungsfeinde kein Platz im öffentlichen Dienst ist, dann gilt das vor allem für Lehrerinnen und Lehrer. Das Dienst- und Arbeitsrecht muss dringend angepasst bzw. konsequent angewendet werden.

Ein Bürgerverständnis, das Freiheit und Verantwortung in den Mittelpunkt stellt, kann und muss Bildung als Element der Befreiung im Sinne Kants diskutieren. Durchweht unsere Schulen der Geist der Aufklärung? Wie verhält sich ein „gebildeter Mensch", hält er sich auch dann an Regeln, wenn niemand einen Regelbruch, der zu einem individuellen Vorteil führt, bemerken würde? Reflektiert er sein Tun mit Blick auf die Auswirkung für andere? Welchen Stellenwert haben Zurückhaltung im Auftreten, Schicklichkeit und Anstand für das eigene Handeln? Wo, wenn nicht in der Schule soll das gesellschaftliche Miteinander eingeübt und erlernt werden? Sind unsere Schulen „republikanische Institutionen", wie es der grüne Vordenker Ralf Fücks gefordert hat? Derzeit wohl eher nicht.

Zwar ist in den Schulen viel von Partizipation und Demokratieerziehung die Rede, aber in Wahrheit findet eine Werteorientierung, die Schülerinnen und Schüler zu Bürgerinnen und Bürgern erzieht, kaum statt. Etwas ganz anderes wird dort anerzogen, wie der Bildungsexperte Bernhard Bueb kritisiert: „Das System produziert eine Gewerkschaftsmentalität, es fördert Egoismus und Spaßhaltung. Die Schüler lernen Politik als die Kunst, ihre Rechte, ihre Vorteile, ihre Freiheiten und ihre Bequemlichkeiten durchzusetzen." Er fordert daher: „Die Zukunft Deutschlands wird davon abhängen, dass wir die bewusste Erziehung unserer Kinder, orientiert an gemeinsamen Maßstäben und Überzeugungen, programmatisch zum ersten Thema der Nation machen, dass wir unsere Tatkraft, unsere Fantasie und unser Geld in den Dienst der Erziehung unserer Kinder und Jugendlichen stellen."

Damit wird die Schule neben dem Elternhaus zum entscheidenden Ort, um aus jungen Menschen verantwortungsvolle Staatsbürger zu machen. Welche Werte gilt es zum Erreichen dieser Ziele in den Mittelpunkt der Bildung zu stellen? Grundlage für die Erziehung müssen gerade in Zeiten von Populismus, erstarkendem Nationalismus und dem Infragestellen einer internationalen Ordnung, die auf Multilateralismus und Interessenausgleich setzt, die Werte der Aufklärung sein.

Man kommt nicht umhin, klarzumachen, dass die Werte der Aufklärung säkularisierte christliche Werte sind: Freiheit, Gleichheit, Brüderlichkeit, Gerechtigkeit, Wahrheit und Menschenliebe. Jedem dieser Werte steht eine Tugend gegenüber: dem Wert der Wahrheit beispielsweise die Tugend der Ehrlichkeit. Und diese Werte müssen in den Schulen gelebt und vermittelt werden.

Eine so verstandene wertebasierte Erziehung ist nicht leistungsfeindlich, sondern genau das Gegenteil. Sie erzieht junge Menschen zur Verantwortung, sie bildet die Eliten der Gesellschaft, die wir dringend brauchen, und sie vermittelt zugleich den Respekt vor diesen Eliten. Entscheidend ist dabei, dass Elite nicht über Herkunft, Adel, Geld oder Vererbung, sondern durch Leistung und Wissen definiert wird. Und in einer entsprechend organisierten Schule schließt dies musische, sportliche und moralische Erziehung mit ein. Die Eliten werden auf Dauer nur Vertrauen finden, wenn sie sich selbst ihrer Grenzen bewusst sind. Auch das ist eine Frage der Erziehung, die die Theologin Petra Bahr so beantwortet hat: „Zur Bildung im anspruchsvollen, protestantischen Sinne gehört die Einsicht in die eigenen Grenzen und das stete Verwiesensein auf andere."

Bedenkt man all diese Aspekte, dann sind wir Humboldt schon ganz nahe. Er hat geschrieben: „Allein durch Erziehung des Volkes zur Einsicht und Tat kann eine Staatsverfassung belebt werden, und diese Erziehung bewirken Einrichtungen, die der Tätigkeit des Einzelnen freien Spielraum anweisen und ihm Gelegenheit geben zur Sammlung von Erfahrungen, die ihn aber zuerst dahin führen, die Angelegenheiten seiner Gemeinde zu verwalten, und so den Grund legen zur Empfänglichkeit für die Liebe zum allgemeinen."

Das ist, nur sehr viel schöner formuliert, nichts anderes als das bereits erwähnte sogenannte Böckenförde-Diktum, nach dem der freiheitliche säkularisierte Rechtsstaat nicht die Voraussetzungen für seine Existenz schaffen kann. Vielleicht kann er es doch. Aber dann gibt es dafür nur den mühsamen und steinigen Weg der Erziehung seiner Bürgerinnen und Bürger an guten Schulen. Und es geht nicht ohne den Preußen Humboldt.

Verantwortung lernen: Wir brauchen eine allgemeine Dienstpflicht

Verantwortung muss man lernen. Und die Bereitschaft, Verantwortung zu übernehmen, muss Anerkennung finden. Welche Erfahrungsräume haben gerade junge Menschen, um das zu erleben und zu verinnerlichen? Viele junge Männer haben gegen ihren Willen in Wehr- und Zivildienst Erfahrungen gemacht, die ihnen im späteren Leben über die Berufswahl hinaus geholfen haben. Nicht umsonst rufen viele nach einer allgemeinen Dienstpflicht für junge Männer und Frauen. Die Idee ist richtig und gut. Sich zu engagieren und Verantwortung zu übernehmen ist nicht angeboren. Dienen will gelernt sein.

Ziel einer allgemeinen Dienstpflicht darf und kann es nicht sein, sozialversicherungspflichtige Arbeitsplätze zu ersetzen. Es geht vielmehr darum, junge Menschen dort einzubeziehen, wo sie unterstützen und eine hilfreiche Tätigkeit verrichten können, die sie auch persönlich weiterbringt und sie etwas lehrt. Neben dem Einblick in bestimmte Berufsbilder steht dabei die Vermittlung von Werten und Normen im Blickpunkt, die grundlegend für das Funktionieren unserer Gesellschaft sind. Der bekannte Pädagoge Bernhard Bueb hat erklärt, warum es so wichtig ist, dass junge Menschen Disziplin üben und Leistung als zentrales

Prinzip von Bildung erlernen. Was versteht er darunter, und wie gelingt das?

Für Bueb geht es darum, Zivilcourage, Fair Play und Anstand im Umgang miteinander zu lernen. Dass es ohne Disziplin und Führung keine Menschlichkeit, keinen Respekt und keine Rücksicht geben kann, das ist ein preußisches Verständnis. Wer nun behauptet, das sei doch eine ahistorische Interpretation des preußischen Disziplinbegriffs, dem sei erneut Kant anempfohlen. Der hatte in der Tat über das Problem nachgedacht, wie man Disziplin und Freiheit in der Erziehung miteinander vereinbaren kann: „Eines der größten Probleme der Erziehung ist, wie man die Unterwerfung unter den gesetzlichen Zwang mit der Fähigkeit, sich seiner Freiheit zu bedienen, vereinigen könne. Denn Zwang ist nötig! Wie kultiviere ich die Freiheit bei dem Zwange? Ich soll meinen Zögling gewöhnen, einen Zwang seiner Freiheit zu dulden, und soll ihn selbst zugleich anführen, seine Freiheit gut zu gebrauchen. Ohne dies ist alles bloßer Mechanismus, und der der Erziehung Entlassene weiß sich seiner Freiheit nicht zu bedienen."

Offensichtlich hat Bernhard Bueb verstanden, was preußische Disziplin und Führung meint. Sie ist kein Selbstzweck und dient nicht bloß der Aufrechterhaltung einer Ordnung. Sie soll den Einzelnen zur Verantwortung und zur Freiheit befähigen. Bueb formuliert es so: „Die vielen ungeliebten Menschen in der Welt bilden den Humus, auf dem die Bosheit wächst, die jugendlichen Amokläufer ebenso wie Jugendliche, die andere zusammenschlagen. Wer das Böse bekämpfen will, sollte dafür eintreten, dass Kinder Respekt, Liebe und Vertrauen erfahren, also in den Genuss von humaner Führung gelangen." Was brauchen junge Menschen mehr als Respekt, Liebe und Vertrauen? Mittels einer allgemeinen Dienstpflicht kann man ihnen genau das vermitteln. Das klingt provokant. Wie ist das gemeint?

Die Eliten dieses Landes haben sich inzwischen von der politischen Ordnung und der Gesellschaft, die ihnen Macht und Aufstieg ermöglicht hat, weitgehend entkoppelt. Ihre Kinder wachsen mehrsprachig auf, gehen auf internationale Schulen und studieren meist im Ausland. Von den Sorgen und Nöten derjenigen, die nicht wissen, ob das Geld bis zum Monatsende reicht, wissen sie wenig bis nichts. Und doch beruhen ihre gesellschaftliche Stellung, ihre Macht und ihr Wohlstand auf der Gesellschaft, aus der sie kommen. Daran können auch Internationalität und Weltbürgertum nichts ändern. Wahr ist aber auch, dass es diesen Eliten nicht nur leichter fällt, mit Problemen und Herausforderungen umzugehen. Sie haben im Zweifel die Möglichkeit, sich diesen schlicht und einfach zu entziehen.

Ein gutes Beispiel sind Sportprofis und Manager, die ihr Einkommen im Ausland versteuern, oder Unternehmer, die ehrenamtlich engagierten Mitarbeitern die Ausübung dieses Ehrenamtes erschweren oder gar verleiden, weil sie indirekt mit Kündigung drohen. Da nützen gesetzliche Regelungen wenig, wenn der Chef es an republikanischer Haltung missen lässt und nur an Gewinnmaximierung denkt. Natürlich gibt es auch die positiven Beispiele, aber eine Mentalität, in der jeder zuerst an sich selbst denkt, ist nun einmal spürbar in unserer Gesellschaft. Dann ist zwar auch an jeden gedacht, aber solidarischer, menschlicher und besser wird unser Land dadurch nicht.

Wie sollen die Kinder dieser Eliten lernen, dass ihr Wohlstand und ihre schier grenzenlosen Möglichkeiten auch von denen getragen werden, die nicht dieselben Chancen haben? Dass sie keinen Grund haben, auf diejenigen herabzuschauen, bei denen es mit Ach und Krach für einen Pauschalurlaub auf Mallorca reicht? Wer bringt ihnen bei, dass sie die Umstände ihres Lebens nutzen müssen, um nicht nur für sich selbst, sondern auch für andere Verantwortung zu übernehmen und das Gemeinwohl nicht aus dem Blick zu verlieren? Diesen jungen Menschen „zuzumuten", in einem Pflegeheim oder in einer Behinderteneinrichtung ein Jahr für ein kleines Taschengeld zu arbeiten, ist nicht nur ein Dienst an der Gesellschaft, die ihnen all das ermöglicht, was sie sonst in ihrem Leben genießen. Es kann sie selbst in ihrer Entwicklung voranbringen. Und ohne die Pflicht, einen solchen Dienst zu absolvieren, würden sich nur die wenigsten einer solchen Herausforderung stellen.

Doch was ist mit den jungen Menschen aus den sozialen Brennpunkten? Die, die es schwer im Leben haben. Was ist mit dem Mädchen, dessen Mutter trinkt und dessen Vater gewalttätig ist? Was mit dem jungen Mann mit Migrationshintergrund, der bei der Bewerbung nicht nur wegen der schlechten Noten auf der Hauptschule, sondern auch wegen seines ausländischen Namens benachteiligt wird? Was hat diese Gesellschaft ihnen bisher gegeben außer Hartz IV, dass wir von ihnen einen Dienst fürs Vaterland verlangen können? Hier ist nach meiner Überzeugung eine soziale Dienstpflicht noch viel mehr eine Chance. Alle Experten berichten, dass das Freiwillige Soziale Jahr junge Menschen enorm reifen lässt. Und auch für den Wehr- und den Zivildienst ist das eine Erfahrung, die viele teilen und immer wieder davon berichten.

Gerade diese jungen Menschen, denen es vielleicht schwerfällt, sich auf einen solchen Dienst einzulassen, können bei entsprechender Begleitung und Führung wertvolle Erfahrungen sammeln und viel lernen – auch über sich selbst. Da ist vor allem das wunderbare Gefühl, gebraucht zu werden, wichtig zu sein, etwas geleistet zu haben und dafür Dank und Anerkennung zu erfahren.

Das junge Mädchen wird vielleicht Essen auf Rädern für die Diakonie ausliefern. Die alten Menschen, denen sie eine warme Mahlzeit bringt, warten schon auf sie. Sie freuen sich über eine kurze Unterhaltung an der Tür. Manchmal ist sogar ein Trinkgeld drin, und Ostern bekommt sie einen Schokoladenhasen geschenkt. Vielleicht hat sie zu Ostern noch nie etwas geschenkt bekommen. Was macht so etwas mit einem jungen Menschen? Wir sollten, wenn wir über eine soziale Dienstpflicht diskutieren, nicht nur darüber sprechen, dass wir jungen Menschen ein Lebensjahr „klauen". Wir ermöglichen den meisten neue Perspektiven und auch Chancen.

Der junge Mann, nennen wir ihn Murat, folgt zunächst nur widerwillig den Anweisungen der resoluten Pflegedienstleiterin. Er leistet seinen Dienst in einem Altenheim ab. Seine Kumpels haben sich darüber lustig gemacht. Das sei doch keine Aufgabe für einen echten Mann. Anfangs gerät er oft mit seiner Chefin aneinander. Sich von einer Frau herumkommandieren zu lassen, das war für ihn undenkbar. Es gibt inzwischen in dem Altenheim zahlreiche Bewohner, die wie seine Vorfahren aus der Türkei kommen. Hier wird er gebraucht. Ihm vertrauen sie leichter, wenn er auch mal eine Unterhaltung auf Türkisch führt oder etwas erklärt. Als er wenig später von der Pflegedienstleiterin gelobt wird, ist das komisch für ihn. Bis ihm bewusst wird: Er ist noch nie gelobt worden für das, was er getan hat. Und er ist auf einmal stolz auf das, was er tut.

Doch wie und wo lernt man, dass es erfüllend sein kann, sich für andere zu engagieren? Dass man so etwas Gutes tut – nicht nur anderen, sondern auch sich selbst? Die meisten Wehrdienstleistenden und Zivis können von solchen Erfahrungen berichten. Und das gilt heute für Millionen Menschen, die sich ehrenamtlich engagieren oder ein Freiwilliges Soziales Jahr oder den Bundesfreiwilligendienst ableisten.

In der Debatte um eine Dienstpflicht wird immer das Argument ins Feld geführt, dass ein solcher Dienst, freiwillig geleistet, einen höheren Wert hätte. Warum eigentlich? Oder kann der

Weg nur die Freiwilligkeit sein. Ist Freiheit und Pflicht nur zu vereinen, wenn die Pflicht eine freiwillig sich selbst auferlegte ist? Kant achtet zwar die Pflicht aus Einsicht in die Notwendigkeit und Richtigkeit einer Sache hoch, aber er kennt auch die Handlung gemäß der Pflicht aufgrund vorhandener Regeln.

Und wie sieht die Wirklichkeit aus? Wir neigen nicht unbedingt dazu, uns jeder unangenehmen Herausforderung zu stellen. Warum auch? Ein Jahr des eigenen Lebens in den Dienst der Gesellschaft zu stellen, ist ein Gedanke, auf den nicht jeder von uns automatisch kommt. Das Leben ist so kurz, die Möglichkeiten sind oft so groß. Und vielleicht ist diese Idee einfach außerhalb unserer Vorstellungswelt. Wir alle kennen aber auch das unbeschreiblich gute Gefühl, wenn wir uns einer Aufgabe gestellt haben, die zunächst außerhalb des Möglichen lag. Wie stolz ist man, wenn man ein Ziel erreicht hat, das vor kurzer Zeit noch in weiter Ferne lag. Wir wachsen gerade an solchen Aufgaben.

Die juristischen Bedenken, die in der Debatte genannt werden, seien hier erwähnt. Angeblich stünden das Grundgesetz und europäische Rechtsnormen der Einführung einer allgemeinen Dienstpflicht entgegen. Wenn man aber die Bürgerinnen und Bürger fragt, dann ist die Meinung klar: Die übergroße Mehrheit würde eine allgemeine Dienstpflicht begrüßen. Die Grundidee ist einfach: Alle jungen Menschen sollen nach Abschluss der Schulausbildung bei Erreichen der Volljährigkeit einen allgemeinen Dienst für die Gesellschaft leisten. An Einsatzmöglichkeiten mangelt es nicht. Im sozialen Bereich oder auch im Umweltschutz braucht es dringend engagierte Helferinnen und Helfer. Das gilt auch für die Rettungsdienste und das Technische Hilfswerk. Selbst in der Bundeswehr könnte ein kleiner Teil der Dienstpflichtigen seinen Dienst ableisten. Die Bundeswehr so wie andere gesellschaftliche Gruppen und Institutionen stellen die entsprechenden Dienstposten zur Verfügung. Die Dienstpflichtigen erhalten eine Aufwandsentschädigung. Begleitet werden sollte dieser Dienst durch ein Bildungsprogramm, das eine Mischung aus staatsbürgerlicher Bildung und Horizonterweiterung sein sollte.

Die Diskussion um eine allgemeine Dienstpflicht ist notwendig. Eine allgemeine Dienstpflicht vermittelt jungen Menschen die Notwendigkeit, Verantwortung zu übernehmen. Im Idealfall erfahren sie, dass es nicht auf irgendwen ankommt, sondern auf sie selbst. In der Berufswelt haben wir gelernt, dass es Experten für alle denkbaren Aufgaben gibt. Ein Friseur schneidet die Haare, ein Steuerberater nimmt uns den Kampf mit dem Finanzamt ab, und die Wartung eines Autos ist nur noch selbst möglich, wenn man einen Oldtimer sein Eigen nennt und sich entsprechend auskennt. Und wir haben gelernt, dass eine arbeitsteilige Welt enorme Vorteile mit sich bringt.

Aber die Verantwortung für unser Gemeinwesen kann man nicht delegieren oder „outsourcen". Am Ende sind wir als Bürgerinnen und Bürger gefordert, für Einigkeit und Recht und Freiheit einzutreten. Das wird uns kein Dienstleister abnehmen und auch keine verbündete oder befreundete Nation. Das müssen wir Deutschen schon selbst tun.

Anerkennung gerecht verteilen: Wir brauchen eine Verantwortungselite

Es gibt noch eine Erkenntnis, die eine solche soziale Dienstpflicht vermittelt: Verantwortung übernehmen kann jeder. Stand, Bildung und Herkunft spielen keine Rolle. Deutschland muss ein Land sein, in dem sich die Menschen entfalten und gemäß ihren Fähigkeiten einbringen können. Wir brauchen die Aufstiegsgeschichten. So wie in der preußischen Armee jeder Grenadier den

Marschallstab im Tornister trug und ein Christian Daniel Rauch
vom Kammerdiener der Königin zum gefeierten Künstler wurde,
so muss in Deutschland jeder nahezu alles werden können – vo-
rausgesetzt, er erbringt die dafür notwendige Leistung. Preußens
Geschichte ist reich an solchen Beispielen. Der große Scharnhorst war ein einfacher Bauernsohn, und August Graf Neidhardt
von Gneisenau reformierte als Österreicher das preußische Heer.
Er gab vor, was auch für das heutige Deutschland Leitgedanke
sein sollte, wenn wir darüber reden, welche Bürger unser Land
gerade in diesen Zeiten nötig hat: „Die Geburt gibt kein Mono-
pol für Verdienste. Die neue Zeit braucht mehr als alte Titel und
Pergamente, sie braucht frische Tat und Kraft."

Nimmt man diesen Satz ernst, dann müssen sich die alten
Eliten warm anziehen. An die Stelle der Funktionseliten sollten
die Verantwortungseliten treten. Gerade junge Deutsche mit
Einwanderungsgeschichte oder ausländischer Abstammung fordern zu Recht nachdrücklich ihren Platz in unserer Gesellschaft
für sich ein. Und ein so verstandenes bürgerliches Selbstbewusstsein ist viel preußischer, als man denkt. Preußischer Bürger zu
sein bedeutete eben nicht Duckmäusertum, Standesdünkel und
Obrigkeitshörigkeit: „Die Masse der Bewohner Preußens war
zu keiner Zeit militaristisch und aggressiv, pedantisch, borniert
und eingebildet. Sie war allenfalls etwas härter, zäher und, was
die bürgerliche Schicht betraf, toleranter und auch selbstbewuss-
ter als die Menschen in anderen Gegenden", so hat es der linke
Schriftsteller Bernt Engelmann beschrieben.

Eine Bürgergesellschaft muss eine offene Gesellschaft sein.
Das fordert Bürgerinnen und Bürger. Dem stehen Zukunfts-
angst, Ressentiments und der Wunsch nach Abgrenzung gegenüber. Doch wer so denkt, der wird den absehbaren Wandel vielleicht verzögern können, aber nie aufhalten. Und er wird einen
teuren Preis dafür bezahlen. Der Staat wird nur für einen gewis-

sen Zeitraum Offenheit und Pluralität erzwingen können. Wenn die Bürgerinnen und Bürger darin keinen Mehrwert mehr erkennen und den Glauben an die offene Gesellschaft verlieren, dann wenden sie sich autoritären Weltbildern zu. Wir können das in unserem eigenen Land beobachten.

Die in der jüngsten Zeit im Zuge der Coronapandemie geführte Debatte, welche gesellschaftlichen Gruppen und Berufe „systemrelevant" seien, führt in die Irre. Natürlich tut es dringend not, dass wir vor allem die Berufe mehr wertschätzen, die einen Dienst am Menschen verrichten. Das gilt vor allem für die pflegenden Berufe im Gesundheitsbereich. Es gilt aber auch für die Kassiererin im Supermarkt oder den in der Vergangenheit in solchen Diskussionen immer wieder erwähnten Müllmann. Eine doppelte Wertschätzung in Form von einem auskömmlichen Verdienst, aber auch gesellschaftlicher Anerkennung für die geleistete Arbeit haben all die Genannten in jedem Fall zu erwarten.

Der Ruf nach einer besseren Bezahlung für bestimmte Berufsgruppen wird allenthalben laut. Krankenpflegerinnen und Krankenpfleger sollten besser bezahlt werden. Wer wird sich dieser Meinung verschließen? Ich kenne niemanden. Dann machen wir es aber bitte konkret. Eine bessere Bezahlung wird nur möglich sein, wenn wir bereit sind, diese zu finanzieren. Eine Erhöhung der Krankenkassenbeiträge wäre die notwendige Folge. Und das Geld darf dann bitte nicht bei den Vorständen der Krankenkassen landen, sondern auf dem Konto des Pflegepersonals. Die Kassiererin im Supermarkt und beim Bäcker arbeitet nur für den Mindestlohn? Wenn Lebensmittel etwas mehr kosten und dieses Geld in der Lohntüte der Supermarktmitarbeiter landet, dann herzlich gern. In einer sozialen Marktwirtschaft muss es möglich sein, Wertschätzung auch monetär auszudrücken.

Doch damit ist es nicht getan. Ein freundliches Wort, ein Dankeschön, das erleben viele Menschen leider selten in ihrem beruflichen Alltag. Ist es die Supermarktkassiererin nicht wert, dass man sie beim Bezahlen anschaut? Hat man es so eilig, dass vielen Menschen kein Dankeschön und Bitte mehr über die Lippen kommt? Wann haben wir im Umgang miteinander die einfachsten Formen der Höflichkeit und des Respekts verlernt? Das muss sich dringend ändern. Es ist gelebtes Miteinander, es stärkt das Zusammengehörigkeitsgefühl, und wir lernen wieder, den anderen und seine Arbeit wertzuschätzen. Das gilt ganz besonders für Männer und Frauen, die ihre Kraft in den Dienst unseres Landes stellen.

Versuchen Sie es selbst einmal: Wenn Sie einen Soldaten am Bahnhof oder an einem anderen Ort treffen, dann gehen Sie auf sie oder ihn zu, und sagen Sie einfach einen Dank für den Dienst für unser Land. Sie werden erleben, dass das ein Lächeln auf das Gesicht der Soldatin oder des Soldaten zaubert. Das gilt gleichermaßen für Polizisten und für Rettungskräfte allgemein. All diese Menschen verrichten still und brav jeden Tag ihren Dienst. Ein Dankeschön hören sie selten. Und täuschen wir uns nicht: Diese Form der Wertschätzung ist unbezahlbar.

Am Ende besteht die Möglichkeit, dass Wertschätzung und Respekt künftig nichts mit der Frage zu tun haben, wie vermeintlich wichtig oder systemrelevant das eigene Tun ist. Am Ende lernen wir wieder, dass es jeden braucht. Jeden und jede am richtigen Platz, damit der Laden läuft.

Elite definiert sich nicht – anders, als es die Medien uns oft glauben machen wollen – über Reichtum, Macht, Herkunft, Vererbung oder Anerkennung, sondern über eine bestimmte Art von Leistung, und zwar intellektuelle und moralische. Nur das befähigt zur Verantwortung. Und es rächt sich, dass die Menschen die falschen Vorbilder präsentiert bekommen. Ein Test: Kennen Sie den letzten deutschen Nobelpreisträger? Zumindest wenn ich diese Frage Schulklassen in Diskussionen stelle, herrscht Schweigen. Den letzten Dschungelkönig der RTL-Sendung „Ich bin ein Star, holt mich hier raus!" kennen hingegen fast alle, denn selbst das Feuilleton der altehrwürdigen *FAZ* widmet sich inzwischen dieser Sendung. Das sagt viel. Der letzte deutsche Nobelpreisträger war übrigens im Jahr 2020 Reinhard Genzel, der den Nobelpreis für Physik erhalten hat. Der erste deutsche Nobelpreisträger war ein Preuße: Emil von Behring, der 1901 für seine medizinische Forschung ausgezeichnet wurde.

Es wird nur gelingen, an die Verantwortung jedes Einzelnen zu appellieren und ihn oder sie dazu zu bringen, sich für die Gesellschaft zu engagieren, wenn es sich lohnt, und zwar in mehrfacher Hinsicht: lohnt im Sinne von, dass seine Stimme gehört wird, aber vor allem mit Blick darauf, dass Fleiß und Anstrengungen Perspektiven des Aufstiegs eröffnen. Jeder muss in Deutschland alles werden können. Gerade Kindern mit Einwanderungsgeschichte oder aus sozial benachteiligten Schichten – beides hängt oft miteinander zusammen – brauchen solch eine Perspektive. Sonst werden sie nicht in unserer Gesellschaft ankommen, obwohl sie dazugehören. Dazu gehört auch, dass Menschen wahrgenommen werden wollen. Wer etwas tut, etwas leistet, Verantwortung übernimmt, der wünscht sich, dass das gesehen und im Zweifel anerkannt wird. Wenn wir uns in der Gesellschaft eine Haltung wünschen, in der jeder an seinem Platz versucht, sein Bestes zu geben, dann setzt das voraus, dass wir dem Gegenüber die entsprechende Anerkennung zollen.

So schaffen wir ein Bewusstsein dafür, dass wir alle verantwortlich sind. Zur Wahrheit gehört, dass eine gewählte Bundeskanzlerin ein größeres Paket an Verantwortung zu tragen hat als ein Busfahrer. Aber auch vom Busfahrer erwarten wir, dass er seine Fahrgäste sicher ans Ziel bringt. Doch warum soll er jeden Tag bei Wind und Wetter pünktlich und ausgeruht zum Dienst erscheinen, wenn er das Gefühl hat, dass „die da oben" nicht dieselben strengen Maßstäbe bei sich selbst anlegen? Wenn er betrunken am Steuer erwischt wird, dann ist er seinen Job los. Was ist mit dem Manager, der ein Unternehmen ruiniert hat und dann noch eine dicke Abfindung erhält? Und dem Politiker, der neben seiner üppigen Pension in den Dienst für ausländische Konzerne tritt und damit Mächten dient, bei denen man nicht sicher sein kann, ob sie es gut mit Deutschland meinen? Neben die Frage der Verantwortung tritt die Frage des Vorbilds.

Der erwähnte Busfahrer ist sicher für seine jungen Kolleginnen und Kollegen ein Orientierungsmaßstab. Sie werden auf ihn schauen und sich im Guten wie im Schlechten an ihm orientieren. Im besten Fall verhält er sich vorbildlich. Dies gilt einmal mehr für diejenigen in der Gesellschaft, die durch ihre Position Verantwortung für eine größere Zahl an Menschen haben und deren Tun öffentlich begleitet und nachvollzogen werden kann. Sich bewusst zu machen, dass man ein Vorbild ist, fällt nicht jedem leicht. Aber wenn jeder sich prüft, wann er oder sie vorbildlich gehandelt hat, dann bringt uns das nicht nur selbst, sondern unsere Gesellschaft weiter. Es hängt also nicht von unserer gesellschaftlichen Stellung ab, ob wir zur Verantwortungselite zählen, sondern einzig und allein von unserem Tun.

Der Alte Fritz hat diesen Anspruch gegenüber seinen Bürgern formuliert und sich dabei selbst in die Pflicht genommen, als er in seinem „Politischen Testament von 1752" geschrieben hat: „Pflicht eines jeden guten Bürgers ist es, dem Vaterland zu dienen, daran zu denken, dass er nicht allein für sich auf der Welt ist, sondern dass er zum Wohl der Gesellschaft, in die ihn die Natur gesetzt hat, arbeiten muss. Ich habe mich bemüht, diese Pflicht nach meinen schwachen Kräften und Einsichten zu erfüllen." Und Roman Herzog leitete daraus ab, was das für die Eliten dieses Landes bedeutet, wenn sie sich ihrer Stellung im preußischen Sinne bewusst sind und die eigenen Fähigkeiten nicht nur gewinnbringend für sich selbst einsetzen: „Eine Elite manifestiert sich nicht primär durch ausgeprägte Leistungsfähigkeit oder ein besonders hohes Einkommen, sondern vor allem durch die Bereitschaft, die eigenen Fähigkeiten in den Dienst der Allgemeinheit zu stellen – Elite ist immer Verantwortungselite." Besser und preußischer kann man es nicht formulieren.

Haben wir eigentlich Symbole, die diesen Bürgergeist verkörpern? Eine gute Frage. Die Selbstinszenierung in Bildern und Symbolen ist keine Stärke dieser Republik. Und es ist bis heute verwunderlich, dass die Deutschen mit ihren nationalen Symbolen und vor allem mit dem Zeigen der schwarz-rot-goldenen Fahne so zurückhaltend bis reserviert umgehen. Symbole sind Erkennungszeichen, und sie stiften Sinn. Wäre es nicht wunderbar, wenn wir ein Symbol hätten, das zum Ausdruck bringt, dass wir alle, unabhängig von unserer gesellschaftlichen Stellung und unserem Einfluss, einen Beitrag zum Gelingen des Gemeinwesens leisten können und müssen? Ein Symbol, das nicht überbordend und laut, sondern eher schlicht und einfach daherkommt. So wie ja die Bundesrepublik eben nicht die Bundesrepublik wäre, wenn sie sich vergleichbar zum 4. Juli in den USA selbst permanent feiern würde? Die Preußen haben uns ein solches Symbol überlassen. Das Eiserne Kreuz. Schauen wir es uns einmal näher an.

Neben preußischen Baudenkmälern, Kunst und Literatur hat auch das Eiserne Kreuz bis heute überdauert. Es steht wie kein anderes Symbol für Preußen, wird oft mit den negativen Seiten, dem Militarismus, identifiziert und ist außerdem das einzige mir bekannte Symbol, das offensichtlich so stark ist, dass es selbst den Missbrauch durch die Nationalsozialisten überstanden hat – nicht unbeschadet, aber immerhin! Es ziert bis heute als Hoheitsabzeichen die Fahrzeuge der Bundeswehr. Auch das Ehrenkreuz der Bundeswehr für Tapferkeit ist dem Eisernen Kreuz nachempfunden, wenngleich es keine Neustiftung dieser Auszeichnung war. Eine Diskussion darüber hatte es durchaus gegeben, der Bundestag hatte sich mit einer entsprechenden Petition befasst.

Nun war das Eiserne Kreuz eine Tapferkeitsauszeichnung für Soldaten im Krieg. Damit taugt es doch nicht als Symbol für eine Bürgergesellschaft! Schon der Vorschlag löst Kopfschütteln aus, da bin ich mir sicher. Aber näher hinschauen lohnt sich. Befragen wir den genialen Karl Friedrich Schinkel, der nicht nur den Orden entworfen, sondern später ein entsprechendes Denkmal geschaffen hat, das 1818 auf einem seitdem als Kreuzberg benannten Berliner Hügel errichtet wurde.

Welche Bedeutung legte Schinkel in das von ihm geschaffene Symbol und in das Denkmal? Es war ein schlichtes Zeichen aus Eisen. Jeder konnte diesen Orden verdienen. Dieser egalitäre demokratische Gedanke ist eng verknüpft mit der Frage, was in unserer Gesellschaft Anerkennung findet: Entscheidend für Auszeichnungen darf nicht Rang, Dienstdauer oder gar Herkunft sein. Entscheidend ist die Leistung. Wer würde heute diesem Prinzip widersprechen? Das Eiserne Kreuz wurde als Auszeichnung für treue Pflichterfüllung und Tapferkeit, für herausragende Leistungen verliehen. Es war die allererste Auszeichnung, die jedermann vom General bis zum Gefreiten erhalten konnte. Dieser egalitäre Ansatz verband Bürgertum und Adel, Militärs und Intellektuelle und stiftete so Zusammenhalt in einer zweifelnden und geschwächten Nation.

Das Eiserne Kreuz auf dem Kreuzberg in Berlin ist heute das perfekte Symbol für einen egalitären Anspruch in der Gesellschaft, in der jeder alles werden können muss. Daran erinnert hat uns ausgerechnet ein Brite, Neil MacGregor, dem wir mit seiner zunächst in London und dann in Berlin gezeigten Ausstellung „Deutschland. Erinnerungen einer Nation" einen ungeschminkten und zugleich liebevollen Blick auf unser Land, unsere Geschichte und uns selbst verdanken. Preußen ist stets als „eiserne

Nation" beschrieben worden und hat sich selbst auch so gesehen. Doch während diese Beschreibung das Eisen im Sinne von waffenstarrend meinte, so war das Eisen des Eisernen Kreuzes eher Ausdruck von Schlichtheit. „Kein Firlefanz, kein Getue", so sieht Neil MacGregor Preußen. Für ihn ist das Eiserne Kreuz eben kein Zeichen der militärischen Macht. Er bricht es herunter auf seinen Wesenskern: eine Auszeichnung für alle, die etwas geleistet haben unabhängig von ihrem Stand oder ihrer Herkunft. Und im multiethnischen und multikulturellen Berliner Stadtteil Kreuzberg passt dieses preußische Vermächtnis doch wie die Faust aufs Auge.

Nicht alle Menschen in Verantwortung handeln verantwortlich. Und das gilt für alle Ebenen und Bereiche der Gesellschaft. Unser Land ist voll von Schmarotzern, die andere und den Staat und damit uns alle betrügen. Damit meine ich nicht die Fälle, die durch die Medien gehen, wie Florida-Rolf oder Uli Hoeneß. Ich meine die täglichen Betrügereien, die begangen werden, weil das „jeder so macht" oder weil „mir das zusteht". Ich meine diejenigen, die darauf aus sind, etwas „abzugreifen", sich mit Mitte 30 trotz Vollzeitjob und guten Gehalts noch an der Uni einschreiben, um das günstige Semesterticket zu nutzen. Ich meine die, die ihre Putzfrau schwarz bezahlen, weil es so mühsam ist, die Frau bei der Mini-Job-Zentrale anzumelden. Es interessiert nicht, dass der Mensch, der da oft seit Jahren kommt und alles in Ordnung hält, dann wenigstens sozialversichert wäre. Wir sollten solches Verhalten im Alltag als das bezeichnen, was es ist: asozial.

Wohlgemerkt geht es nicht darum, Menschen für gemachte Fehler an den Pranger zu stellen. Jeder macht Fehler. Aber im Sinne Kants den Sinn von Regeln zu akzeptieren, sie auch einzuhalten, wenn niemand außer mir den Regelverstoß vermeintlich wahrnehmen kann, nicht den eigenen Vorteil auf Kosten der Allgemeinheit zu suchen, ist der Kern bürgerlichen Selbstverständnisses. Es braucht Menschen, die das vorleben. Menschen, an denen wir uns orientieren können. Es braucht Vorbilder. Doch wie gehen wir mit solchen Vorbildern um?

Im öffentlichen Diskurs geht es oft darum, Menschen, die als Vorbilder taugen, die einer Gesellschaft Haltung und Orientierung geben könnten, möglichst bald von ihrem Sockel zu stoßen. Da sind die Deutschen Weltmeister. Die Medien haben eine helle Freude daran, Menschen erst zu glorifizieren und dann damit zu beginnen, akribisch jede noch so kleine Verfehlung zu dokumentieren und aufzuzeigen. Das ist unerträglich. In Wahrheit erwarten die meisten Menschen ja gar nicht, dass diejenigen, denen wir die Geschicke unseres Landes in Politik, Wirtschaft und Gesellschaft anvertrauen, Heilige sind. Wir erwarten, dass diese Menschen sich mit ganzer Kraft ihrer Aufgabe widmen und einen Beitrag für eine gute Zukunft leisten.

Damit ich nicht falsch verstanden werde: Fehlverhalten von Verantwortungsträgern muss benannt werden. Aber die Hetze gegen moralisch zweifelhafte Kirchenvertreter und korrupte Politiker geht mit einer Verallgemeinerung, Häme und einem offen zur Schau getragenen Voyeurismus einher, die abstoßend sind. Der Journalist Hajo Schumacher sieht es so: „Vor allem die Kritik an der Abgehobenheit und Raffke-Mentalität der politischen Klasse durch ein notorisch empörtes Volk hat mittlerweile ein Maß an Schizophrenie erreicht, das sich an der Grenze zum Pathologischen bewegt. Hier entlastet sich ein schnäppchenversessenes Bürgertum selbst, das sich aus der Politik und all ihren Partizipationsmöglichkeiten seit langem verabschiedet hat.“

Die pauschale Hetze gegen „die Politiker“ blendet zudem aus, wie viele gewählte Volksvertreter vom Bürgermeister vor Ort bis hin zum Bundestagsabgeordneten sich jeden Tag redlich einsetzen, weil sie mit großer Ernsthaftigkeit und Fleiß ihren Dienst tun. Viele folgen in ihrem Tun der Prämisse des großen

Staatstheoretikers Adam Müller, der von einem Politiker in seinem Buch „Elemente der Staatskunst" von 1809 gefordert hat: „Man begibt sich als Staatsmann [...] entweder ganz hinein in den Umschwung des politischen Lebens und trägt den Stolz, die Schmerzen des erhabenen Staatskörpers wie seine eignen auf immer, oder man bleibt ewig außerhalb."

Viele Medien klären hier leider nicht auf, sondern singen im Gegenteil das gleiche Lied, obwohl Journalisten es doch besser wissen müssten. Gerade die sogenannten Leitmedien und der öffentlich-rechtliche Rundfunk gefallen sich zu oft darin, alles schlechtzureden. Das nervt viele Menschen mindestens so sehr wie die Bevormundung und Belehrung, die bei der Berichterstattung des Öfteren mitschwingt. Und die sogenannten alternativen Medien, die aber keine Alternative sind, weil sie auf Volksverdummung und Spaltung setzen, bisweilen sogar von fremden Mächten finanziert werden, predigen ja erst recht nur Untergangsszenarien.

Wäre es nicht sinnvoll, dem Tun mehr öffentliche Aufmerksamkeit zuteilwerden zu lassen, das uns vorbildlich ist und motiviert? Wenn wir grundsätzlich auf das Gute und nicht auf das Schlechte achteten? Ein Beispiel: Ein junger Mann, der mit ganzer Hingabe als Pflegekraft in Zeiten von Corona alte und schwer erkrankte Menschen pflegt und dabei auch seine Gesundheit aufs Spiel setzt, ist ein Vorbild. Da sind wir uns einig, oder? Würden wir einen jungen Mann, der wegen des wiederholten Konsums von Marihuana am Steuer keine Fahrerlaubnis mehr besitzt, als Vorbild beschreiben? Wohl eher nicht. Was machen wir aber, wenn hier von ein und demselben jungen Mann die Rede ist? Denken Sie darüber einmal nach.

Veränderungen richtig lenken:
Warum es für den Wandel Konservative braucht

Der Konservatismus in der Bundesrepublik war seit Franz Josef Strauß und Alfred Dregger immer staatstragend. Das ist wichtig zu betonen, denn man darf nicht vergessen, dass es eine Todsünde der Konservativen war, Hitler zur Macht verholfen zu haben. Sie haben am Grab der ersten deutschen Republik kräftig mitgeschaufelt. Darum hat Konrad Adenauer zwar durchaus eine konservative Politik gemacht, aber es stets vermieden, sich selbst als konservativ zu beschreiben. Der Konservatismus der Bundesrepublik war denn auch entgegen seiner Orientierung in der Weimarer Zeit in den letzten Jahrzehnten dezidiert transatlantisch und proeuropäisch ausgerichtet. Ein Konservatismus, der mit nationalkonservativer Rhetorik an Trennschärfe zur politischen Rechten verliert, der antiamerikanisch, russophil und europakritisch war, hatte in der Bundesrepublik bis vor kurzem keinen politischen Resonanzboden.

Das hat sich fundamental geändert. Während der Konservatismus bundesrepublikanischer Prägung in der Union verortet ist, gibt es diejenigen, die einen konservativen Geist wiederbeleben, der schon einmal ins Verderben geführt hat. Die AfD repräsentiert einen Konservatismus, der die Nähe zu nationalistischen und rechtsextremen Überzeugungen nicht scheut. Konservative, die dieses Bündnis eingehen, wiederholen die Fehler der Konservativen in der ersten Hälfte des 20. Jahrhunderts. Und mit einem wohlverstandenen preußischen Konservatismus hat diese Partei schon gar nichts gemein. Dazu erinnern die vulgären Auftritte und Äußerungen des Führungspersonals zu sehr an ganz andere politische Bewegungen.

Ich bin überzeugt, dass es die Konservativen braucht. Vielleicht sogar mehr denn je. Das kritische Hinterfragen seiner selbst könnte für einen zeitgemäßen Konservatismus dabei durchaus eine Stärke sein. Doch leider ist das Beklagen, das Konservative in der CDU und damit in der deutschen Politik sei marginalisiert, eine Leerformel geworden. Hinterlegt mit den Schlagworten Atomausstieg und Wehrpflicht oder zuletzt der „Ehe für alle". Doch weder die Kernenergie noch die Wehrpflicht sind dezidiert konservative politische Ideen. Die „Ehe für alle" ist es hingegen ihrem Wesen nach sogar, doch hier haben die Konservativen es schlicht verpasst, aus der Renaissance der Ehe, die nun gleichgeschlechtlichen Paaren offensteht, einen Sieg im Kulturkampf mit der politischen Linken um ein modernes Familienbild zu machen. Die gute Nachricht ist nämlich: Die Verantwortungsgemeinschaft der Ehe, die darauf abzielt, dass Menschen ohne den Staat füreinander Verantwortung übernehmen, ist attraktiver denn je.

Den immer wieder aufflackernden Streit in der CDU um das Konservative verfolgt die politische Öffentlichkeit ähnlich interessiert wie die Debatte in der SPD um die von ihr angestoßenen Sozialreformen. Es tut daher not, einige klärende Worte zu dieser Diskussion zu verlieren, um dann wieder nach vorne schauen zu können und sich der Frage nach dem Konservativen allgemeiner zu widmen.

Schauen wir also noch einmal kurz auf Wehrpflicht und Kernenergie, Synonyme für das Schleifen des konservativen Markenkerns der Unionsparteien. Um es kurz zu machen: Diese konservativen Legenden gehören schleunigst zu den Akten gelegt.

Die Kernenergie war das Versprechen einer vermeintlich sicheren und sauberen sowie bezahlbaren Energie. Sie stand als Synonym für den Glauben an den Fortschritt und ein besseres Leben. Mit dem ersten Testreaktor 1957 begann die friedliche Nutzung der Kernenergie in Deutschland. Das war damals keineswegs ein Alleinstellungsmerkmal der CDU. Die SPD beschloss auf einem Parteitag bereits ein Jahr zuvor einen „Atom-plan", in dem es hieß: „Die Atomenergie kann zu einem Segen für Hunderte von Millionen Menschen werden, die noch im Schatten leben." Erst mit den Grünen begann eine ernsthafte Debatte um die Risiken der friedlichen Nutzung der Kernener-gie. Heute sind wir klüger: Nach Tschernobyl und spätestens Fukushima wird niemand mehr die Risiken der Kernenergie leugnen. Die Energiewende, saubere und nachhaltig produzier-te Energie, dem Klimawandel etwas entgegensetzen und so die Schöpfung bewahren – das ist konservativ. Nach konservati-vem Verständnis soll Energie aber weiter nicht nur sicher und sauber, sondern auch bezahlbar sein für Unternehmen und für die Bürger. In dieser Frage gibt es Diskussionsbedarf, und es braucht gute Antworten.

Und wie verhält es sich mit der Preisgabe der Wehrpflicht, dem Sündenfall des CSU-Verteidigungsministers Karl-Theodor zu Guttenberg, dem das gesamte bürgerliche Lager zu Füßen lag und dem im Moment der Entscheidung niemand ernsthaft wi-dersprach? Die Wehrpflicht war in ihren Ursprüngen eine linke Idee. Volksbewaffnung und eine Armee, die der Nation und nicht mehr allein dem König verpflichtet ist: Preußische Konservative haben damals dieses Konzept energisch bekämpft. Die Idee, alle männlichen Bürger zum Dienst an der Waffe zu verpflichten, war damals aus einer Not geboren. Der Satz des preußischen Heeres-reformers Gerhard von Scharnhorst, nach dem alle Bürger des Staates geborene Verteidiger desselben sind, bleibt richtig. Aller-dings sind wir heute glücklicherweise sicherheitspolitisch darauf aktuell nicht angewiesen. Das war im Kalten Krieg anders. Und heute müssten sicherlich nicht nur alle jungen Männer, sondern wohl auch die Frauen zu einem Wehrdienst herangezogen wer-den. Die Wehrpflicht ist deshalb aktuell ausgesetzt und nicht ab-geschafft.

So viel zu den Fakten. Die Wehrpflicht wird von den Konservativen aber nicht um ihrer selbst willen vermisst. Vielmehr geht es um den der Wehrpflicht zugrunde liegenden Gedanken des Dienens. An diesem Gedanken halten Konservative zu Recht fest. Ein Staat und ein Gemeinwesen funktionieren nicht mit einer Dienstleistungsmentalität, bei der man unliebsame Aufgaben anderen überträgt, die eigenen Interessen in den Vordergrund stellt und nur reagiert anstatt zu agieren. Der in Artikel 14 verankerte Grundsatz, dass Eigentum verpflichtet, ist eine zutiefst konservative Haltung. Sein Gebrauch soll zugleich dem Wohle der Allgemeinheit dienen, so steht es in unserer Verfassung. Und dieser Gedanke, dass der Einzelne zum Gelingen des Gemeinwesens beitragen muss, und zwar entsprechend seiner Möglichkeiten, sich also in den Dienst des Staates stellen soll, ist einer der Grundsätze konservativen Denkens.

Statt der Wehrpflicht nachzutrauern wäre es angezeigt, kreativ zu sein. Wie kann der preußische Gedanke des Dienens denn heute neu übersetzt werden? Das Ehrenamt stärker wertzuschätzen, das Freiwillige Soziale Jahr auszubauen, einen Bundesfreiwilligendienst einzuführen oder aktuell die Idee einer allgemeinen Dienstpflicht zu diskutieren sind konservative Impulse für eine dringend notwendige Debatte, was Bürgerinnen und Bürger über das Steuerzahlen und Wählengehen hinaus tun können, um zum Gelingen des Gemeinwesens beizutragen.

Der Mainzer Historiker Andreas Rödder hat eine kluge Definition eines modernen Konservatismus geliefert: Der Konservative akzeptiert den Wandel als historische Tatsache. Er versucht ihn nicht zu verhindern, sondern ihm eine gute Richtung zu geben, ihm im Zweifel seine Härte zu nehmen. Es kann also keine Konservativen ohne den Wandel geben. Konservative sind, so Rödder weiter, pragmatisch und denken nicht ideologisch, sie sind der praktischen Vernunft verpflichtet – da ist er wieder, dieser Kant. Und der große Theodor Fontane, der Literat Preußens, hat diese Haltung so beschrieben: „Alles Alte, soweit es Anspruch darauf hat, sollen wir lieben, aber für das Neue sollen wir recht eigentlich leben."

Was kennzeichnet Konservative laut Rödder noch? Aus seiner Sicht geben Konservative der Zivilgesellschaft den Vorrang vor dem Staat – ergänzt durch die Subsidiarität und die Bedeutung der Familie als Keimzelle des Staates, die aber in ihrer Form unbestimmt bleibt. Was Familie ist und wie sie gelebt wird, entscheiden die Menschen und nicht die Politik.

Andreas Rödder hat zu Recht darauf hingewiesen: „Keine unwandelbaren Inhalte also machen Konservatismus aus, und dennoch hat er durchgehende Grundlagen." Im Großen ist die Freiheit der entscheidende Wert für Konservative, aber keine Freiheit von etwas, sondern eine Freiheit, die zur Verantwortung befähigt: für sich selbst, für andere und für das eigene Vaterland. Im Kleinen ist es der Satz, den viele noch von ihren Eltern lernen: „Das macht man nicht." Eine Haltung, nicht nur die Akzeptanz von Regeln, sondern die Einsicht in deren Notwendigkeit und das Einhalten solcher auch dann, wenn kein anderer sieht, dass man sie bricht; Rücksicht und Respekt; die Bereitschaft, sich zurückzunehmen, Entscheidungen und Veränderungen zu akzeptieren, auch wenn sie nicht der eigenen Überzeugung entsprechen; die Bereitschaft zu dienen: das ist konservativ.

Der preußische Konservatismus steht der Bundesrepublik also gut an. Solche Konservativen braucht das Land. Um es noch einmal klar zu sagen: Dabei ist nicht ein Konservatismus nachahmenswert, wie er in Heinrich Manns „Untertan" beschrieben wird, nicht der in Uniformen und lauten Reden daherkommende Wilhelminismus, der doch viel mehr deutsche Großmannssucht als preußische Attitüde repräsentierte. Gemeint ist auch nicht der bisweilen laute, polternde bayerische Konservatismus à la „Mia san mia", der so gar nicht zu den Preußen passt und für Außenstehende bisweilen eher verstörend als inspirierend und nachahmenswert daherkommt. Vielmehr braucht es den eher feinsinnigen Konservatismus, der dem schlichten und nüchternen, wenngleich nicht weniger selbstbewussten „Mehr sein als scheinen – viel leisten und wenig hervortreten", dem Wahlspruch Helmuth von Moltkes, entspricht.

Der Mut, das Notwendige zu tun, um das zu bewahren, was einem lieb und teuer ist, also auch zu Veränderungen bereit zu sein, ja sie sogar anzutreiben. Genau das werden Konservative im 21. Jahrhundert leisten müssen, wollen sie politisch relevant bleiben. Wenn sich Konservative also fragen, was sie zum Gelingen dieses Landes beitragen können: Dafür braucht es das Konservative. Franz Josef Strauß, der mal gesagt hat, notfalls müssten die Bayern die letzten Preußen werden, wird häufig die Aussage „Tradition heißt, an der Spitze des Fortschritts zu marschieren" zugeschrieben. Dieser Satz ist richtig. Er stammt aber ursprünglich von Gerhard von Scharnhorst – einem preußischen General und Reformer.

Jeder nach seiner Façon: Wie Religiosität uns allen nützt

Toleranz und Respekt sind die Grundlagen einer offenen und freien Gesellschaft. Mehr noch: Ohne sie kann echte Teilhabe und damit eine Bürgergesellschaft nicht entstehen. Sich für eine Sache verantwortlich fühlen, ohne daraus einen konkreten Mehrwert für sich selbst herzuleiten, setzt einen gewissen transzendenten Blick voraus. Das eigene Land, die Heimatstadt muss uns etwas bedeuten, etwas wert sein, das wir nicht konkret in Euro beziffern können. Sonst würden wir uns nicht „kümmern" und verantwortlich fühlen. Wir identifizieren uns mit der Region, aus der wir kommen, mit unserer Heimat und unserem Vaterland. Vielleicht auch mit Europa und den Werten, die wir damit verbinden. Das ist ein wichtiger Teil unserer Identität, auch wenn wir das oft mit unterschiedlichen Begrifflichkeiten beschreiben.

Auch die Religion ist für viele Menschen ein wichtiger Teil ihrer Identität. Oft ist es sogar so, dass Menschen ihr religiöses Bekenntnis wichtiger ist als die Identifikation mit der Nation. In einer offenen Gesellschaft ist das religiöse Bekenntnis nicht an die Staatsform bzw. die Zugehörigkeit zur Nation geknüpft. Und wir müssen uns bewusst machen, dass die Trennung von Staat und Religion nach wie vor nicht selbstverständlich auf unserem Planeten ist. Der Religionsfreiheit kommt im Grundrechtekatalog des Grundgesetzes eine besondere Bedeutung zu. Sie ist wie alle anderen Grundrechte nicht schrankenlos, sondern steht im Verhältnis zu anderen Grundrechten.

Wie sind die Preußen mit dieser Frage umgegangen? Die Frage, wie sich der Staat gegenüber den Religionsgemeinschaften und religiösen Bürgerinnen und Bürgern verhält, wenn es zu Konflikten kommt, wird später noch einmal aufgeworfen. Hier geht es um die individuelle Perspektive. Wie verhalten sich religiöse Identitäten zu unserer Identität als Staatsbürger? Man hat eine leise Ahnung, dass es hier keine abschließende Wertung der Identitäten geben kann.

Wir haben ja schon davon gehört, dass Hegel und Kant der Religion in ihrem Denken über Staat und gesellschaftliche Ordnung entsprechenden Raum gegeben haben. Warum eigentlich? Welchen Beitrag leisten religiöse Menschen in einer Gesellschaft? Welchen Beitrag leisten die Religionsgemeinschaften? Offensichtlich muss es einen Grund geben, dass es auch in der Bundesrepublik, die ja ein säkulärer Staat ist, zahlreiche Privilegien für die Kirchen gibt, der Staat den Einzug der Kirchensteuer übernimmt und aktuell eine Diskussion darüber stattfindet, welche Rolle Muslimen und ihren Organisationen in unserem Gemeinwesen künftig zukommen soll.

Dass Preußen bis heute als ein Ort religiöser Toleranz gilt, fand seinen Ursprung im Übertritt des Kurfürsten Johann Siegmund 1613 zum Calvinismus, während die Bevölkerung lutherisch blieb. Das war das Ende des sogenannten Regalrechtes, und damit fiel das Dogma einer einheitlichen Religion als Grundlage der staatlichen Einheit. Nicht erst mit den Eroberungen des Alten Fritz war damit die Idee einer homogenen konfessionellen Geografie obsolet. Der Staat war so klug und verordnete ein größtmögliches Maß an Toleranz gegenüber den Religionen. Das war damals ein unerhörter und weitreichender Schritt. Man darf sich nicht täuschen: Die Unterschiede und Differenzen zwischen den christlichen Konfessionen waren mindestens so konfliktträchtig wie heute das Nebeneinander von Islam und Christentum in einer westlichen Gesellschaft.

Kurfürst Friedrich Wilhelm stellte sich in diese Tradition. Auch er nahm Juden und Protestanten auf. In seinem Testament trug er seinen Nachfolgern auf, alle Untertanen gleichermaßen zu lieben, unabhängig von ihrem religiösen Bekenntnis. Dies tat er nicht ohne Not, denn die Bevölkerung sah weder den praktischen Mehrwert, noch war sie besonders tolerant. Es war notwendig, den Predigern Anweisung zu erteilen, andere Glaubensrichtungen nicht zu schmähen. Die Toleranz war staatlich verordnet, bevor sie gelernt wurde. Auch die Jesuiten, im protestantischen Deutschland sonst geradezu verhasst, profitierten von dieser Toleranz. Und so stand Preußen im 18. Jahrhundert in Europa für eine Glaubens- und Gewissensfreiheit der Bürgerinnen und Bürger auf der einen sowie staatliche Toleranz auf der anderen Seite, die bemerkenswert war. Der Staat gewährte damit nicht nur seinen Bürgern ein hohes Maß an individuellen Rechten, sondern schuf für die Religionsgemeinschaften selbst einen verlässlichen Rechtsrahmen, der sich freilich erst 1919 endgültig durchsetzte, aber schon viel früher angelegt war.

Die vielfach beschriebene preußische Toleranz, geprägt durch den aufgeklärten Alten Fritz und seinen berühmten Satz, nach dem in seinem Königreich „jeder nach seiner Façon selig werden" solle, beschreibt eine Religionsfreiheit, die zu damaliger Zeit unter den absolutistischen Staaten Europas eine absolute Ausnahme war. Sein Satz darf nicht darüber hinwegtäuschen, dass diese Toleranz quasi per Befehl von oben geschaffen wurde. Denn natürlich gab es auch in Preußen teilweise heftige Auseinandersetzungen zwischen den Religionsgemeinschaften, Interessengegensätze, Vorurteile. Und der Staat, wenn er sich zu diesen Konflikten verhalten musste, vertrat dabei durchaus seine eigenen Interessen.

Auch heute wird die Religionsfreiheit von der staatlichen Ordnung verteidigt, dort wo Menschen sie infrage stellen. Dies ist in der Bundesrepublik inzwischen leider immer wieder notwendig: Wenn israelische Fahnen verbrannt werden und jüdische Bürger sich nicht mehr mit Kippa in die Öffentlichkeit trauen, wenn Frauen bedrängt und belästigt werden, weil man ihnen den Zugang zu bestimmten Bereichen der Öffentlichkeit oder den Handschlag aus religiösen Gründen verwehrt, wenn Muslime von Rechtsextremen bedrängt werden, dann muss der Staat eingreifen. Er tut es nur leidlich und handelt oft genug nicht ausreichend.

Der preußische Staat profitierte davon, einen Schutzraum für Religionen geschaffen zu haben. Die Toleranz gegenüber dem Judentum dankten ihm die jüdischen Bürger durch ein hohes Maß an Loyalität, wie sie sich in den jüdischen Kriegsfreiwilligen des Ersten Weltkrieges ein letztes Mal manifestierte. Gotthold Ephraim Lessing hatte 1779 mit der Ringparabel und „Nathan der

Weise" dem Denker und Sprecher der jüdischen Aufklärung und preußischen Staatstreue, Moses Mendelssohn, ein literarisches Denkmal gesetzt.

Moses Mendelssohn baute sein preußisches Verständnis von Staat und Religion auf den „alles zermalmenden Kant" auf, wie er es selbst formulierte. Er war selbst ein Kind der Aufklärung. Die Grenzen der Toleranz, von der er immer sprach, erlebte er am eigenen Leib. Gerade deshalb plädierte er für die Vernunft. Für ihn waren Vernunft und Moral dabei in Einklang zu bringen. Unterstützung fand er nicht nur durch seinen Freund Lessing, sondern auch durch den großen Verleger Friedrich Nicolai, der ihm in vielen Debatten beisprang.

Während Friedrich der Große vor allem das Funktionieren des Staates in den Mittelpunkt rückte, ging es Mendelssohn vor allem um das Miteinander der Menschen, wenn er religiöse Toleranz einforderte. Deswegen waren ihm der Dialog und die innerreligiöse Toleranz ein Anliegen. Kant war sein Kronzeuge. Bei aller Kritik an Kirche bzw. Religion pochte er auf die Neutralität des Staates. Nur auf dieser Grundlage konnte im Glaubensdisput der Blick auf die Gemeinsamkeiten gerichtet werden. Das Suchen nach solchen Gemeinsamkeiten würde uns heute ebenfalls gut anstehen.

Jüdische Bürger waren im öffentlichen Leben Preußens weit über den erwähnten Moses Mendelssohn hinaus einflussreich. Die religiöse Toleranz war im preußischen Staatsverständnis tief verankert. Das erleichterte dem Staat übrigens auch den Umgang mit der Vielfalt der christlichen Bekenntnisse im Lande. Dafür war es notwendig, dass der Staat sich auf eine neutrale Position zurückzog. Einer der Vordenker war der Philosoph und Jurist Christian Thomasius. Er machte schon Ende des 17. Jahrhunderts das Naturrecht zur Grundlage seiner Toleranzvorstellung: „Was du willst, dass andere sich tun sollen, das tue dir selbst.

Was du willst, dass andere dir tun, das tue du ihnen. Was du dir nicht willst getan wissen, das tue den anderen auch nicht." Der neutrale Staat übersetzte seine Haltung so in ein bürgerliches Selbstverständnis. Und das Allgemeine Preußische Landrecht gewährt 1794 Religionsfreiheit für jeden Einwohner. Wo sonst gab es das in Europa?

In der Gesellschaft selbst gab es hingegen einen tief verwurzelten Antisemitismus, von dem auch Entscheidungsträger in Staat und Verwaltung nicht frei waren. Und er war öffentlich auf eine Art und Weise sichtbar, die schon damals Abscheu und Empörung hervorrief. Als Wilhelm von Humboldt sich für die völlige Gleichstellung von Juden und Christen einsetzte, stieß er deshalb auf erheblichen Widerstand. Da nützte es auch nichts, sich auf den großen Preußenkönig zu berufen. Der Alte Fritz hatte seine grundsätzliche Haltung zur Einwanderungspolitik und der Religionsfreiheit klar zum Ausdruck gebracht: „Alle Religionen seindt Gleich und guht, wan nuhr die Leute, so sie profesieren, Ehrlige Leute seindt, und wen Türken und Heiden kämen und wollten das Land pöpliren, so wollen wir für sie Mosqueen und Kirchen bauen."

Grundlage für dieses Denken war eine gegenseitige Loyalitätsbekundung. Der Staat schafft einen Raum zur freien Religionsausübung und kann im Gegenzug auf die Loyalität des Gläubigen in seiner Identität als Bürger setzen. Für Friedrich den Großen konnte religiöse Toleranz nur gewährt werden, wenn klar war, dass die weltliche Loyalität der Bürger dem Staat galt. Er pochte auf die Autorität der staatlichen Gewalt, die er auch architektonisch im wahrsten Sinne des Wortes untermauerte.

Der von ihm 1747 befohlene Bau der St. Hedwigs-Kathedrale für die katholischen Untertanen Berlins in unmittelbarer Nähe des Schlosses war Ausdruck der Toleranz und zugleich ein Versprechen. Unter seiner Regierung konnten sich katholische

Bürger Preußens in sicherer Obhut wissen. Das war im 18. Jahrhundert keine Selbstverständlichkeit. Und blieb es mit Blick auf Bismarcks Kulturkampf auch im darauffolgenden 19. Jahrhundert nicht. Ohne die entsprechende Toleranz kann der Staat eben nicht erwarten, dass religiöse Bürgerinnen und Bürger vor die Wahl gestellt ihre Loyalität an die staatliche Ordnung und nicht an ihren Glauben knüpfen. Auch das ist eine Lehre aus der preußischen Geschichte.

Bis jetzt ist leider niemand auf die Idee gekommen, dass der zunächst von Wolfgang Schäuble formulierte und dann von Christian Wulff und Angela Merkel wiederholte Satz, dass der Islam zu Deutschland gehöre, derselben Intention folgt: Der Satz verspricht den deutschen Bürgern islamischen Glaubens, dass sie hier ihren Glauben leben können und zugleich vollwertige Staatsbürger sind. Wie soll ein gläubiger Muslim sonst erkennen, dass es nicht eines islamischen Staates bedarf, um seinen Glauben frei leben zu können? Es ist kein Widerspruch, dass der Staat sich nicht um die religiöse Identität seiner Bürger zu kümmern hat. Aber um die weltliche Identität und die Frage, wem hier die Loyalität gilt, muss er sich bemühen. In einer freien und pluralistischen Gesellschaftsordnung kann diese, wie wir bereits grundlegend diskutiert haben, eben nicht erwartet oder angeordnet werden. Sie wird durch Bürgerinnen und Bürger gestiftet. Und diese müssen erkennen, dass es in ihrem eigenen Interesse liegt, eine staatliche Ordnung zu stärken, die es erlaubt, ihre verschiedenen Identitäten, von denen die religiöse eine ist, zu leben.

Der umstrittene Bau der großen Moschee in Köln-Ehrenfeld führte aus verschiedenen Gründen zu einer heftigen öffentlichen Debatte. Einer der Gründe war sicher auch, dass mit der DITIB (deutsch: Türkisch-Islamische Union der Anstalt für Religion) die staatliche Religionsbehörde einer anderen Nation, in diesem Falle der Türkei, dieses Großvorhaben begleitete. Und die

Sorge, dass andere Staaten wie die Türkei sich darum bemühen, mit diesem Engagement für Glaubensbrüder und -schwestern in Deutschland auch politische Loyalitäten zu stiften, ist nicht aus der Luft gegriffen.

Es gelang bis dato also nicht, die wesentliche Botschaft herauszuarbeiten und hier auch Gemeinsamkeiten zwischen den Gläubigen unterschiedlicher Religionen im Verhältnis zum deutschen Staat zu betonen: Dieser Staat gibt Menschen die Möglichkeit, ihr religiöses Bekenntnis frei zu leben. Dabei war allein die Tatsache, dass für den Bau der Kirchenbaumeister des Erzbistums Köln verantwortlich zeichnete, eine wunderbare Symbolik, auf die man hätte aufbauen können. Wollen wir, dass in Deutschland lebende Muslime und Deutsche muslimischen Glaubens nicht wie weiland katholische Deutsche im Kaiserreich unter Bismarck in einen Gewissenskonflikt zwischen dem Bekenntnis zu ihrer Religion und der Loyalität zum deutschen Staat getrieben werden, dann müssen wir die Moscheen aus den Hinterhöfen an die Marktplätze holen, wie es Roland Koch einmal formuliert hatte.

Dabei gilt zu beachten: Der deutsche Staat baut keine Moscheen, so wie er keine Kirchen gebaut hat. Aber er muss die Frage beantworten, welche Verfasstheit der gläubigen Muslime er zulässt und dann im Zweifel auch fördert. Wenn er – was richtig wäre – den Einfluss ausländischer Staaten und Organisationen auf die in Deutschland lebenden Muslime klar regelt und im Zweifel unterbindet, dann muss er die Frage nach der Unterstützung durch den deutschen Staat beantworten. Es braucht also Antworten auf die Frage der Finanzierung und des Rechtsrahmens, damit die Religionsfreiheit von Muslimen in Deutschland frei und ohne einen möglichen Loyalitätskonflikt zum Staat ausgeübt werden kann. Gerade in Köln steht mit dem Dom ein Beispiel für das Miteinander von Staat und Religion. Der preußische König und sein Baumeister Schinkel trugen mit der Ankündigung 1842 dafür Sorge, dass das Symbol des Katholizismus in Deutschland nach Jahrhunderten im Jahre 1880 fertiggestellt wurde. In die Endphase der Fertigstellung fiel auch das Ende des Kulturkampfes. So wurde die Einweihung des Doms sowohl zu einem nationalen Ereignis als auch zu einem Sieg des Katholizismus.

So wie die Bundesrepublik war Preußen tolerant, wenn das, was Religionen verkündeten, nicht im Widerspruch zur staatlichen Politik stand. Gegenüber den Glaubensinhalten verhielt sich der Staat neutral. Dafür steht exemplarisch das Bonmot, das man sich über den Alten Fritz erzählt. Dieser hatte dem Prediger Johann Christian Edelmann Zuflucht in Berlin gewährt, was für große Empörung sorgte aufgrund der religiösen Positionen Edelmanns. Der predigte gegen die Ehe und für sexuelle Freizügigkeit und erklärte zudem, Jesus sei ein Mensch wie jeder andere auch gewesen. Den Protest tat der König ab. Berlin beherberge schon eine so große Zahl an Narren, es könne ohne weiteres noch einen mehr aufnehmen, beschied er. Die Botschaft war klar: Solange Edelmann nicht die staatliche Ordnung infrage stellte, hielt der Staat sich raus.

Mit dem Christentum sind die Konflikte, die aus der Gegenüberstellung von Glaubenslehre und staatlichem Handeln resultieren, überschaubar. Doch anders scheint dies beim Islam zu sein oder zumindest bei einem Teil der Gläubigen. Salafisten in Fußgängerzonen und die Empörung über die verweigerte Teilnahme muslimischer Mädchen am Schwimmunterricht prägen das öffentliche Bild der deutschen Muslime. Das ist grob falsch. Viele muslimische Eltern ermöglichen ihren Kindern nicht nur den Schulbesuch, sondern ermutigen sie, Bildungschancen zu nutzen, die ihnen selbst verwehrt waren. Allerdings gehört zur Wahrheit auch, dass davon längst noch nicht alle Jungen und insbesondere Mädchen aus muslimischen Familien profitieren. Denjenigen, die ihren Kindern Chancen eröffnen möchten, stehen die gegenüber, die eine Integration in die Gesellschaft bewusst verweigern. Wir müssen den Kampf um die Herzen und Köpfe aufnehmen. Das setzt eins voraus: Der Staat muss auf seine muslimischen Bürgerinnen und Bürger zugehen. Das Grundgesetz baut dabei auf einem Prinzip auf, das schon in der preußischen Verfassung von 1850 niedergelegt war. Da hieß es: „Der Genuss der bürgerlichen und staatsbürgerlichen Rechte ist unabhängig von dem religiösen Bekenntnis."

Damit ist man bei der Frage, ob der Islam mit demokratischen Werten vereinbar ist. Die deutschen Muslime, die sich in einer demokratischen Partei engagieren, die deutschen Muslime, die als Soldaten in der Bundeswehr oder in der Polizei Dienst tun, werden die Frage, ob sie demokratische Bürger dieser Republik sind, mindestens als komisch, vielleicht sogar als ehrabschneidend empfinden. Sie alle leben ihren Glauben demokratiekompatibel. Islamkritiker verweisen dann immer auf ein offenkundiges Spannungsfeld, das dazu führt, dass es gläubige Muslime gibt, die die freiheitliche Demokratie ablehnen. Es ist allerdings gewagt, allein daraus abzuleiten, dass der Islam mit demokratischen Werten unvereinbar sei. Das größte islamische Land der Welt, der viertbevölkerungsreichste Staat der Erde, Indonesien, ist übrigens eine Demokratie.

Aber zurück nach Deutschland: Die deutschen Muslime sollten so klug sein und in dieser Debatte die ihnen zustehenden Rechte einfordern. Sie sollten sich aber auch an das halten, was der in den USA lebende tunesische Prediger Abdelfattah Mourou seinen Glaubensbrüdern und -schwestern zugerufen hat: „Dieses Land respektiert euch und euren Glauben! Praktiziert euren Glauben, aber seid aktive Staatsbürger! Spielt eine aktive Rolle in dieser Gesellschaft und seid für sie keine Last!"

Dazu gehört, dass Muslime kritische Fragen und Diskussionen aushalten müssen. Natürlich werden sie auf Menschenrechtsverletzungen wie Steinigungen in islamischen Ländern angesprochen. Auch wenn sie sie nicht zu verantworten haben, müssen sie sich dazu verhalten, so wie sich katholische Christen zu den Missbrauchsskandalen verhalten müssen. Gleiches gilt für die Diskriminierung von Frauen in islamischen Ländern und den Umgang mit religiösen Minderheiten dort. Und dies gilt erst recht für die Behauptung, der islamistische Terror habe nichts mit dem Islam zu tun. Das wäre in etwa so, wie wenn man erklären würde, die Kreuzzüge hätten nichts mit dem Christentum zu tun gehabt.

Das Bild des Islam in Deutschland ist von Angst geprägt und nicht von Neugier auf das Unbekannte oder gar Offenheit. Es gibt keine Auseinandersetzung mit dem Islam als Religion, sondern der Islam wird allein politisch und kulturell eingeordnet. Damit hilft man genau den Kräften, denen man in der Tat mit Skepsis und Ablehnung begegnen sollte: den Salafisten und anderen Gruppierungen, die die liberale Gesellschaft nicht nur ablehnen, sondern bekämpfen. Diesen Kräften muss eine wehrhafte Demokratie entgegentreten. Von der Aberkennung von Grundrechten bis hin zur Abschiebung oder dem Verlust der deutschen Staatsbürgerschaft hat der Rechtsstaat die dafür notwendigen Instrumente allerdings in der Hand.

Um eine sinnvolle Debatte um den Islam in der Gesellschaft zu ermöglichen, setzt es Wissen voraus. Mit dem Wissen um Religionen allgemein ist es in Deutschland aber nicht weit her. Das gilt übrigens leider auch für Basiswissen des Christentums. Halloween ist eben nicht das Fest, an dem Jesus den Riesenkürbis erschlagen hat, und an Weihnachten kommt auch nicht der Weihnachtsmann, sondern das Christkind. Allerdings streitet unsere Gesellschaft nun mal nicht über das mit der gesellschaftlichen und staatlichen Ordnung weitgehend kompatible Christentum, sondern über den Islam, dessen Gläubige inzwischen eben auch Staatsbürger sind und dies eine Orientierung zueinander notwendig macht. Und die Fragen der Identität stellen sich in einem größeren Rahmen.

Man kommt nicht umhin, ein Plädoyer für die Schriftexegese des Koran zu halten. Auch dieser religiöse Text muss wie die Bibel in seinem historischen Kontext gelesen und verstanden werden. Dabei kann man nicht erwarten, dass Muslime Abstriche machen von der religiösen Wahrheit, die sie im Koran finden. Das tun Christen übrigens auch nicht, wie man an der öffentlichen Debatte um den Schutz des ungeborenen Lebens immer wieder sehen kann. Entscheidend ist vielmehr, den Totalitätsanspruch auf die religiöse Erkenntnis für das Individuum zu fokussieren. Sich dabei in der Gesellschaft zu bewegen, die den eigenen Glauben nicht zwingend teilt, bedeutet eben nicht, die eigene Wahrheit zu relativieren. Das müssen religiöse Menschen in der freiheitlichen Gesellschaft erkennen und für sich akzeptieren.

Ein gutes Beispiel dafür ist das Wirken von Mouhanad Khorchide. Übersehen wird auch, dass im deutschsprachigen Raum längst eine Auseinandersetzung mit dem koranischen Gottesentwurf stattfindet. Khorchide und andere Islamwissenschaftler lenken den Blick auf eine Theologie der Barmherzigkeit, die im Islam ebenfalls verankert ist. Aus dieser innerreligiösen Debatte muss sich der Staat heraushalten. Aber dort, wo interreligiöse Dialoge stattfinden, sind sie nicht zu belächeln. Sie sind ein notwendiger Beitrag in der Diskussion um unsere Identität. Sie helfen, Unterschiede zu benennen, aber im Idealfall auch, Gemeinsamkeiten herauszufiltern. Und die braucht es zwischen den Bürgerinnen und Bürgern eines Landes.

Klarmachen sollten wir uns außerdem, wie viele Bürgerinnen und Bürger von einer solchen Debatte eigentlich betroffen sind.

Wie viele gläubige Muslime und wie viele Menschen aus islamischen Ländern leben in Deutschland? Macht das einen Unterschied mit Blick auf unsere Identität als Nation? Aber ja, einen gewaltigen sogar!

Das Bemühen Preußens um Toleranz, wie sie der Alte Fritz gegenüber den Muslimen zur Schau stellte, war ein theoretisches. Die Bürger muslimischen Glaubens in Preußen konnte man an einer Hand abzählen. Doch heute leben viele Millionen Muslime in Deutschland. Das ist etwas ganz anderes. Das wird sicher eines der Gegenargumente sein, die an dieser Stelle der eine oder andere ins Feld führt.

Doch wie viele sind es eigentlich? Der Islam hat den Anspruch, dass man Muslim ist, wenn man von einem Muslim abstammt. In einer freiheitlichen Gesellschaft ist dieser Anspruch aber haltlos. Ausschlaggebend ist – wie im Christentum als Bekenntnisreligion – allein die individuelle Entscheidung. Der Religionswissenschaftler Michael Blume weist zu Recht darauf hin, dass wir damit Menschen als Muslime vereinnahmen, ohne sie gefragt zu haben, ob sie sich als solche sehen. Wie ist das mit der viel zitierten Islamisierung Deutschlands eigentlich? Im vergangenen Jahr kamen die meisten Einwanderer aus Rumänien und Polen. Über 60 Prozent der Zugezogenen kamen aus Europa, nur gut 20 Prozent aus Asien oder Afrika – und von denen waren wiederum längst nicht alle Muslime. Die Islamisierung und angstmachende, angeblich planvoll durchgeführte „Umvolkung" Deutschlands ist also eine Erfindung. Die Diskussion zeigt aber auch, wie wichtig offenkundig die Religion in Fragen der Identität ist.

Die für die in Deutschland lebenden Muslime immer wieder genannten Zahlen sind kritisch zu hinterfragen. Wir tappen in die Statistikfalle. Während nämlich die Zahl der Christen über die Zahl der Mitglieder der Amtskirche definiert wird, gibt es keine vergleichbare Datengrundlage für die Muslime. Hinzu kommt, dass man als Muslim geboren wird. Christ wird man erst durch die Taufe. Fragt man die zu den Muslimen gezählten Menschen, dann stellt sich heraus, dass über 20 Prozent nie beten und sich 15 Prozent als nicht gläubig bezeichnen. Warum werden die eigentlich noch als Muslime bezeichnet? Die offizielle Statistik verdeckt also den parallel zu den christlichen Kirchen bei Deutschlands Muslimen ebenfalls stattfindenden Glaubensverlust und die zurückgehende religiöse Praxis. Es entsteht sogar der falsche Eindruck großer Kohärenz und Stabilität der islamischen Glaubenssphäre im Vergleich zu den Kirchen.

Was fehlt – vor allem in den Medien –, ist die Kraft zu Differenzierung. Längst hat nämlich eine große muslimische Bevölkerungsgruppe mit den Normen ihrer Väter gebrochen: die gut ausgebildeten jungen Frauen. Wir erschrecken über Ehrenmorde und sind befremdet über offen zur Schau gestellte patriarchalische Familienstrukturen. Sosehr die Opfer betroffen machen, so sehr offenbart jeder Ehrenmord einen tiefen Konflikt in manchen migrantischen Gruppen. Die Taten zeigen, dass die junge Generation vielfach längst die Moralvorstellungen der Mehrheitsgesellschaft teilt. Das ist eine Entwicklung, deren Tragweite uns angesichts der Dramatik der einzelnen Fälle gar nicht bewusst ist.

So wird auch die Debatte um das Kopftuch schwierig, denn es macht eben einen Unterschied, ob eine junge muslimische Frau dieses Kleidungsstück als Teil ihrer Identität selbstbewusst trägt oder ob sie von ihrem Elternhaus dazu gezwungen wird. Angesichts dieser Entwicklung widerspricht das pauschale Urteil über die Kopftuchträgerinnen zudem nicht nur dem christlichen Menschenbild, sondern auch den Werten des Grundgesetzes, das uns abverlangt, jeden Menschen individuell zu betrachten. Entscheidend ist deshalb nicht, ob eine Muslima in Deutschland Kopftuch trägt, sondern warum sie das tut. Ein Problem wird daraus erst, wenn es als politisches Symbol der Separierung oder gar der Ablehnung der herrschenden Gesellschaftsordnung getragen wird.

Wie ist es nun mit den Christen in unserer Gesellschaft? Das Neutralitätsgebot des Staates gegenüber den Religionsgemeinschaften ist nicht frei von der Geschichte und kulturellen Prägungen. In Deutschland ist die politisch-rechtliche Kultur des säkularen Staates mit dem Christentum versöhnt. Auch dank des Rückgriffs auf die unsere Gesellschaft über lange Zeit prägenden christlichen Werte konnten die ideologischen Verwerfungen des 19. und 20. Jahrhunderts – der Nationalsozialismus und der Kommunismus – überwunden werden.

Warum ist das so? Die Rückbindung ans Christentum hindert uns daran, eine perfekte Welt schaffen zu wollen. Wohl aber ist die christliche Freiheit die Grundlage, immer neue Probleme trotz des Wissens um die Fehlbarkeit des Menschen mit Zuversicht anzugehen und nach Gerechtigkeit zu streben. Auch deshalb sind Verfassungsstaat und Wissenschaft nicht normativ beliebig, sondern an bestimmten Werten wie den Menschenrechten, der Freiheit des Einzelnen und dem Streben nach Wahrheit ausgerichtet. Das ist auch der Grund, warum die Kirchen in wesentlichen Fragen nicht im Gegensatz zu den säkularen Normen und Werten stehen. Das ist auch kein Wunder, wenn wir uns noch einmal daran erinnern, dass Kant und Hegel in ihrem Denken über Staat und Gesellschaft von diesen christlichen Prinzipien aus gedacht haben.

Der Christ als Bürger ist also gefragt. Wichtig ist dabei, sich vor Augen zu führen, dass er, um dem eigenen Glauben nachzuleben, keines sozialen, politischen und rechtlichen Systems und keiner Gesellschaftsordnung, die seinem Glauben entspricht oder entspringt, bedarf. Er handelt auf der Basis des Auftrags, den er als Christ von Jesus Christus erhalten hat. Dabei stehen

Christen der staatlichen Ordnung nicht fern, sondern tragen sie mit, wenn sie der moralischen Vernunft entspricht. Ein Konflikt kann also in einer freiheitlichen Gesellschaft zwischen christlichen Bürgerinnen und Bürgern nicht prinzipiell, sondern nur in einzelnen Fragen entstehen. Das aktive Mittun in der Gesellschaft und nicht das sich in die christliche Gemeinde Zurückziehen ist deshalb auch Auftrag der Kirche. Konrad Adenauer hätte zugestimmt. Von ihm stammt der Satz: „Christen müssen führen."

An dieser Sollbruchstelle entlarvt sich in der gesellschaftlichen Debatte der Unterschied zwischen Christentum und kultureller Tradition. Wer den Untergang der Kultur oder gar des christlichen Abendlandes beklagt, der kritisiert den Verlust gewachsener kultureller Tradition und nicht den Verlust der Erfahrung der Liebe und Zuwendung Gottes! In dieser Debatte tritt also in Wahrheit eine erschreckende Unkenntnis der eigenen Werte und kulturellen Bezüge zutage, die wiederum ursächlich für die spürbare Unsicherheit und den Wunsch nach Gewissheit mit Blick auf die eigene Identität ist. Gerade manch einem Konservativen muss man zurufen: Wenn er das christliche Abendland verteidigen will, dann muss er zuvorderst für Glaube, Liebe, Hoffnung eintreten. Die konservative Trinität Arbeit, Familie, Vaterland ist nicht zwingend christlich und abendländisch.

Deswegen sollten auch diejenigen, die der Kirche ansonsten fernstehen, nicht gleichgültig bleiben oder gar frohlocken, wenn die Menschen aus den Kirchen austreten. Zugespitzt formuliert: Während der freiheitliche, säkularisierte Staat gemäß des Böckenförde-Diktums nicht die Voraussetzungen für seine Existenz garantieren kann, können Christen mit Blick auf die Bundesrepublik sagen: Wir schon.

Wer von einem deutschen Islam spricht, der verkennt, dass es auch kein deutsches Christentum gibt. Beide Religionen haben einen universellen Anspruch. Ihre Werte und Normen gelten global, selbst wenn die Art und Weise, wie Gottesdienste gefeiert werden, kulturell geprägt ist. Wohl aber gibt es inzwischen eine namhafte Zahl deutscher Intellektueller muslimischen Glaubens, die über die aufgeworfenen Fragen nachdenken. Ihnen mehr Raum im öffentlichen Diskurs einzuräumen, hätte eine wohltuende Wirkung. Es lohnt sich, Persönlichkeiten wie Navid Kermani, Ahmad Mansour, Lamya Kaddor oder Mouhanad Khorchide stärker zuzuhören.

Im Zuge der offen zur Schau getragenen Islamfeindlichkeit in vielen Teilen der Gesellschaft schwingt immer öfter eine pauschale Religionsfeindlichkeit mit. Auch Christen erfahren in unserem Land eine zunehmende Art von Diskriminierung, und diese geht nur in den seltensten Fällen von Muslimen aus, sondern meist von Linken, Rechten und Atheisten. Man kann, wie der Philosoph und katholische Priester Martin Rhonheimer es formuliert hat, getrost von einer „Christophobie" sprechen.

Eine aufgeklärte Gesellschaft bedarf weiter der Religionen. Umgekehrt müssen sich die Religionen zu einer aufgeklärten Gesellschaft verhalten. Navid Kermani hat in seiner Rede anlässlich der Verleihung des Friedenspreises des Deutschen Buchhandels 2015 beschrieben, was das für den Islam und alle Religionen bedeutet: „Die Liebe zum Eigenen erweist sich in der Fähigkeit der Selbstkritik. Die Selbstliebe hingegen muss, damit sie nicht der Gefahr des Narzissmus, des Selbstlobs, der Selbstgefälligkeit unterliegt, eine hadernde, zweifelnde, stets fragende sein. Wie sehr gilt das für den Islam heute! Wer als Muslim nicht mit ihm hadert, nicht an ihm zweifelt, nicht ihn kritisch hinterfragt, der liebt den Islam nicht."

Der Streit um und über den Islam wird uns weiter begleiten.

Ob wir all die beschriebenen Konflikte nicht hätten, wäre die Gesellschaft in Deutschland areligiös und vollständig säkularisiert? Ganz sicher nicht. Wer setzt dann moralische Normen? Wer verweist den Menschen auf die Grenzen seiner Fähigkeiten und mahnt zu Solidarität mit den Schwachen und Armen? Die Moderne kann sich nicht frei machen von Streit und Konflikten. Insofern war das Preußen, das schon früh die Religionsfreiheit zur Staatsräson erhob, ein moderner Staat. Die besondere Verbindung zwischen Aufklärung und der daraus folgenden Säkularisierung auf der einen und einem Staat, der einen Schutzraum für Religiosität und Frömmigkeit bietet, auf der anderen Seite ist deshalb historisch bedingt und weltweit nahezu einmalig. Wie hat es Wolfram Weimer formuliert? Die reine Vernunft der Aufklärung verschließt das Tor zu Spiritualität und zur Göttlichkeit, die praktische Vernunft stößt es wieder auf. Das ist ein Wesensmerkmal der Moderne und ohne den Preußen Kant nicht zu verstehen.

In den letzten Jahren ist der Staat dazu übergegangen, diese Rechtstreue zumindest in den politischen Debatten einzufordern. Schrill und laut wie die politische Rechte, eher väterlich mahnend wie die Unionsparteien und zaghaft wie SPD, FDP und Grüne. Die politische Linke hat da eine tiefsitzende Beißhemmung und traut sich selten, Muslime oder islamische Gemeinden in Deutschland zu kritisieren. Kritik an islamischen Ländern wie Saudi-Arabien hört man dafür umso lauter. Das linke Weltbild ist mal wieder nicht konsistent. Allen politischen Parteien in Deutschland ist dabei aber gemein, dass sie ihr Augenmerk kaum auf diejenigen richten, die wir eigentlich umwerben sollten: diejenigen, die längst angekommen sind, die deutschen Muslime.

Das Wichtigste: Auf uns Staatsbürger kommt es an

Der Ruf nach dem Staat wird unser Land nicht voranbringen. Auf uns, unser Tun wird es ankommen, wollen wir die Probleme lösen. Sind wir bereit, das Miteinander wieder in den Vordergrund zu stellen? Oder siegt ein liberales Weltbild des Individualismus, in dem jeder nur den eigenen Vorteil sucht? Entscheidend wird unser Selbstverständnis als Bürgerinnen und Bürger sein. Wir genießen dank des Grundgesetzes Freiheiten, wie sie nie eine Generation vor uns hatte. Doch was ist mit den Pflichten, die es notwendigerweise gibt, um diese Freiheiten zu verteidigen und zu schützen? Wann erkennen wir, dass Freiheit und Pflicht in einem Verhältnis zueinander stehen und das eine ohne das andere nicht zu denken ist?

Henning von Tresckow, Generalmajor und Widerstandskämpfer des 20. Juli 1944, hat seinen Söhnen anlässlich deren Konfirmation die besondere preußische Dichotomie von Freiheit und Pflicht beschrieben: „Es birgt eine große Verpflichtung in sich, die Verpflichtung zur Wahrheit, zur innerlichen und äußerlichen Disziplin, zur Pflichterfüllung. Aber man soll niemals von Preußen sprechen, ohne darauf hinzuweisen, dass es sich damit nicht erschöpft. Es wird oft missverstanden. Vom wahren Preußentum ist der Begriff der Freiheit niemals zu trennen. Wahres Preußentum heißt Synthese zwischen Bindung und Freiheit. […] Ohne diese Verbindung läuft es Gefahr, zu seelenlosem Kommiss und engherziger Rechthaberei herabzusinken. Nur in der Synthese liegt die deutsche und europäische Aufgabe des Preußentums, liegt der preußische Traum." Es wird Zeit, wieder mehr zu träumen.

„Der Staat ist ein Volk, das sich selbst beherrscht."
IMMANUEL KANT

„Der Staat ist die Wirklichkeit der sittlichen Idee."
GEORG FRIEDRICH WILHELM HEGEL

Welche Ordnung brauchen wir? Für ein neues Staatsverständnis

Walther Rathenau, ein jüdischer Preuße sowie erfolgreicher deutscher Politiker, Industrieller und Schriftsteller, ermordet in den 1920er Jahren von Rechtsradikalen, hatte sich intensiv mit der Rolle des Staates, der Nation und seiner eigenen als Bürger beschäftigt. Er riet dazu, stets sich selbst zu prüfen und sich zu fragen, wie es um Herz, Geist, Gesinnung und Seele stehe, und nicht nur kritisch auf die anderen zu schauen. Wenn wir das tun, dann werden wir uns eingestehen müssen, dass Menschen leider nicht immer so sind, wie man sie idealtypisch beschreibt oder sich wünscht. Man selbst eben auch nicht. Darum braucht es einen Ordnungsrahmen: den Staat. Nietzsche hat erkannt: „Der Staat ist eine kluge Veranstaltung zum Schutz der Individuen gegeneinander." Das stimmt bis heute. Allerdings hat Friedrich Nietzsche nicht erlebt, dass dieser deutsche Staat sich im 20. Jahrhundert zweimal gegen seine eigenen Bürger wandte und Unfreiheit brachte, die alles an Bürgergeist ablehnte, was hier beschrieben worden ist. Für eine Bürgergesellschaft im besten

Sinne des Wortes braucht es also die richtige staatliche Ordnung. Welche kann und muss das sein?

Mit dieser Frage wollen wir uns nun näher beschäftigen. Die Überlegungen setzen dabei auf dem beschriebenen Bürgergeist auf. Bleiben Freiheit und Bürgerrechte grundlegende Voraussetzungen für das Denken einer staatlichen Ordnung, dann schließt das einen starken Staat aus. Gemeint ist mit einem starken Staat dabei ein Staat, der bis in einzelne Fragen des Lebens hinein Bürgerinnen und Bürgern Entscheidungen abnimmt und unter dem Deckmantel der Fürsorge in Wahrheit Freiheit und Individualität beschneidet. Dass dies ein schmaler Grat ist, erschließt sich von selbst. Und das gilt auch mit Blick auf Preußen, das wir uns beim Nachdenken über eine ideale staatliche Ordnung, die Identität stiftet und identitätsbildend wirkt, einmal näher anschauen wollen.

Über welches Preußen reden wir? War Preußen jetzt ein Vernunftstaat, wie es Sebastian Haffner formulierte, oder stimmt die These der langjährigen Mitherausgeberin der *Zeit* Marion Gräfin Dönhoff, die mit Blick auf die berühmten preußischen Reformen feststellte: „Die Reformer idealisierten den Staat, sie sahen in ihm eine Art geistiges Gefäß, in dem sich die Höherentwicklung des Menschen vollziehen sollte. Sie übersahen die Anfechtungen der Macht und legten damit den Grundstein zur Pervertierung dessen, was doch ihr eigentliches Ziel war: die Rechte des Individuums gegen den universellen Anspruch des Staates zu sichern." Unabhängig von der Frage, welcher Realität das historische Preußen in den verschiedenen Phasen seiner Geschichte näher kam: Aufgrund der deutschen Geschichte des 20. Jahrhunderts sind die Abwehrrechte der Bürger gegenüber dem Staat nach zwei Diktaturen von hoher Bedeutung und die Skepsis der Menschen gegenüber „ihrem" Staat stark ausgeprägt.

Die Debatte um die Vorratsdatenspeicherung gibt es deshalb so nur in der deutschen Gesellschaft. Nur in Deutschland gibt es ein Verständnis von Datenschutz, das nicht auf Chancen und Möglichkeiten, sondern auf Angst und Risiken fokussiert. Und auch mit zunehmender Zeit treibt Menschen in der Coronakrise die Sorge um, der Staat könne diese Krise nutzen, um Bürgerrechte abzuschaffen. Schon die Annahme ist interessant, denn sie unterstellt, dass dies im Interesse des Staates sei und Ziel politischen Handelns. Nach meiner Erfahrung ist – klammert man die politischen Ränder einmal aus – eher das Gegenteil der Fall. Mögen im bürgerlichen und im linksliberalen Lager die Motive auch unterschiedlich sein, aber in der Regel ist hier das Ziel eher weniger Staat und nicht mehr. Die öffentliche Debatte in Deutschland ist jedoch regelmäßig von der Frage bestimmt, ob und wie der Staat sich zu seinen Bürgern stellt. Die Erfahrung, dass der Staat es mit den eigenen Bürgern nicht immer nur gut meinte, ist tief im Bewusstsein der Deutschen verankert. Diese Grundskepsis wird heute verstärkt und bedient von denen, die eine ganz andere staatliche Ordnung wollen und Rechtsstaat und Demokratie sowie das Vertrauen in sie infrage stellen.

Umso wichtiger ist es, kritisch zu fragen, ob staatliche Strukturen und Organe sich in der digitalen Welt, im Zeitalter der Globalisierung noch als handlungsfähig erweisen und deren Entscheidungen von Bürgerinnen und Bürgern nachvollzogen werden können. Zweifel sind bisweilen angebracht. Hinzu kommt, dass Menschen sich in einer unübersichtlichen Welt besonders klare und einfache Strukturen wünschen. Komplexitätsreduktion ist das Stichwort.

Gerade in der Coronakrise zeigt sich dieser Widerstreit zwischen nationalem Handeln und Souveränität sowie multilateralen Antworten und dem Vertrauen auf die internationale Zusammenarbeit. Diese grundsätzliche Frage werden wir beantworten müssen. Und hier offenbart sich erneut ein taktischer Nachteil: Während die Gegner unserer Ordnung mobilmachen und sich in Stellung bringen, arbeiten ihre Verfechter innerhalb der Ordnung an der Lösung der Krise. Schon vorher gab es eine regelmäßige Debatte um den Mehrwert des Multilateralismus und eines auf globalem Freihandel basierenden Wirtschaftssystems. Obwohl Deutschlands Wohlstand und Einfluss in der Welt darauf gründen, dass wir Teil dieser Ordnung sind, ist vermehrt der Wunsch nach Abschottung zu hören. In der politischen Debatte wird suggeriert, Deutschland könne autark Probleme lösen und zugleich Wohlstand und Einfluss wahren. Das ist ein Widerspruch in sich.

Wir werden diesen Aspekt noch näher betrachten, denn auch die Preußen standen mehrfach vor einer ähnlichen Frage, als es darum ging, ihren Einfluss innerhalb der deutschen Staaten und in Europa sicherzustellen. Im europäischen Freiheitskampf verhielten sie sich lange neutral. Als Preußen sich dann für die Freiheit entschied, endete das in einer krachenden Niederlage. Allein war Preußen dem französischen Hegemon damals völlig unterlegen. So wie Deutschland heute ohne die Europäische Union seinen Platz als führende Wirtschaftsnation nicht verteidigen könnte. Und auch mit der EU im Rücken ist nicht sicher, ob uns das gelingt. Preußen lernte damals aus der Niederlage. Eine neue Ordnung im Inneren, die berühmten preußischen Reformen waren aber nur ein Teil der Antwort. Das Ergebnis waren auch die Gründung des Zollvereins, des Norddeutschen Bunds und schließlich des Deutschen Reiches.

Mit Blick auf die innere staatliche Ordnung sind die Fragen nicht weniger grundlegend: Wie steht es um die verfassungsmäßige Ordnung? Ist die Gewaltenteilung austariert? Funktioniert die Verwaltung? Welche Rolle kommt den Medien zu als vierter Gewalt? Um all diese Fragen geht es in diesem Kapitel. Klar ist: Um die Akzeptanz der staatlichen Ordnung muss man immer wieder neu ringen. Und man muss die Schwächen klar benennen. Die Fehler sind aber kein Beleg für die Dysfunktionalität des Staates, sondern bestätigen die ihm zugrunde liegenden Prinzipien der Freiheit und „Menschenfreundlichkeit" sogar.

Nationalismus und wirtschaftlicher Protektionismus gefährden das Erfolgsmodell der Bundesrepublik. Der Staat muss seine offene Struktur behaupten, er muss inklusiv und für Veränderungen offen bleiben, wenn er im Wettbewerb bestehen will – und nicht umgekehrt. Inwieweit steht da die Bundesrepublik in preußischer Tradition? Zumindest Arnulf Baring ist der Überzeugung, dass das heutige Deutschland „eine geglückte Synthese aus Bismarcks Reich und Adenauers Rheinbund" ist. Baring weiter: „Anders gesagt: Wir leben noch immer im Deutschland Bismarcks, aber in der weltoffenen, republikanischen Form, die ihm die Ära Adenauers gegeben hat." Preußen und die Bundesrepublik, sie sind sich näher, als man gemeinhin denkt.

Nicht Kultur und Herkunft entscheiden: Die moderne Idee der deutschen Nation

Folgende Fragen muss man klar beantworten, damit Menschen sich mit ihrem Gemeinwesen identifizieren, sich als Bürgerinnen und Bürger begreifen und sich verantwortlich fühlen: Was macht die Nation aus? Oder um mit Hegel zu sprechen: Was ist deren Idee? Welche Staatsform wählt die Nation für sich? Nicht davon zu trennen ist die Frage nach der Handlungsfähigkeit der politischen Ordnung. Wie steht es um die Funktionsfähigkeit von Justiz und Verwaltung? Das alles lohnt eine ernste Betrachtung. Der Staatstheoretiker Adam Müller hat zu Beginn des 19. Jahrhunderts in seinen berühmten 36 Vorlesungen deswegen zu Beginn auch mahnend formuliert: „Die Zusammensetzung eines Staates ist etwas so Großes, Mannigfaltiges und Unergründliches, dass die Eilfertigkeit und der Leichtsinn, womit das Studium desselben gegenwärtig, besonders in Deutschland, getrieben wird, billig befremden muss." Auch für Müller ist das Funktionieren des Staates nicht zu denken ohne seine Bürger. Deswegen ist für ihn klar: „So steht jeder Mensch in der Mitte des bürgerlichen Lebens, von allen Seiten in den Staat verflochten da; und so wenig er aus sich selbst heraustreten kann, ebenso wenig aus dem Staate."

Es gibt einen Wettbewerb um die Idee der Nation. Weite Teile der politischen Linken verneinen gar die Existenz der Idee der Nation. Das ist umso verwunderlicher, als die Nationalbewegung in ihren Anfängen im Kampf gegen die willkürliche Fürstenherrschaft und im Eintreten für Freiheitsrechte eine dezidiert linke Bewegung war. In der politischen Rechten beanspruchen viele die Deutungshoheit über die Idee der Nation, die folglich keine pluralistische und inklusive sein kann. Und um in keinen Loyalitätskonflikt zu kommen, trennen sie Nation und politische Ordnung. So kann man gemäß rechter Narrative der Nation gegenüber loyal sein und zugleich die politische Ordnung, die sich die Nation gegeben hat, ablehnen. Das ist ein nicht aufzulösender Widerspruch, der aber hingenommen wird. Um die Bundesrepublik zu diskreditieren, wird sie entsprechend als „Unrechtsstaat", als „GmbH" und als Gründung der Besatzungsmächte geschmäht. Dass das deutsche Volk nach der totalen Niederlage und spätestens seit 1990 in einem vereinten Vaterland in Jahrzehnten seinen Weg durch Wahlen frei bestimmt hat, wird dabei negiert. An dieser Stelle bilden Rechts- und Linksextreme eine unheilige Allianz.

Jakob Grimm hat gesagt: „Ein Volk ist der Inbegriff von Menschen, die dieselbe Sprache sprechen." Genau das bedeutet der Begriff „deutsch". Wer deutsch sprach, der sprach die Sprache des Volkes. Es war eine einfache Sprache. Und so taugt das Suchen nach den Ursprüngen der deutschen Nation wenig, wenn man der Idee anhängt, es müsse so etwas wie eine Gründungsgeschichte geben. Der Mittelalterhistoriker Johannes Fried hat in seinem Buch über die Anfänge der Deutschen mit diesem Mythos aufgeräumt, auch wenn er durch Geschichten wie die des Hermann, der die Römer im Jahre 9 n. Chr. schlug und für ein freies Germanien kämpfte, bis heute durchaus lebendig ist. Historisch belegt ist die Entstehung einer deutschen Nation, die bis zu den Germanen zurückreicht, eben nicht. Sie ist Legende. Auch deshalb ist der Satz von Jakob Grimm interessant. Ein Volk, so das Verständnis von Grimm, spricht eine Sprache.

Ein Volk bildet eine gemeinsame Nation. Das würde bedeuten, dass man durch das Erlernen der Sprache dazugehören kann. Ein weitgefasster Nationsbegriff wäre das. In der Zeit, in der es keinen deutschen Nationalstaat gab, sondern die Deutschen ihre Staatlichkeit in einer beeindruckenden Vielgestaltigkeit lebten, entstand die Idee der Kulturnation. Auch diese Definition findet ihre Grenzen, denn Friesen und Bayern sind so zwar in der Idee der deutschen Kulturnation miteinander verbunden gewesen, ihre Alltagskultur war damals jedoch unterschiedlich. Das ist heute sicher anders. Und vielleicht gerade deshalb erschwert die Idee der Kulturnation bis heute die Integration derjenigen, die andere kulturelle Muster als die vorherrschenden als wichtigen Teil der eigenen Identität sehen.

Wir sind gefangen in dem Bild der grenzenüberspannenden deutschen Kulturnation. Zur deutschen Nation kann nach diesem Denken nur gehören, wer die deutsche Kultur und ihre Wesensmerkmale lebt und praktiziert. Wer von sich selbst sagt, er sei über ein solches Denken erhaben, für ihn definiere sich die Zugehörigkeit zur deutschen Nation nicht über die Abstammung und Kultur, der prüfe sich kritisch. Wann haben Sie das letzte Mal jemanden gefragt, „wo er eigentlich herkommt", nur weil die Person eine dunkle Haut hatte oder Deutsch mit Akzent sprach? Beide Merkmale sagen aber nichts darüber aus, ob jemand Deutscher ist. Zumindest nicht, wenn man das Grundgesetz zum Maßstab macht. Wer den dem Grundgesetz zugrunde liegenden Nationsbegriff verinnerlicht hat, der sollte nicht nur rational, sondern auch emotional verstanden haben, dass die Zugehörigkeit zur deutschen Nation im 21. Jahrhundert eben nicht mehr auf der Abstammung beruht. Das ist der wesentliche Bruch, das Neue und in der Gründung der Bundesrepublik bereits angelegt, denn das Grundgesetz schuf eine politische Nation, in der die Deutschen nun vergleichbar mit ihren europäischen Nachbarn leben.

Was stand am Anfang dieser politischen Nation, die sich im Grundgesetz manifestiert? Wieder kommt man an Kant und Hegel nicht vorbei, selbst wenn man mit Preußen nichts am Hut hatte. Die aus den drei westlichen Besatzungszonen neu gegründete Republik sollte aus der Geschichte lernen, aus dem Versagen der politischen, wirtschaftlichen und gesellschaftlichen Eliten. Und die Republik sollte sich übergeordneten Werten verpflichtet fühlen. „In Verantwortung vor Gott und den Menschen" – Gott und den „Menschen" wohlgemerkt, nicht allein den „Deutschen" fühlten sich diejenigen verpflichtet, die die Präambel des Grundgesetzes formulierten. Das war ein völliger Bruch mit der nationalsozialistischen Volksgemeinschaft, ja mit dem Nationalismus, und knüpfte an das christliche Menschenbild an, das jedem Menschen die gleiche unveräußerliche Würde zuschreibt. „Jede Nation ist Idee" hatte schon Helmuth von Moltke in Anlehnung an Hegel formuliert. Das war der Grundgedanke der jungen Bundesrepublik.

Die Deutschen können sich dabei freilich nicht ohne weiteres von der Ideengeschichte ihrer Nation vor 1949 lösen. Das merkt man, wenn wieder Konzepte und Definitionen, die mit der Gründung der Bundesrepublik als überwunden galten, fröhliche Urständ feiern. Erst in der Bundesrepublik wurde aus der exklusiven Vorstellung der deutschen Nation eine inklusive – die damit der preußischen Staatsidee viel näher war als der deutschen Nationalbewegung und dem ersten deutschen Nationalstaat. Auch die britische und die französische Nationsidee sind aufgrund ihres politischen Charakters übrigens eine inklusive. Das französische „Freiheit, Gleichheit, Brüderlichkeit" steht sinnbildlich dafür. Das löst freilich nicht die Integrationsprobleme, die es auch in diesen Gesellschaften gibt; sie sind deswegen nicht frei von Ressentiments und Rassismus, aber der Staat gründet sich nicht auf einem ethnisch homogenen Staatsvolk, sondern auf einer politischen Idee.

In Deutschland hingegen gelingt die Integration auch deswegen oft nicht, weil sich bis weit ins bürgerliche Lager hinein viele damit schwertun, Migranten in der vierten Generation als Landsleute zu sehen und sie auch so anzusprechen. Wie viel weiter beispielsweise die Briten sind, sieht man an dem muslimischen Oberbürgermeister Londons, Sadiq Khan, der pakistanische Wurzeln hat. Er personifiziert die inklusive Idee der britischen Nation. Wie weit der Weg für uns in Deutschland noch ist, zeigt fast täglich die Debatte über die „richtige" Integration. So wie viele Deutsche mit Migrationshintergrund sich durch das Handeln Angela Merkels in der Flüchtlingskrise 2015 erstmals wirklich angenommen gefühlt haben, so stoßen viele Wortbeiträge deutscher Politiker diese Menschen, die brav ihre Steuern zahlen, wählen gehen und ihre Kinder gut erziehen, immer wieder vor den Kopf.

Man merkt, wie tief rassistisches Denken und ein Staatsbürgerschaftsrecht, das allein auf Abstammung setzte und in den Nürnberger Rassegesetzen 1935 seinen perversen Höhepunkt fand, im Bewusstsein verankert sind, ohne dass wir es selbst so wahrnehmen. Heute steht dabei im öffentlichen Diskurs immer wieder eine vermeintliche Übereinstimmung von kultureller Identität und Abstammung im Mittelpunkt. Damit verbunden ist die nicht nur von Rechtsextremen mehr oder weniger offen gestellte Frage, ob Muslime oder Menschen dunkler Hautfarbe wirklich „richtige" Deutsche sein können. Diese Form von gesellschaftlichem Alltagsrassismus ist tief verwurzelt im Denken vieler Menschen.

Ein gelebter praktischer Patriotismus entsteht nicht durch das Sichberufen auf Abstammung oder Herkunft. Denn dieses sagt nichts darüber aus, ob man einen Beitrag für eine gute Zukunft dieses Landes leistet. Praktischer Patriotismus gründet auf der eigenen Bereitschaft, diesem Land zu dienen. Preisfrage: Der in Hanau geborene Murat hat ein Unternehmen gegründet. Inzwischen beschäftigt er 34 Mitarbeiter. Seine Kinder machen gerade Abitur und schicken sich an zu studieren. Er zahlt seine Steuern. Steuerhinterziehung kommt für ihn nicht infrage. Er will diesem Land, das ihm den sozialen Aufstieg ermöglicht hat, etwas zurückgeben und engagiert sich darüber hinaus für die Tafel seiner Heimatstadt. Steven marschiert fleißig bei seinem örtlichen Pegida-Ableger mit, kriegt aber sonst nicht viel auf die Reihe. Aber der Staat, den er ablehnt, überweist ihm ja monatlich seine Sozialhilfe. Nebenbei geht er schwarzarbeiten. Und die Tickets im öffentlichen Personennahverkehr bezahlt er auch nicht. Er fährt schwarz. Warum sollte er dafür bezahlen? Sie wissen, worauf ich hinauswill. Die Frage, wer der bessere Deutsche ist, macht sich am eigenen Tun fest.

Über das Thema Integration wird noch zu reden sein. Der Staat hat aber keine Vorgaben zu machen, wie das Miteinander der Bürgerinnen und Bürger zu leben ist, wenn diese sich innerhalb des gesetzten Rechtsrahmens bewegen. Wunderliche Gerüche aus der Küche, eine gewisse Lautstärke, Temperament im Umgang miteinander sind kein Gradmesser für Integration und Zugehörigkeit zur deutschen Nation. Deswegen hat auch der Schweinebraten wenig mit Deutschsein zu tun. Interessanterweise kannte das 1913 geschaffene Staatsbürgerschaftsrecht eine Überprüfung der kulturellen Integration mit Blick auf die Staatsangehörigkeit nicht. Das war eine logische Folge des preußischen Staatsverständnisses, denn auch hier behielten die Einwanderer ihre Sprache und ihre kulturellen Bräuche bei.

Es lohnt sich, auf Walther Rathenau zu hören, der trotz seines Erfolges und Aufstiegs zeit seines Lebens als jüdischer Bürger darum rang, dazuzugehören: „Für mich entscheidet über die Zugehörigkeit von Volk und Nation nichts anderes als Herz, Geist, Gesinnung und Seele."

Reduzierung auf das Wesentliche: Ein Staat, der seine Kernaufgaben erfüllt

Das Bild einer Nation spiegelt sich darüber hinaus auch in der gewählten Form wider: Justiz, Verwaltung, ein funktionierendes Steuersystem oder der öffentlich-rechtliche Rundfunk sind Ausdruck dieser gebildeten Staatlichkeit. Hier sind sich Bundesrepublik und Preußen ähnlich. Es geht um das Wirken nach innen. Dabei gehört in einer Demokratie der Streit, wie sich diese Staatlichkeit in einem diskursiven politischen und parlamentarischen Prozess entwickelt, unbedingt dazu. Wie umfassend und wann darf und muss der Staat regulierend eingreifen? Welche Aufgaben übernimmt die Zivilgesellschaft?

Mit Blick auf die politischen Debatten ist diese Selbstbeschränkung inzwischen oft verloren gegangen. In nahezu allen politischen Lagern findet man je nach Thema Ideen und Vorhaben, die weit über die eigentlichen Aufgaben des Staates hinausgehen. Teilweise versäumt es der Staat sogar, sich den Kernaufgaben zu widmen. Die Politik verliert sich dann in Debatten, die oft gut klingen, aber entweder in der Zivilgesellschaft bereits geregelt sind oder gar kein wirkliches Problem darstellen. Wir führen ganz oft Luxusdebatten. Und wir Bürger wollen das offensichtlich ja auch so. Seien wir ehrlich: Wie hätten wir noch vor Jahresfrist entschieden, hätte die Politik den kostenlosen Kindergarten für alle und ein milliardenschweres Programm zur Pandemievorsorge ins Schaufenster gestellt? Die meisten hätten die Idee des kostenlosen Kindergartens präferiert, obwohl das nun wahrlich nicht zur Kernaufgabe des Bundes gehört – im Gegensatz zur Pandemiebekämpfung. Als der damalige Innenminister Thomas de Maizière 2016 ein umfangreiches Konzept zum Zivilschutz vorstellte, wurde ihm noch öffentlich Panikmache vorgeworfen. Gelesen haben es die wenigsten. Danach gehandelt hat so gut wie niemand.

„Kein Firlefanz, kein Getue", um nochmal Neil MacGregors Sicht auf Preußen zu zitieren. Diese Schlichtheit findet Ausdruck darin, dass der Staat sich nur um die Dinge kümmert, die im Sinne eines friedlichen Miteinanders in einer pluralistischen und arbeitsteiligen Welt geregelt werden müssen: der Staat als Schiedsrichter, der nicht einseitig Partei ergreift. Das kommt dem Selbstverständnis der Väter und Mütter des Grundgesetzes sicherlich sehr nahe. Nach den Erfahrungen des Nationalsozialismus suchten sie nach Werten, Normen und Konzepten, an die es anzuknüpfen galt und auf deren Grundlage etwas Neues wie das Grundgesetz geschöpft werden konnte.

Eine Nation braucht eine politische Ordnung. Welche Verfassheit passt zu den Deutschen im 21. Jahrhundert? Die erste Verfassung Preußens war oktroyiert, also von oben bestimmt.

Kein Willensbildungsprozess des Volkes ging ihr voraus. Man muss zugestehen, dass auch die Entstehung des Grundgesetzes unter strenger Beobachtung der westdeutschen Besatzungsmächte stand, wenngleich im Parlamentarischen Rat viele Überzeugungen und Stimmen der Deutschen Widerhall fanden. Und noch eine Parallele gibt es. Erst nach der Gründung des zweiten Deutschen Reiches konstruierte die borussische Geschichtsschreibung eine preußische Sendung zur Gründung des deutschen Nationalstaats. In Wahrheit fehlte es gänzlich an dieser Sendung. Aufgabe des preußischen Staates waren die Wahrung von Gerechtigkeit nach innen, die Sicherung der Freiheit, die soziale Fürsorge, die Bildung seiner Bürger, geprägt durch Begriffe wie Dienst oder Pflicht. Nichts anderes wollten die Mütter und Väter des Grundgesetzes mit der neuen Verfassung auch. Gerechtigkeit, Freiheit sowie Fürsorge. Das ist nicht gerade wenig und zugleich die Reduzierung auf das Wesentliche.

Welches Preußen kann nun für uns heute Vorbild sein? Vieles, was uns heute prägt, haben wir den Preußen zu verdanken: die kommunale Selbstverwaltung genauso wie die Einkommenssteuer oder die Gewerbefreiheit. Die Idee, dass jedermann Güter kaufen, Unternehmer werden oder ein Handwerk ausüben durfte, war damals unerhört – und ist doch bis heute Grundlage für eine dynamische Wirtschaft und Gesellschaft, die Aufstieg durch Leistung und Fleiß ermöglicht. Dabei war dieser Staat, basierend auf der Aufklärung und klaren Regeln für Verwaltung, Justiz und Militär, so konstruiert, dass man seine Prinzipien überall nutzbar machen konnte. Er war zugleich rational und von einer Liberalität, die jedem ermöglichte, zu tun, was er für richtig hielt, solange er den Staat und seine Ordnung respektierte. Darin lag aus Sicht Haffners die Fähigkeit Preußens, sich in der Krise zu verändern.

Ein Beispiel dafür war die Schuldenbremse, die durch ein Edikt Hardenbergs im Januar 1820 in Kraft trat. Die große

Schuldenlast ließ keinen anderen Schritt mehr zu. Damit hat die Schuldenbremse des Grundgesetzes ein preußisches Vorbild gehabt. Nur die wenigsten wissen das. Finden wir noch andere historische Vorbilder? Wenn wir genauer hinschauen, dann bestimmt. Während die Preußen Recht und Verwaltung neu gründeten und dabei ein schlichtes, verständliches System etablierten, ist unser Problem eher eine überbordende Verwaltung. Zwar verweist die Bundesregierung regelmäßig auf Erfolge beim Bürokratieabbau, aber so recht glauben mögen viele das nicht. Immer mehr, immer neue Regeln und Verwaltungsvorschriften vermitteln das Gefühl eines völlig überregulierten Staates. Um die Regelungswut einzudämmen, sollten Vorschriften und Gesetze mit einem „Verfallsdatum" versehen werden. So fallen unnötige und überholte Normen einfach weg. Und Verwaltungen und Parlamente sind regelmäßig gezwungen, notwendige Anpassungen vorzunehmen.

Wenn wir dem Anspruch Humboldts einer modernen und zeitgemäßen Verwaltung im 21. Jahrhundert entsprechen wollen, dann führt kein Weg an der Digitalisierung vorbei. In manchen deutschen Amtsstuben, so hat man das Gefühl, hat sich seit den Zeiten der alten Preußen nicht viel geändert. Hier und da hat ein Faxgerät Einzug gehalten, aber der gute Posteingangsstempel, Laufmappen und feste Öffnungszeiten sind nicht wegzudenken. Öffnungszeiten? In der digitalen Welt muss kein Bürger mehr Urlaub nehmen, um seine Angelegenheit zu erledigen und Anträge einzureichen. Das digitale Bürgerkonto muss Wirklichkeit werden. Dann ist Schluss damit, dass bei jedem Antrag – egal ob Hundesteuer, Bauantrag oder Kindergeld – sämtliche Daten neu hinterlegt werden müssen.

Heute denken viele kluge Menschen über Verhaltensökonomie und das sogenannte Nudging nach. So wird uns nahegelegt, uns auf eine Art und Weise zu verhalten, die im Idealfall zu der inneren Einsicht führt, dass sich ein bestimmtes Handeln sowohl im Allgemeinen als auch im eigenen Interesse lohnt. Dieses Prinzip ist nicht neu. Im alten Preußen war dieser Gedanke des Kameralismus tief verinnerlicht. Der preußische Regierungsbeamte und Kameralist Johann Heinrich Gottlob von Justi hatte mit seinen Schriften hier bereits im 18. Jahrhundert den Grundstein gelegt für die Achtung des Privateigentums, eine verlässliche Justiz und eine funktionierende Verwaltung als Elemente für nachhaltiges Denken und Wirtschaften und gesellschaftliche Stabilität.

Was die Preußen konnten, das können wir mithilfe moderner Technik doch schon lange! Deswegen müssen wir ambitionierter werden. Eine moderne, schnelle und effiziente Verwaltung braucht gute Beamte und eine entsprechende Ausstattung. Das Kaputtsparen der staatlichen Institutionen unter dem Deckmantel der Effizienz war auf jeden Fall ein Holzweg. Auch die Struktur von Verwaltung und Justiz zeigt, dass es richtig ist, den Versuch, einen Staat nach ökonomischen Prinzipien zu organisieren und wie ein Unternehmen zu denken, zu beenden. Ein Staat ist kein Unternehmen. Er muss mit seinen Vertretern und Institutionen in der Fläche für Bürgerinnen und Bürger greifbar sein. Sicherlich müssen wir nicht zurück zum kleinen Amtsgericht in jeder mittleren Stadt. Das ist schon wegen der Chancen der Digitalisierung nicht sinnvoll. Doch auch hier gilt es, Ämter und Behörden wieder dezentral zu organisieren.

Beruhigend ist übrigens, dass die heute zu hörende Kritik nicht neu ist. Schon damals hieß es, die preußische Verwaltung sei „zu wenig planmäßig energisch und schnell, zu wenig die physischen Kräfte der Nation schonend, zu wenig ihre moralischen erweckend". Damals wie heute: Verwaltungen, die Unternehmensgründungen beschleunigen und nicht Gründer zum Verzweifeln bringen, die den Bürger nicht als Bittsteller betrachten, die von sich aus Lösungen aufzeigen, anstatt nur die Probleme zu beschreiben: Das muss das Ziel sein.

Immanuel Kant bewunderte die Idee der Gewaltenteilung: Ein jeder Staat enthalte drei Gewalten in sich, so der große preußische Denker, diese spiegelten den „allgemein vereinigten Willen in dreifacher Person" wider. Neben der „Herrschergewalt" des Gesetzgebers stehe die vollziehende Gewalt „des Regierers" und die rechtsprechende Gewalt in der Person des Richters.

Heute sind alle drei Gewalten mehr denn je gefordert, ihr Handeln zu erklären und sich für ihre Entscheidungen zu rechtfertigen. Regierung und Parlament müssen das intensiver und besser tun als in der Vergangenheit. Das gilt auch für die Parteien. Neu ist diese Herausforderung für die Justiz, die bisher nach dem Prinzip agierte, die Rechtsprechung erkläre sich durch die Urteile selbst. In einer komplexen Welt gilt das nur noch eingeschränkt – nicht nur weil das juristische Deutsch oft wie eine eigene Fremdsprache klingt. Viele Urteile werden nicht mehr verstanden und dann folglich nicht akzeptiert. Das untergräbt die Autorität der Justiz bis hin zum Bundesverfassungsgericht. Da besteht dringender Handlungsbedarf. Urteile anders zu begründen, gefällte Entscheidungen besser zu erklären kann ein Ansatz sein. Auf der anderen Seite wissen Bürgerinnen und Bürger erschreckend wenig darüber, wie im Staat Zuständigkeiten verortet sind. Auch da ist Nachholbedarf, aber darüber haben wir im vorigen Kapitel ja schon gesprochen.

Bei aller berechtigten Kritik und dem notwendigen Hinterfragen des Funktionierens unserer staatlichen Ordnung hat sich inzwischen aufgrund so unseliger Formulierungen wie der „Herrschaft des Unrechts" oder des „Kontrollverlusts des Staates" eine Stimmung breitgemacht, die sich allein im Schlechtreden und Ablehnen der etablierten staatlichen Institutionen ergeht. Manch einer, der sich in der Rolle des Kritikers oder als Politiker in besonders selbstkritischer Pose gefällt, merkt nicht, dass er damit das Geschäft ganz anderer Kräfte betreibt.

Der öffentliche Diskurs in Deutschland ist schon lange Zeit geprägt von Unzufriedenheit und Missgunst. Selbst Dinge, die gut funktionieren, kann man in Deutschland kaputtreden. Darin sind wir Weltmeister. Maß und Mitte sind in vielen Diskussionen verloren gegangen. Eine polemische Zuspitzung, bisweilen das Salz in der Suppe, verunmöglicht allzu oft im Fortgang eine Rückkehr zum echten Gespräch. Woran liegt es, dass wir diese Fähigkeit weitgehend verloren haben? Dass unser Fokus stets negativ ausgerichtet ist?

Sicherlich spielt es eine Rolle, dass durch soziale Netzwerke und das Internet neue Echokammern und Resonanzräume entstanden sind, die diese Entwicklung beschleunigen. Der Staat braucht die ihn tragenden Bürgerinnen und Bürger. Auf sie ist seine innere Verfasstheit ausgerichtet. Eine Antwort, wie er mit denen umgehen soll, die ihn ablehnen und die staatliche Ordnung beseitigen wollen, hat er noch nicht gefunden. Diese Antwort muss es geben, zumal die Feinde des Grundgesetzes wieder Einzug in die Parlamente gehalten haben und sich den erkennbaren Vertrauensverlust und die Zweifel mancher Bürgerinnen und Bürger zu eigen machen. Doch wo kommen diese Zweifel im stärksten und erfolgreichsten Land Europas eigentlich her? Und welche Rolle spielen die Medien dabei?

Neben Regierung, Parlament und Justiz tritt die sogenannte vierte Gewalt: die Medien. Eine Medienlandschaft, wie wir sie heute vorfinden, kannte der gute Kant noch nicht. Aber die Diskussion über die Pressefreiheit war zu seiner Zeit bereits bekannt und ihre Bedeutung durchaus erkannt. Freilich war Preußen in der Praxis zumindest nach unseren heutigen Maßstäben kein Vorbild in Sachen Pressefreiheit. Da haben wir erst heutzutage ein Maß erreicht, das unseren Ansprüchen weitgehend entspricht, wenngleich zu konstatieren ist, dass heute Angriffe auf die Pressefreiheit wieder zunehmen. Die Freiheit der Presse bedeutet aber nicht, dass diese sich nicht der Kritik stellen muss. Manch ein Journalist stilisiert sein eigenes Tun auf eine Art und Weise, die bedenklich erscheint.

Einerseits ist es gut, dass wir eine so vielfältige und unabhängige Medienlandschaft in Deutschland haben. Der öffentlich-rechtliche Rundfunk ist eben kein „Staatsfernsehen", wie es vor allem von rechtsaußen immer verlautet. Die überbetonte und selbstinszenierte Staatsferne des öffentlich-rechtlichen Rundfunks wird aber spätestens dann zum Problem, wenn die vierte Gewalt in diversen Formaten und Magazinen Kritik an der staatlichen Ordnung zum Selbstzweck übt, nur negativ berichtet, Vorgänge skandalisiert, statt zu erklären, Meinung macht, statt zu informieren, oder gar mit Ängsten spielt, um Auflagen zu steigern und Klickzahlen zu generieren. Medien haben eine Verantwortung für den Erhalt der staatlichen Ordnung und demokratischer Strukturen, die über die Kontrolle und Kritik hinausgeht.

Es ist ein Treppenwitz, dass viele Journalisten im Dienst des öffentlich-rechtlichen Rundfunks mit ihrer Art der Berichterstattung des permanenten Schlechtredens und Kritisierens munter nicht nur an dem Ast sägen, auf dem sie selbst sitzen, sondern Hand an die Wurzel des Baumes legen. Kultur und Literatur müssen nicht staatstragend im Sinne unkritischen Jubelns sein, aber „staatserbaulich", wie es die Schriften von Max von Schenkendorf, Heinrich von Kleist oder Moritz Daniel Oppenheimer waren, dürfen, ja müssen sie sein. Medien sind bei aller Unabhängigkeit eben Teil der Ordnung.

Wenn die Gewalten nicht mehr verstanden werden, wenn sie nicht mehr die Sprache der Menschen sprechen, dann entsteht der Eindruck, es gehe nicht mehr gerecht zu. Und ein elementares Prinzip zur Akzeptanz der staatlichen Ordnung ist das Gefühl, dass vor dem Gesetz alle gleich sind, Politiker sich redlich mühen, um das Beste fürs Land zu erreichen, und Gerichte Urteile fällen, die den Rechtsfrieden fördern und von den Menschen verstanden werden. Gilt dies alles nicht mehr oder nur noch eingeschränkt, dann muss sich etwas ändern. Kritisch hinterfragen sollten sich in der aktuellen Lage aus meiner Sicht alle Akteure und nicht nur die Politik.

Aber geht es nur darum? Fehlt nicht noch etwas anderes? Beweist sich die Akzeptanz der Ordnung nicht gerade dann, wenn das Individuum nicht von ihr profitiert, aber dennoch loyal zu ihr ist? Das Theaterstück „Michael Kohlhaas" von Heinrich von Kleist müsste Pflichtlektüre in der Schule sein. Kohlhaas, der Bauer, dem – vermeintlich – Unrecht geschieht, dem niemand hilft, weder der König noch ein Gericht, nimmt sein Recht in die eigene Hand. Die Folge ist eine Entgrenzung der Gewalt. Das Recht wird zu einer Sache des Gefühls. Und gerade das darf nicht geschehen. Das Gefühl sagt, dass es richtig ist, dass der Staat Steuerbetrüger verfolgt und überführt. Aber ist es wirklich rechtens, wenn er das mittels gestohlener Daten tut, für die er die Diebe noch fürstlich entlohnt? Der Staat muss viel eher das Recht behaupten, auch wenn die Anerkennung der Regeln dazu führt, dass man sich schlecht behandelt fühlt. Das sagt sich so leicht, ist aber eine Herausforderung.

Halten wir es mit den Preußen! „Denn ich will, dass in meinem Land einem jeden, sei er vornehm oder gering, prompte Gerechtigkeit widerfahre, und er nicht zur Faveur eines Größeren gedrückt wird, sondern jeder ohne Unterschied des Standes und ohne Ansehen der Person eine unparteiische Justiz administriert werden soll", hat der Alte Fritz als Anspruch formuliert. Und in der Tat ist es relevant für die Akzeptanz und das Funktionieren einer Ordnung, dass Menschen sich den gesetzten Regeln auch dann fügen, wenn diese ihnen etwas zumuten oder sie gar

Nachteile haben oder sanktioniert werden. Gerechtigkeit nicht im Sinne von Umverteilung und sozialer Gleichmacherei, sondern der Anwendung von Normen und Regeln ohne Ansehen der Person ist das, was alle erwarten können und müssen, damit die gesetzten Normen nicht nur akzeptiert, sondern auch gelebt werden.

Damit sind wir bei einem wichtigen Punkt. Oft sind die Menschen überzeugt, es gelten nicht für alle die gleichen Regeln. Ob das stimmt oder nicht, ist gar nicht entscheidend. Schon der bloße Eindruck hat verheerende Folgen. Wie ist das? Welche Beispiele gibt es? Uli Hoeneß geht wegen Steuerhinterziehung ins Gefängnis. Nach dem Verbüßen der Strafe bekommt er eine neue Chance. Er macht weiter als „Chef" des erfolgreichsten deutschen Fußballvereins. Unabhängig davon, ob man ihn mag oder nicht, ist das ein Beispiel für das Funktionieren der Ordnung.

Ein zweites Beispiel: Der Bundestagsabgeordnete Sebastian Edathy wird des Besitzes kinderpornografischen Materials verdächtigt. Es beginnt eine öffentliche Debatte, bei der die Frage im Raum steht, ob er vor den Ermittlungen gewarnt worden ist – von anderen Politikern, allen voran vom damaligen Bundesinnenminister Hans-Peter Friedrich von der CSU. Dieser verliert als Konsequenz zu Recht sein Amt als Minister und schmollt sich seitdem durch das politische Berlin. Ein Beispiel für das Funktionieren der Ordnung? Das Handeln Friedrichs – von Edathy gar nicht zu sprechen – hat das Vertrauen in die handelnden Akteure schwer beschädigt. Der Verdacht, dass Politiker sich gegenseitig vor einer möglichen Strafverfolgung schützen, indem sie Informationen aus internen Ermittlungen der Behörden weitergeben, wiegt schwer. Gleichwohl verloren beide ihre politischen Ämter. Zu Recht.

Ein anderer Fall: Die Manager deutscher Autokonzerne haben nicht nur betrogen, sie haben dem „Made in Germany" im Dieselskandal sehr schweren Schaden zugefügt. Ich will keine juristische Bewertung und kein fachliches Urteil fällen, aber der entstandene Eindruck hat sich im öffentlichen Bewusstsein manifestiert: Die Manager haben sich ihrer Verantwortung entzogen. Während hier vor Ort lange über Sammelklagen und Entschädigungen diskutiert wurde und viele Autofahrer das Gefühl hatten, sie würden im Regen stehen gelassen, saßen die deutschen Manager stattdessen bei Donald Trump und machten gut Wetter, um ihre Absatzmärkte in den USA nicht zu gefährden. Mehr Selbsterniedrigung der mächtigen deutschen Wirtschaftsbosse war selten.

Und zu guter Letzt: Endlich wird ein sogenannter, langjährig bekannter Gefährder abgeschoben. Die Medien berichten darüber. Es entsteht der Eindruck, als ob die Justiz hier (endlich einmal) konsequent entschieden hat. In den Kommentarspalten gibt es großen Zuspruch. Die Menschen erwarten ja zu Recht, dass ausländische Terroristen und deren Sympathisanten sowie schwerkriminelle Ausländer Deutschland verlassen müssen. Doch die Mühlen der Justiz mahlen langsam. Und die Geschichte ist noch nicht zu Ende. Dann entscheidet ein Gericht, die Abschiebung sei falsch gewesen. Der Mann, über dessen Ansichten und Absichten keinerlei Zweifel bestehen, müsse nach Deutschland zurückkommen dürfen. Ein Urteil, das nur Kopfschütteln auslöst. Ein Fehlurteil. Die öffentliche Aufregung ist groß. Und im Zuge der öffentlichen Empörung nimmt am Ende niemand wahr, dass es keinen Weg für ihn zurück nach Deutschland gibt. Doch leider stärkt diese Geschichte, wie die anderen genannten Beispiele auch, nicht das Vertrauen in den Staat.

Preußen ist, was das betrifft, im selbst gewählten Anspruch durchaus ein Vorbild. Natürlich konnte man in preußischen Amtsstuben bornierten Beamten begegnen und vor Gericht überforderten Richtern. Doch nicht nur das Vertrauen der Bürger in den Rechtsstaat war groß, der Anspruch des Rechtssystems und seiner Repräsentanten war es auch. Achim von Arnim schrieb in einem Brief an seinen Schwager, den berühmten Rechtsgelehrten Friedrich von Savigny: „Und da möchte ich wohl fragen, wie es anders zu erreichen war, dass im Preußischen selbst der Bauer das Rechtswesen nicht mehr [...] für eine geheimnisvolle Geisterbeschwörung und Glücksspielerei, sondern für etwas Freies, Ehrliches und sehr Würdiges hält."

Der Alte Fritz hatte der Justiz mit auf den Weg gegeben, was seine Erwartung war: „Sämtliche Justizkollegien müssen wissen, dass der geringste Bauer, ja, was noch mehr ist, der Bettler ebensowohl ein Mensch ist wie der König. Denn vor der Justiz sind alle Menschen gleich; es mag sein ein Prinz, der wider einen Bauern klagt, oder auch umgekehrt. Ein Justizkollegium, das Ungerechtigkeiten begeht, ist gefährlicher und schlimmer als eine Diebesbande. Vor der kann man sich schützen; aber vor Schelmen, die den Mantel der Justiz gebrauchen, um ihre üblen Passions auszuführen, vor denen kann sich kein Mensch hüten." Nicht nur Politik, Verwaltung und Medien müssen sich der Kritik stellen. Gerichte und ihre Urteile sind nicht sakrosankt. Und es reicht heute nicht mehr, nur Recht zu sprechen. Man muss es auch erklären.

Die Akzeptanz der staatlichen Ordnung hängt maßgeblich von ihrem Funktionieren ab. Nicht nur das Nachvollziehen von politischen Prozessen, auch die Effektivität und Gerechtigkeit des Verwaltungshandelns spielen eine große Rolle. Gleiches gilt für die Haltung von Medienschaffenden und Entscheidungen der Gerichte. Sicherlich: Dort, wo Menschen entscheiden, werden Fehler gemacht, gibt es bisweilen sogar Willkür oder Ungerechtigkeit. Doch muss das die Ausnahme bleiben. Bei aller geäußerten Kritik: Was es für eine große Leistung ist, dass Verwaltungen und Justiz in Deutschland meist funktionieren (auch wenn viele Verfahren und Prozesse zu lange dauern), wir unabhängige Medien und eine vielfältige demokratische Parteienlandschaft haben, vermag man zu ermessen, wenn man einen Blick über die Grenzen wirft. Und wir müssen dafür nicht in Afrika oder weiter weg suchen.

Recht und Normen werden nur akzeptiert, wenn sie durchgesetzt werden. Das gilt zum Beispiel für das Asylrecht. Wer es bewahren will, der muss es anwenden. Nach der Aufnahme von einer großen Zahl an Flüchtlingen in den Jahren 2015 und 2016 erleben wir nun, dass, wie zu Recht von vielen Bürgerinnen und Bürgern erwartet, genau hingeschaut wird, wer nach den geltenden Gesetzen und internationalen Vereinbarungen ein temporäres Aufenthaltsrecht in Deutschland genießt oder sogar auf Dauer bleiben darf. Und hier besteht Handlungsbedarf. Anstatt diejenigen konsequent abzuschieben, die nicht in Deutschland bleiben dürfen, weil sie kriminell sind, weil sie keinen Willen zur Integration zeigen oder sich Sozialleistungen erschleichen, werden immer wieder diejenigen in ihre Heimat zurückgeschickt, die sich anstrengen, eine Ausbildung begonnen haben oder einer Arbeit nachgehen und brav ihrer Meldepflicht nachkommen. Regelmäßig finden solche Fälle den Weg in die Presse. Es sind keine Ausnahmen, sondern fast in jedem Landkreis, in jeder Großstadt der Republik findet man Beispiele. Das ist nicht nur gegenüber den Betroffenen unerträglich, sondern wir schaden damit der dringend notwendigen Akzeptanz von Einwanderung. Wir sind darauf angewiesen, dass Menschen nach Deutschland kommen wollen, um sich etwas aufzubauen – durch Fleiß und harte Arbeit und nicht durch den Missbrauch des Asylsystems.

Der hegelianische Staat war der höchste Ausdruck der sittlichen Substanz eines Volkes, die Entfaltung einer transzendenten und rationalen Ordnung, die „Verwirklichung der Freiheit", so sieht es der Historiker Christopher Clark. Dieser Staat blieb und bleibt gleichsam ein Wunschbild, denn Menschen werden solch hohen Ansprüchen oft nicht gerecht. Aber als Ziel, das man durchaus erreichen kann – nicht auf Dauer und nicht in jedem Punkt –, lohnt es sich, danach zu streben. Wenn Vernunft dabei eine tragende Säule staatlichen Handelns sein muss, dann war und ist Angela Merkel die nahezu perfekte Kanzlerin. In einem solchen Staat werden die Interessen des Einzelnen dadurch berücksichtigt, dass sie aufgelöst werden, im Allgemeinwohl aufgehen. Das Verhältnis zwischen Staat und Bürgern, man könnte auch Zivilgesellschaft sagen, ist daher wechselseitig.

Dass der Staat dabei Sphären schafft, die jedem ermöglichen, den eigenen Wünschen und Zielen nachzueifern, ist das eine. Manche erheben aber den Anspruch, dass der Staat auch für das Erreichen und Verwirklichen dieser Wünsche und Ziele verantwortlich sei. Das ist ein großes Missverständnis. So hatten weder Kant noch Hegel und auch die Mütter und Väter des Grundgesetzes die staatliche Ordnung nicht gedacht.

Diejenigen, die Verantwortung im Staat tragen, müssen in diesem Sinne denken und handeln. Und dann müssen sie die Kraft aufbringen für die notwendigen Veränderungen. Leitend sind auch hier wieder preußische Staatstugenden. Und damit wir die nicht vergessen, können wir sie sogar im Grundgesetz nachlesen. Der Artikel 33 fordert von den Staatsdienern „uneigennützige Hingabe an den Dienst, ein hohes Maß an Nüchternheit und Sachlichkeit in der Urteilsbildung, eine gewissenhafte Pflichterfüllung und absolute Unbestechlichkeit". Das meint nichts anderes als die selbstlose Hingabe an Amt und Staat. Und an diesem hohen Maßstab dürfen wir diejenigen messen, die in Behörden und Ministerien, in Parlamenten und Regierungen Dienst tun.

Konzentration auf die Ordnung: Eine wahrhaft wehrhafte Demokratie

Staatsvernunft und Staatsverfassung finden sich bei uns gebündelt im Grundgesetz wieder, und eine Verfassung war auch schon für Humboldt und den alten Freiherrn vom Stein die Grundlage, in der sich die staatliche Ordnung manifestiert. Sie machte aus Untertanen Bürger. Der Staat setzte sich mit einer Verfassung selbst Grenzen. Er schützte die Bürgerinnen und Bürger vor der „Tendenz des Ansichreißens und Umsichgreifens". Nach Humboldt ist der Staat also ein Exekutivorgan einer von Individuen gebildeten Gemeinschaft und handelt nur dort, wo diese allein nicht dazu imstande sind. Darauf muss sich die Politik heute wieder besinnen. Wir greifen in zu viele Bereiche des Lebens ein, die die Menschen für sich selbst entscheiden können und wollen und die für den Fortbestand der staatlichen Ordnung keine Relevanz haben.

Umgekehrt nehmen wir das Verbrennen von Israelfahnen auf offener Straße, rechtsextreme Parolen im Netz sowie salafistische Hassprediger in der Fußgängerzone mehr oder weniger hin. Erst in jüngster Zeit macht der Staat mit Verboten zum Beispiel der Hisbollah und der zur Reichsbürgerszene zugehörigen Gruppierung Geeinte deutsche Stämme und Völker ernst.

Das Grundgesetz hat mit Blick auf die preußische Freiheit, die man ja auch als Gleichgültigkeit des Staates beschreiben kann, eine Einschränkung vorgenommen, die vielen gar nicht bewusst ist. Auch der Bundesrepublik ist es „egal", was Bürgerinnen und Bürger tun, wie sie leben, was sie denken oder glauben – solange dies nicht die Existenz der freiheitlich-demokratischen Grundordnung gefährdet. Diese Freiheit ärgert in manchen politischen Debatten Bürgerinnen und Bürger auch.

Die Mütter und Väter des Grundgesetzes waren allerdings gegenüber den Feinden unserer Verfassung unerbittlich – und wir sollten das heute auch wieder sein: Die Artikel 18 bis 21 unserer Verfassung regeln eisenhart, dass jeder seine Grundrechte verwirken kann, der sie zum Kampf gegen die freiheitlich-demokratische Grundordnung missbraucht. Das gilt für das Eigentumsrecht genauso wie für das Asylrecht oder das Brief-, Post- und Telefongeheimnis. Vor diesem Hintergrund wundert einen manche Debatte der letzten Jahre. Bis heute sind diese Paragrafen nie angewandt worden – weder gegen Terroristen aus dem Ausland noch gegen Rechtsextreme, Reichsbürger und Nazis aus dem Inland. Es gibt zu Recht einige Hürden, um Menschen ihre Grundrechte zu entziehen. Wer aber erwartet, dass Bürgerinnen und Bürger sich rechts- und verfassungstreu verhalten, der darf nicht den Eindruck erwecken, dass Falschparker strenger verfolgt werden als Verfassungsfeinde. Und diesen Eindruck kann man bisweilen haben.

Man hatte es fast schon verdrängt, aber nach der Ermordung des CDU-Politikers Walter Lübcke wird einem noch einmal schlagartig bewusst, dass Rechtsextreme längst nicht mehr nur in sozialen Netzwerken wüten. Nach der Mordserie des sogenannten NSU stehen spätestens seit der Messerattacke auf die Kölner Oberbürgermeisterin Henriette Reker Repräsentanten des deutschen Staates auf der Liste der neuen Nazis. Es folgten der Anschlag in Halle (Saale) und die Morde in Hanau. Man muss sich fragen: Wann wachen Gesellschaft, Politik und Justiz auf?

Die Zahlen sind längst bekannt. Der Verfassungsschutz kennt über 24 000 Rechtsextremisten, von denen er die Hälfte als gewaltbereit einstuft. Sie sind längst nicht mehr nur bereit, sie schreiten zur Tat. Es ist wichtig, dass wir uns noch einmal vor Augen führen, dass rechtsextreme Gewalt kein neues Phänomen ist, sondern diese Bundesrepublik seit der deutschen Einheit begleitet. Seit 1990 sind fast 200 Menschen von Rechtsextremisten ermordet worden. Walter Lübckes Ermordung war der erste rechtsextreme Mord an einem Repräsentanten des Staates. Dabei waren auch vorher schon Männer und Frauen, die sich in öffentlichen Ämtern für unsere Republik einsetzen, Opfer rechtsextremer Gewalt. Einer dieser Angriffe galt 2017 Andreas Hollstein, CDU-Bürgermeister von Altena. Dank des beherzten Eingreifens zweier Mitbürger überlebte er einen feigen Mordversuch. Dass der Attentäter mit einer zweijährigen Haftstrafe davonkam, die noch zur Bewährung ausgesetzt wurde, ist bis heute ein schlechter Witz.

Nicht nur die politische Gewalt und Gewaltbereitschaft von rechts nimmt zu. Auch das politische Klima dieser Republik hat sich verändert. Die AfD im Deutschen Bundestag und in den Länderparlamenten leistet dazu einen Beitrag. Sie hat mit der Entgrenzung der Sprache den Weg bereitet für die Entgrenzung der Gewalt. Erika Steinbach, einst eine Dame mit Bildung und Stil, demonstriert diese Selbstradikalisierung jeden Tag auf Twitter. Sie ist ebenso wie die Höckes und Weidels durch eine Sprache, die enthemmt und zur Gewalt führt, mitschuldig am Tod Walter Lübckes.

Heute muss gelten: Wehret den Anfängen! Dazu gehört, dass man offen über die Fehler und die falsche Nachlässigkeit im Umgang mit denen spricht, deren Ziel es ist, die freiheitliche demokratische Grundordnung zu beseitigen und diese Republik zu zerstören. Und Fehler sind genug gemacht worden: Der Umgang mit dem NSU, das Hin und Her in der Frage eines Verbots der NPD sind nur zwei prägnante Beispiele. Leider setzt sich das fort, und das Bundesverfassungsgericht, eigentlich der Lordsiegelbewahrer des Grundgesetzes, hat mit seiner Argumentation im NPD-Verbotsverfahren nun Steine in den Weg gelegt, um einer latent verfassungsfeindlichen Partei wie der AfD noch energischer entgegenzutreten. Eine Beobachtung durch den Verfassungsschutz ist schon lange fällig.

Die NPD wurde nicht verboten, weil von ihr keine Gefahr für die freiheitlich-demokratische Grundordnung ausgeht. Zu klein, zu unbedeutend. Das folgt zwar nicht dem Prinzip „Wehret den Anfängen!", ist aber in der Sache auch nicht falsch. Die Krux zeigt sich nur mit Blick auf die AfD. Die ist längst in den Parlamenten angekommen und gibt Menschen mit einem rechtsextremen Weltbild dort eine Stimme. Es sind so viele, dass schon die Beobachtung des sogenannten Flügels – der die Partei in Wahrheit längst dominiert und sich nur deshalb aufgelöst hat – durch den Verfassungsschutz eine offensichtlich schwer durchzusetzende Entscheidung war. Werden die Sicherheitsorgane der Republik die Kraft noch aufbringen können, eine AfD zu verbieten, die inzwischen jeden zehnten Wähler bindet und in der Kräfte wirken, die mit der freiheitlich-demokratischen Grundordnung nichts am Hut haben? Da sind Zweifel angebracht.

Welche Konsequenzen sind zu ziehen? Nicht nur das bestehende Strafrecht muss angewendet werden. Die Mütter und Väter des Grundgesetzes haben uns ein scharfes Schwert zum Schutz der Verfassung in die Hand gegeben. Es ist Zeit, von ihm Gebrauch zu machen. Im Artikel 18 unserer Verfassung ist festgeschrieben, dass derjenige entscheidende Grundrechte wie das Recht auf Freiheit der Meinungsäußerung, die Pressefreiheit, die Lehrfreiheit, die Versammlungsfreiheit, das Recht auf Eigentum oder auch das Brief-, Post- und Fernmeldegeheimnis verwirkt, der diese Grundrechte „zum Kampfe gegen die freiheitliche demokratische Grundordnung missbraucht". Angewendet wurde die Verwirkungsvorschrift noch nie. Warum eigentlich nicht? Haben doch die Väter und Mütter des Grundgesetzes mit Artikel 18 dem Willen zur Selbstverteidigung der freiheitlichen Demokratie gegenüber ihren Gegnern Ausdruck verliehen.

Artikel 18 verkörpert insofern neben dem Partei- und Vereinsverbot geradezu idealtypisch unsere wehrhafte Demokratie und gehört zu den tragenden Pfeilern unseres Grundgesetzes. Mag das Grundgesetz auch in erster Linie gegen jene ertüchtigt worden sein, welche die NS-Diktatur wiedererrichten wollten, ist Artikel 18 heute ein Instrument nicht nur gegen Rechtsextreme, sondern auch gegen alle anderen, die sich ebenfalls dem Kampf gegen unsere Freiheit verschrieben haben. Um es kurz zu sagen, es geht mir nicht um eine „Entbürgerlichung", sondern um eine „Entpolitisierung" der Feinde unserer Verfassung.

Der Staat muss zudem sich selbst und seine Organe schützen und frei von Verfassungsfeinden halten. Horst Seehofer hatte vor kurzem laut darüber nachgedacht, Angestellte und Beamte aus dem öffentlichen Dienst zu entfernen, wenn es Zweifel an der Verfassungstreue gibt. So soll zum Beispiel das Soldatengesetz geändert werden, um Soldatinnen und Soldaten nicht nur innerhalb der ersten vier, sondern in den ersten acht Dienstjahren entlassen zu können, wenn sie durch verfassungsfeindliches, ja meist rechtsextremes Reden und Handeln auffallen. Aber reicht das? Der besagte Franco A., der sich 2016 als Flüchtling ausgab, mit einer Waffe auf dem Flughafen Wien erwischt wurde und in seinen Studienarbeiten ein rechtsextremes Weltbild erkennen ließ, ist immer noch Soldat. Er darf zwar keine Uniform tragen und bekommt nicht den vollen Sold, trotzdem ist er nicht entlassen worden. Als Berufssoldat schützt ihn ein umfangreiches öffentliches Dienstrecht. Es ist offenkundig gar nicht so leicht, jemanden, dem es offensichtlich an Loyalität gegenüber dem Dienstherrn mangelt, aus dem Dienstverhältnis zu entfernen. Das muss geändert werden. Früher wäre so jemand ohne viel Aufhebens wegen fehlender charakterlicher Eignung für den Offiziersberuf sofort unehrenhaft entlassen worden.

Es ist gut, wenn das bürgerliche Lager eine klare Grenze nach rechts zieht. Dabei gibt es ein historisches Vorbild, auf das sich bürgerliche Politik berufen sollte: Joseph Wirth, Zentrumspolitiker und Reichskanzler der Weimarer Republik. Nach der Ermordung des deutschen Außenministers Walther Rathenau durch Rechtsextreme erkannten er und andere, was leider auch heute Menschen wie der ehemalige Präsident des Bundesverfassungsschutzes Hans-Georg Maaßen und andere im bürgerlichen Lager nicht einsehen wollen: Die politische Rechte kann man nicht integrieren oder einbinden.

Kurz vor dem Mord an Rathenau hatte ein Abgeordneter der Rechten in einer Reichstagsdebatte den Außenminister direkt angegriffen und seine „Politik der Erfüllung" gegeißelt. Ihr müsse man mit allen Mitteln (!) entgegentreten. Eines dieser Mittel war für junge Rechtsradikale der politische Mord. Sie schritten zur Tat. Nach dem Bekanntwerden des Mordes wurde der besagte Reichstagsabgeordnete von Kollegen sodann auch im Plenum als Mörder tituliert. In seiner Haltung gegenüber der politischen Rechten blieb Joseph Wirth unmissverständlich. Wir brauchen wieder die Klarheit eines Joseph Wirth. Gerade Konservative und Bürgerliche dürfen nicht wanken. Ich wünsche mir, dass wir uns an Wirth erinnern und mit seinen Worten sagen: „Da steht der Feind, der sein Gift in die Wunden eines Volkes träufelt. – Da steht der Feind – und darüber ist kein Zweifel: dieser Feind steht rechts!"

Was den Staat nichts angeht: Religionsfreiheit

Neben der Meinungsfreiheit ist die Religionsfreiheit eines der immer wieder im Fokus der öffentlichen Debatte stehenden Grundrechte. Die bereits in Preußen formulierte Religionsfreiheit ist bis heute weltweit ein hehres Ziel und keine Wirklichkeit. Nur 30 Prozent der Menschen auf dieser Erde leben in einem

Land, das ihnen Religionsfreiheit gewährt, in den meisten islamischen und sozialistischen sowie in den totalitären Ländern existiert sie nur auf dem Papier. Das säkulare Deutschland darf nicht von sich auf andere schließen: Spiritualität ist weltweit tief im Denken der Menschen verwurzelt. Weltweit nimmt die Zahl der Christen zu, selbst wenn sie in Deutschland rückläufig sein sollte. Nur durch das Eintreten für Religionsfreiheit kann der Extremismus durch die Religionen selbst überwunden werden. Und man muss darauf aufbauen, dass Respekt und Toleranz im Wertekanon jeder Weltreligion angelegt sind.

Der Staat muss klare Regeln schaffen und die Rechtsordnung im Zweifel durchsetzen, denn das trägt zum gesellschaftlichen Frieden bei. Und er muss den Religionsgemeinschaften die Unterstützung gewähren, damit diese ihre religiöse Praxis öffentlich leben können. Das gilt vom Glockenläuten über das Tragen einer Kippa in der Öffentlichkeit bis hin zur Rücksichtnahme auf den Fastenmonat Ramadan. Das ist eine elementare Seite des Rechtsstaates, der sich auf der anderen Seite zurückhalten muss, wenn es um die Bewertung unterschiedlicher Formen des Zusammenlebens auf der Basis von Traditionen und Glauben geht. Freilich bedeutet es nicht, dass eine Gesellschaft nicht darüber streiten soll, welches Familienbild akzeptiert wird oder wie die Rolle der Frau in der Gesellschaft definiert ist. Preußen hat die Idee dieser Freiheit bereits in einer Zeit entwickelt, in der man dies getrost als revolutionär bezeichnen konnte. Bis zur Verwirklichung brauchte es freilich noch seine Zeit. Und zu dem Wertefundament einer freien Gesellschaft gehört, dass der Staat sich hier zurückhält.

Und darin liegt auch die Notwendigkeit eines religiösen Fundaments für unsere Gesellschaft. Im Faschismus und im Sozialismus hat der Staat den Menschen die moralische Bewertung des eigenen Tuns abgenommen. Die Religionen schaffen eine Ebene, in der jeder für sein Tun selbst verantwortlich bleibt. Martin Luther erinnert die Christen beispielsweise daran, dass der Mensch sich für Gut oder Böse entscheiden kann. Der Appell Jesu zur ständigen Umkehr meint nichts anderes als das sich permanent selbst Hinterfragen. Das bedeutet für Menschen aller Religionen aber auch die kritische Auseinandersetzung mit der Religion selbst. Auch das ist nur in einem Gemeinwesen möglich, das eine besondere Form des Miteinanders schafft. Staat und Religion in Deutschland sind durch die Religionsfreiheit und das Grundgesetz „ungetrennt", aber auch „unvermischt", wie es Bischof Franz-Josef Overbeck formuliert hat. Das ist so neu gar nicht. Weil dieses Prinzip schon unter Friedrich dem Großen galt, hatte es Preußen leicht, Religionsfreiheit zu gewähren. Was seine Bürger glaubten, war dem Staat egal, solange sie ihre Steuern zahlten, den Kriegsdienst leisteten und rechtstreu waren. So soll das bitte schön auch bleiben.

Adam Müller hat als Staatsdenker eine Verbindung von bürgerlichem Verfassungsstaat und Christentum betont: „Alles Schöne, Dauerhafte und Große [...] verdanken wir, wie ich schon gezeigt habe, der christlichen Religion. [...] Sie hat uns gelehrt, was Freiheit sei und dass sie nur durch die Nebenfreiheit der andern, nur in Wechselfreiheit bestehen und erscheinen könne." Die christliche Toleranz ist also laut Müller die Grundlage für die Neutralität des Staates und der gelebten Toleranz der Bürgerinnen und Bürger untereinander. Von diesem Rückgriff auf die christliche Toleranz profitieren dann auch alle anderen.

Die Säkularisierung der Staatsgewalt, deren Neutralitätsgebot gegenüber allen Religionen grundlegend ist, zielt deshalb gerade nicht auf die Säkularisierung der Bürgergesellschaft. Jürgen Habermas hat diese Unterscheidung herausgearbeitet. Dort, wo religiöse Werte und Normen den Staat wie eben geschildert prägen, erfolgt dies auf einer abstrakten, allgemeingültigen, man könnte auch sagen: kulturellen Ebene. Glaubensgrundsätze müssen sich außerhalb der Religionsgemeinschaften im demokratischen Wettstreit behaupten. Ein gutes Beispiel hierfür ist der Schutz des ungeborenen Lebens oder auch die aktive Sterbehilfe: Die Position der Kirchen ist längst nicht mehr zwingend mehrheitsfähig im Meinungsstreit. Gleichwohl sollen und müssen Christen ihre Position in den öffentlichen Diskurs einbringen. Jürgen Habermas: „Daraus folgt, dass sich dieselben Personen, die ausdrücklich dazu ermächtigt werden, ihre Religion zu praktizieren und ein frommes Leben zu führen, in ihrer Rolle als Staatsbürger an einem demokratischen Prozess beteiligen sollen, dessen Ergebnis von allen religiösen Beimengungen freigehalten wird."

Von allen religiösen Bürgerinnen und Bürgern verlangt der Staat deshalb, dass sie den „objektiven Vorrang" politischer Entscheidungen mit ihrem „subjektiven Vorrang" von Glaubensüberzeugungen in Einklang bringen. Auch das fällt offensichtlich christlichen Bürgerinnen und Bürgern leichter als anderen. Der Staat hat ein Interesse daran, dass diese Form des „Primats der Politik" auch von denen akzeptiert wird, die ein anderes religiöses Bekenntnis pflegen.

Adam Müller geht dabei sogar so weit zu behaupten, „dass Christus nicht bloß für die Menschen, sondern auch für die Staaten gestorben ist". Die von ihm damit beschriebene Rolle des Christentums als Grundlage für den Frieden zwischen den Nationen ist angesichts der blutigen Geschichte unseres Kontinents im 19. und 20. Jahrhundert zweifelhaft. Man könnte aber genauso gut die europäische Einigung und die Beschreibung der Europäischen Union als Wertegemeinschaft auf diese Idee zurückführen.

So sieht es auch Habermas: „Das Christentum ist für das normative Selbstverständnis der Moderne nicht nur eine Vorläufergestalt oder ein Katalysator gewesen. Der egalitäre Universalismus, aus dem die Ideen von Freiheit und solidarischem Zusammenleben, von autonomer Lebensführung und Emanzipation, von individueller Gewissensmoral, Menschenrechten und Demokratie entsprungen sind, ist unmittelbar ein Erbe der jüdischen Gerechtigkeits- und der christlichen Liebesethik. In der Substanz unverändert, ist dieses Erbe immer wieder kritisch angeeignet und neu interpretiert worden. Dazu gibt es bis heute keine Alternative. Auch angesichts der aktuellen Herausforderungen einer postnationalen Konstellation zehren wir nach wie vor von dieser Substanz. Alles andere ist postmodernes Gerede." Mit anderen Worten: Natürlich ist Deutschland bis heute ein christlich geprägtes Land.

Wenn das Christentum und die Christen trotz sinkender Mitgliederzahlen der Amtskirchen eine solche prägende Kraft haben, wie steht es dann um den Islam, der als eine aufstrebende und in Deutschland an Einfluss gewinnende Religion gilt?

Der Bau repräsentativer Synagogen war ein Zeichen der Integration in Preußen. Kann der Bau einer Moschee in zentraler Lage heute ein ähnliches Signal sein? Architektonisch anspruchsvolle Gotteshäuser zuzulassen ist auf jeden Fall ein anderes Signal an die deutschen Muslime als die Zuweisung eines Bauplatzes im Gewerbegebiet direkt an den Bahngleisen.

Dem Bau der großen Synagogen war ein jahrhundertelanger Kampf um Anerkennung und Teilhabe vorausgegangen. Das darf man nicht vergessen. Auch hier war die Politik Preußens, das bereits 1671 den Juden ein allgemeines Niederlassungsrecht gewährte, vorbildlich, wenngleich eher von einer „Duldungspolitik" denn von Gleichberechtigung gesprochen werden muss. Der Vergleich mit dem Judentum ist insofern schwierig, als seitens der deutschen Juden eine klare Bereitschaft zur Teilhabe und eine Akzeptanz der politischen Ordnung gegeben waren. Inwieweit dies für die meisten in Deutschland lebenden Muslime gilt, ist Gegenstand breiter politischer Diskussionen.

So wie die Religion in ihrer Verfasstheit demokratisch gesetzten Normen nicht zwingend folgen oder sie sich zu eigen machen muss, so müssen sich Bürgerinnen und Bürger unabhängig von ihrem religiösen Bekenntnis an die weltliche Ordnung und ihre Regeln und Gesetze halten. Das gilt für die muslimischen wie für die christlichen Bürger gleichermaßen.

Näher in den Blick nehmen müssen wir den Teil islamischen Denkens, der in Konflikt mit der freiheitlich-demokratischen Grundordnung kommt, den politischen Teil, den Islamismus. Warum sitzt die Angst vor dem Islamismus so tief? Ist es in Wahrheit bei vielen Menschen fehlendes Wissen um die eigene Kultur und Identität, die dazu führt, dass das vermeintliche Selbstbewusstsein des Islamismus die eigene Verunsicherung noch steigert? Vielleicht sollten wir in Zweifel ziehen, dass der Islamismus diese Stärke überhaupt besitzt. Der frühere Richter des Bundesverfassungsgerichtes Udo Di Fabio hat deswegen die Frage aufgeworfen, ob der Islamismus nicht als letzter Kampf der islamischen Welt gegen den universellen Anspruch des Westens zu werten ist. Dann wäre es ein Abwehrkampf und kein Eroberungsfeldzug, wie die Islamkritiker immer unterstellen. Für den richtigen Umgang mit dem politischen Islam ist die Antwort auf diese Frage von allergrößter Relevanz.

Die Auseinandersetzung mit dem politischen Islam leidet auch darunter, dass sie meist oberflächlich bleibt – gerade auch in der notwendigen Kritik. Gewalt im Namen des Islam wird allzu oft entweder negiert oder verabsolutiert. Muslime dürfen nicht reflexartig im Falle eines Terroranschlags durch jemanden, der sich als Motiv für die Tat auf Allah bezieht, behaupten, das habe ja mit dem Islam nichts zu tun. Doch, hat es natürlich. Genauso wenig sind Verallgemeinerungen zulässig, die den Islam pauschal zu einer gewaltbereiten Religion erklären. Die allermeisten deutschen Muslime sind friedliche und rechtstreue Bürgerinnen und Bürger, die ihre Kinder gut erziehen und ordentlich ihre Steuern zahlen. Dies gilt auch für die muslimischen Beamten, Polizisten und Soldaten.

Wenn richtig ist, dass der Staat seinen muslimischen Bürgerinnen und Bürgern die Möglichkeit geben muss, ihren Glauben uneingeschränkt zu leben, und er andererseits Schranken definiert, dann entsteht ein Wechselverhältnis zwischen muslimischen Bürgerinnen und Bürgern und Staat. Wir verlangen, dass muslimische Geistliche in Deutschland ausgebildet werden. Wir wollen nicht, dass Moscheegemeinden aus dem Ausland finanziert werden. Diese Forderung ist legitim. Nur was folgt daraus? Muss es dann nicht eine der Kirchensteuer entsprechende Finanzierung der islamischen Gemeinden geben? Ob eine Moscheesteuer die richtige Antwort ist, müssen am Ende die Muslime selbst beantworten. Der Staat darf und muss aber bei der Findung einer Lösung aktiv unterstützen. Das ist er seinen muslimischen Bürgerinnen und Bürgern schuldig. Die Einführung einer Moscheesteuer, die Ausbildung von muslimischen Geistlichen und islamischer Religionsunterricht an den Schulen führen übrigens auch dazu, dass die unsinnige Debatte, ob der Islam zu Deutschland gehört, dann endgültig für beendet erklärt werden kann. Natürlich gehört er zu Deutschland.

Es gibt ideengeschichtlich und historisch einen offenkundigen Unterschied zwischen dem Islam und seiner Verfasstheit und dem Christentum. Die Kirche ist sich auf allen Erdteilen darin treu geblieben, nicht im Staat aufzugehen, sondern ihre Freiheit und Unabhängigkeit zu wahren, so nah sie dem Staat auch war. Sie sah sich stets auf Augenhöhe, als wachsames Gegenüber. Allenfalls der deutsche Protestantismus war dem Staat im Zeitalter des Nationalismus gefährlich nah und tut sich deswegen bis heute noch schwer in seinem Verhältnis zum Staat.

Während das Christentum so paradoxerweise zum Garan-
ten für die Säkularität der politischen Kultur geworden ist, steht
dem Islam diese Erkenntnis noch bevor. Die Rechtsordnung in
einer liberalen Demokratie befreit in der Tat Muslime davon,
die politische Macht beanspruchen zu müssen, um den eigenen Glauben zu leben. Diese historische Erfahrung mag für die
islamische Welt relativ neu sein, sie spiegelt aber die politische
Wirklichkeit in Europa im 21. Jahrhundert wider. Wir leben in
Deutschland die Trennung von Religion und politischer Ordnung. Martin Rhonheimer hat herausgearbeitet, dass das Christentum anerkannt oder sagen wir besser akzeptiert hat, „dass die
Rechtsinstitutionen des Staates einer ihm eigenen, autonomen,
von der Religion [...] unabhängigen Logik gehorchen". Auch das
ist kein Widerspruch zum Wahrheitsanspruch des Christentums,
der sich aber eben nicht auf die Welt bezieht. Diese Einsicht ist
ein fundamentaler Unterschied zum Islam.

Noch immer wird von den Muslimen und den Deutschen
gesprochen. Damit muss Schluss sein. Deutsche Muslime sind
Landsleute. Mit der Einsetzung der Islamkonferenz hat der deutsche Staat ein klares Signal zur Dialogbereitschaft gesetzt. Die
dort geführten Diskussionen sowie die berufenen Vertreter sind
immer wieder Gegenstand von Kritik. Das ist auch gut so. Viel
zu lange bestand der interreligiöse Dialog, der auch den Dialog
zwischen Staat und Religionsgemeinschaften meint, mit Blick
auf den Islam aus Tee trinken und Nettigkeiten austauschen.
Dabei gibt es viel zu besprechen. Der deutsche Staat muss seinen muslimischen Bürgern ein klares Angebot machen: Muslime
sollten die Religionsfreiheit nutzen, um sich als vollwertige Bürgerinnen und Bürger zu sehen und sich für diese Bundesrepublik
zu engagieren. Wenn der Staat in preußischer Tradition darauf
verzichtet, eine Religion zu favorisieren, sondern lediglich die
Offenheit zur Zusammenarbeit mit den Religionsgemeinschaf-

ten und Kirchen pflegt, muss er sich in Form des liberalen und demokratischen Rechtsstaats trotzdem zu der Frage verhalten, wie sich die quasi unter seinem Dach organisierende Religionsgemeinschaft zu ebendiesen Prinzipien stellt.

Sollte dem Staat egal sein, ob und was seine Bürgerinnen und Bürger glauben? Ja, wenn es darum gehen würde, dass der Staat eine Wertung vornimmt, was oder ob wir glauben. Natürlich darf der Staat Bürgerinnen und Bürger aufgrund ihres religiösen Bekenntnisses nicht diskriminieren oder ihnen die Übernahme bestimmter öffentlicher Aufgaben verwehren. Der Staat muss viel eher ein Interesse daran haben, dass Bürgerinnen und Bürger ein religiöses Bekenntnis – und mehrheitlich ist das nach wie vor der christliche Glaube – leben. Da ist die Bundesrepublik dem Staat Friedrichs des Großen näher als den beiden deutschen Diktaturen des 20. Jahrhunderts, die in der Kirche einen Konkurrenten und Gegner sahen, der bekämpft wurde. Die Haltung der Bundesrepublik gegenüber den Kirchen war übrigens nicht vom Gedanken der Wiedergutmachung geleitet, sondern folgt eigenen Interessen. Studien belegen, dass Menschen mit einem religiösen, meist christlichen Bekenntnis sich überproportional für das Gemeinwesen einsetzen, Verantwortung in Parteien übernehmen oder sich sozial engagieren.

Der Staat muss sich also einer Wertung der Religionen nicht nur aufgrund des Verfassungsranges der Religionsfreiheit enthalten. Sein Bezugspunkt bleiben die Bürgerinnen und Bürger. Und mit Blick auf diese gilt das, was der Alte Fritz über Religionen und Gläubige einmal sehr trefflich formuliert hat: „Alle Religionen sind gleich und gut, so die Leute, die sie professieren, nur ehrliche Leute sind.“

Für alle das Beste: Ein europäisches Deutschland

Nach der Betrachtung der gewählten staatlichen Ordnung und der Beziehung des Staates zur Religion gilt es sich nun einer Größe zuzuwenden, die im 20. Jahrhundert auf den Plan getreten ist und auch schon die preußischen Herrscher immer wieder herausgefordert hat: Europa. Preußen war Mitglied des Heiligen Römischen Reiches Deutscher Nation, verfügte über Staatsgebiet außerhalb dieses multinationalen Staatenbundes und stieg zu einer der europäischen Mächte auf. Seine Entwicklung und seine Politik sind ohne das Wechselverhältnis zu Europa und seinen Nachbarn nicht zu denken. Und so geht es uns heute auch. Wir können nicht über Deutschland nachdenken, ohne Europa in den Blick zu nehmen. Für eine reine Selbstbetrachtung ist unsere Nation in der Mitte Europas zu groß und zu mächtig. Das macht die Auseinandersetzung mit unserer Identität und unserem Selbstbild nicht unbedingt leichter.

Seit Karl dem Großen war deutsche Identität für gut tausend Jahre auch immer europäisch. Das Bewusstsein dafür schwand im Laufe des 19. Jahrhunderts, dem Jahrhundert des Nationalismus, und ging spätestens durch den Ersten Weltkrieg, die Urkatastrophe des 20. Jahrhunderts, nahezu vollständig verloren. Die Deutschen tragen ihren Anteil an der Zerstörung dieses nicht nur bei uns historisch geprägten europäischen Bewusstseins. Vielleicht ist das Bekenntnis zu Europa und zum Multilateralismus deswegen heute deutsche Staatsräson. Nach zwei Weltkriegen gab es fast nichts mehr, woran sich anknüpfen ließ, und nicht nur die Hoffnung, auch das geistige Erbe lag verschüttet unter den Trümmern. Mit ihm Preußen.

Das alte Preußen war Teil des Heiligen Römischen Reiches Deutscher Nation gewesen. Dieses Reich war europäisch: Englands und Ungarns Könige waren Lehnsleute des Kaisers, Polen,

Schweden und Dänen gehörten im 18. Jahrhundert dazu. Die Vielfalt, das müssen wir uns erst wieder klarmachen, war ein tragendes Element der europäischen Kultur. Es brauchte einen Rheinländer, einen ehemaligen hohen Funktionsträger des von ihm selbst ungeliebten und endgültig untergegangenen Preußens, um sich des europäischen Erbes der deutschen Länder bewusst zu werden: Konrad Adenauer.

Die Deutschen stehen heute vor einer grundsätzlichen Entscheidung: Wollen wir eine Rückbesinnung auf den Nationalstaat, um künftig das Schicksal unserer Nation vermeintlich unabhängig von anderen zu bestimmen – wohlwissend, dass wir auch ohne eine Europäische Union in Aktion und Reaktion zum Rest der Welt stehen –, oder glauben wir am Ende, dass Souveränitätsverzicht notwendig ist, um an den entscheidenden Stellen unsere Interessen zu wahren und durchzusetzen?

Bisher hat die Bundesrepublik für sich diese Frage durch Souveränitätsverzicht zugunsten einer multilateralen Ordnung entschieden. Die dauerhafte Akzeptanz dieser Ordnung für Europa leidet aber darunter, dass deren Sachlogik vielfach nicht im Einklang mit der Alltagswelt der europäischen Bürgerinnen und Bürger steht. Bisher haben die politischen und wirtschaftlichen Eliten es versäumt, den Menschen diese Notwendigkeiten zu erklären oder sie gar dafür zu begeistern. Gleichwohl ist völlig offen, ob die europäische Einigung einem Ziel folgt. Stehen am Ende die Vereinigten Staaten von Europa? Die Frage muss allein deshalb gestellt werden, weil zumindest sicherheitspolitisch ohne NATO und EU die einzelnen europäischen Nationen ihre Freiheit kaum verteidigen können.

Wie stellt sich Deutschland künftig zur Europäischen Union? Welche Aufgaben kann und muss Europa in Zukunft übernehmen? Und was hat diese Debatte mit Preußen zu tun? Der Vergleich der europäischen Einigung mit der Reichsgründung unter

Bismarck und Preußens Führung mag schwierig sein. Es geht aber nicht allein um historische Parallelen. Es geht um eine ähnliche Frage. Was muss man tun, wenn man Werte und Ordnungen bewahren will, aber im Zweifel die eigene Stärke dazu nicht ausreicht? Ist Abschottung eine Perspektive, oder muss man bereit sein, neue Ordnungen zu bilden, und sich integrieren und einbringen?

Preußen musste die Frage für sich beantworten, ob es seine Interessen auf Dauer allein wahren konnte oder nicht der deutschen Klein- und Mittelstaaten bedurfte, um sich im Wettstreit mit den anderen europäischen Mächten zu behaupten. Außerdem nahm der Druck der deutschen Nationalbewegung im Laufe des 19. Jahrhunderts zu. Dabei war offen, ob am Ende die deutschen Fürsten diesen Nationalstaat lenken würden oder eine andere Staatsform Grundlage für die Einheit der Nation sein würde. Bereits 1848 hatte Friedrich Wilhelm IV. in seiner Proklamation „Preußen geht fortan in Deutschland auf" notgedrungen sein Königreich in das größere Deutschland eingebettet, um seine Dynastie zu bewahren. Freilich war die Reaktion am Ende so stark, dass daraus nichts wurde und er es sich wieder anders überlegen konnte. Doch schon dieser König dachte, wenn auch geprägt durch die Romantik, größer, wie sein Engagement für die Vollendung des Kölner Doms als einem nationalen Symbol zeigt.

Freiwillig war die deutsche Mission Preußens also keineswegs. Nur wenige Köpfe wie der Fürst Hermann von Pückler-Muskau dachten weiter. Der warb für einen Staat, der nicht nur Preußen und Österreich-Ungarn, sondern auch noch Frankreich einbeziehen sollte. Und auf der anderen Seite gab es da einflussreiche Kräfte in Preußen, die sich gegen die „deutsche Sendung" mit Händen und Füßen wehrten. Ihr das Wort zu reden war vielfach bestenfalls Kalkül, weniger innere Einsicht, nicht als notwendig erachtet, sondern eher notgedrungen, wie die Tränen des Königs vor der Kaiserproklamation am 18. Januar 1871 im Spiegelsaal von Versailles veranschaulichten.

Fast trotzig reagierte der preußische Politiker Hans von Kleist-Reitzow, der noch im Dezember 1870 im preußischen Herrenhaus erklärt hatte: „Wir wollen in dem deutschen Reiche nicht aufgehen, sondern Preußen bleiben, ihm unsere davon unzertrennlichen Gaben und Kräfte zubringen." Das alles klang wie das sprichwörtliche Pfeifen im Walde. Die Vernunft – ganz im Sinne Kants – und die Einsicht, dass dort, wo eigene Kraft nicht ausreichte, zur Durchsetzung von eigenen Interessen die Zusammenarbeit mit anderen notwendig war, setzten sich dank Bismarck dann doch durch. Wenn kluge Geister wie Sebastian Haffner konstatieren, spätestens 1871, vielleicht aber schon mit der Gründung des Norddeutschen Bundes sei Preußen in Deutschland aufgegangen, dann war dies eben nicht das Ergebnis zufälliger Ereignisse, sondern der Endpunkt einer langen Entwicklung. Möglich war dies nur, weil „Preußen ein europäischer Staat war, lange bevor es ein deutscher wurde", wie es der Historiker Christopher Clark formuliert hat.

Seit 1815 war Preußen Teil einer zwar restaurativen, aber europäischen Ordnung, die auch dazu diente, der Nationalbewegung, der Idee der Volkssouveränität etwas entgegenzusetzen. Nicht die preußische Staatsführung, sondern das Volk brachte 1848 und dann in den Jahrzehnten danach diese Ordnung durcheinander. Der König und seine Anhänger, allen voran das Militär, spürten die Kraft des Nationalismus, der sich nun gegen sie wandte, nachdem sie ihn zur Befreiung von der französischen Fremdherrschaft für sich genutzt hatten. Der König sah sich gezwungen, das Militär aus Berlin abzuziehen, den Opfern der Revolution öffentlich zu kondolieren und eine schwarz-rot-goldene Schärpe anzulegen.

Preußische Vordenker trieb diese Frage übrigens schon länger um. Wilhelm von Humboldt hatte bereits klare Vorstellungen von der Rolle der deutschen Nation. Diese solle keinen Nationalstaat bilden, sondern sich in einem Bundesstaat wiederfinden. Eng verzahnt mit den Staaten Europas könne dieses Deutschland dann frei und stark sein, „um das [...] notwendige Selbstgefühl zu nähren, seiner Nationalentwicklung ruhig und ungestört nachzugehen und die wohltätige Stelle, die es in der Mitte der europäischen Nationen für dieselben einnimmt, dauernd behaupten zu können". Das klingt wie eine Vorwegnahme der heutigen Rolle Deutschlands in der Mitte der Europäischen Union. Wir scheinen manchmal vergessen zu haben, wie lange und mühsam der Weg bis ins Heute war.

Ist das Aufgehen Deutschlands in Europa also kein Herzensanliegen, um Frieden und Wohlstand zu wahren, sondern eine schlichte Notwendigkeit, weil man sonst deutsche Identität und besagten Frieden und Wohlstand fahrlässig aufs Spiel setzt?

Die Idee der europäischen Einigung, nach dem Zweiten Weltkrieg von Konrad Adenauer und Robert Schuman wieder aufgegriffen, war kein basisdemokratisches Projekt und ist es bis heute nicht. So wie die Bundesrepublik um das vereinte Europa ringt, so war der Weg Preußens nach Deutschland nicht linear, er folgte keinem Plan, es gab Rückschläge und Rückschritte, doch bei aller Selbstbehauptung war ein „Trend" in der preußischen Politik erkennbar: Europäisch dachten die Könige Preußens lange Zeit, bevor sie national dachten.

Wir müssen uns keine Sorgen machen, dass wir im Zuge der fortschreitenden europäischen Einigung unsere Identität verlieren. Deutschland kann auch in einem politisch vereinten und starken Europa seine kulturelle Identität und seine Sprache, die seit jeher europäisch beeinflusst war und ist, bewahren. Haben wir Angst, uns als Deutsche in Europa zu verlieren, ähnlich wie

Preußen „verlorenging"? Der Dichter Preußens, Theodor Fontane, ahnte das Dilemma, vor dem die preußische Politik stand. Um seine Macht zu bewahren, musste Preußen sich selbst aufgeben. „Die Wiedervereinigung Deutschlands wird schwere Opfer kosten. Das schwerste unter allen bringt Preußen. Es stirbt. Jeder andere Staat kann in Deutschland aufgehen, gerade Preußen muss darin untergehen."

Diese Gefahr besteht für die Bundesrepublik mit Blick auf Europa gerade nicht, und hier ist der wesentliche Unterschied: Während Preußen in der Tat politisch das Deutsche Reich dominierte, verlor sich im Zuge der Reichsgründung endgültig das, was Preußen zu einer geistigen Größe hatte werden lassen, und musste deutscher Großmannssucht weichen.

Wie ist es heute? Auch eine weitgehende politische Integration Deutschlands in die Europäische Union hindert uns nicht daran, Kultur und Sprache zu pflegen und (wieder) zu entdecken. Warum sollten ein Budgetrecht des Europäischen Parlaments oder eine europäische Steuer uns Deutsche in unserer Identität schwächen? Man muss ja einmal festhalten: Zumindest die vielen Milliarden Euro aus europäischen Investitionsfonds haben keinen Einfluss auf die Identität der neuen Bundesländer gehabt.

Wenn in der nationalborussischen Geschichtsschreibung, geprägt durch Heinrich von Treitschke, eine deutsche Mission Preußens beschrieben wurde, so waren die Entscheidungen, die zur faktischen Selbstaufgabe Preußens führten, von den Zeitumständen geprägt und keineswegs so selbstbestimmt, wie der Historiker und seine Zunft lange Zeit postulierten. Bismarck gab den Zauberlehrling, um die Geister des Nationalismus zu bändigen und zugleich die Macht der Hohenzollern zu sichern.

Doch schon vor ihm hatte Preußen mit der Harmonisierung der Zölle und mit einer gemeinsamen Sicherheitspolitik im Deutschen Bund aus ganz pragmatischen Gründen deutsche

Politik gemacht. Am Vorabend der Industrialisierung lag der Schwerpunkt auf dem Handel. Die Idee eines deutschen Zollvereins war im preußischen Interesse. Die Industrialisierung verstärkte die Notwendigkeit, einen gemeinsamen Markt zu schaffen. Andere Nationen waren da den Preußen weit voraus, aber selbst in Berlin wurden auf Druck der Wirtschaft bis 1830 bereits sechs bilaterale Zollabkommen unterzeichnet. Der Nationalökonom Friedrich List hatte schon 1819 Klage geführt: Fast 40 Maut- und Zollgrenzen lähmten den Verkehr im Innern und „bringen ungefähr dieselbe Wirkung hervor, wie wenn jedes Glied des menschlichen Körpers unterbunden wird, damit das Blut ja nicht in ein anderes überfließe". Der 1834 unter Führung Preußens gegründete Deutsche Zollverein sollte hier für Abhilfe sorgen. Dabei stellte Preußen seine fiskalischen Interessen zunächst zugunsten einer stärkeren ökonomischen Integration der deutschen Staaten zurück.

Auch das kommt uns mit Blick auf Europa bekannt vor. Heute stellt sich beim Freihandel und dem Zugang zu internationalen Märkten eine vergleichbare Frage, und die Schaffung des Europäischen Binnenmarktes folgte der gleichen Logik einer zunehmenden Internationalisierung der Wirtschaft, die bereits im 19. Jahrhundert durch die zunehmende Mobilität mit dem Bau der Eisenbahn einen enormen Aufschwung erfuhr. Die europäische Währungsunion findet ihr Pendant in der norddeutschen Zollunion. Die Europäische Wirtschaftsgemeinschaft (EWG) und der Vertrag von Maastricht mögen in ihren Folgen revolutionär sein, aber sie waren eben ähnlich wie die Reichsgründung von den Herrschenden gemachte Revolutionen.

Ein mutiger Schritt der Europäer und Helmut Kohls war die Schaffung einer gemeinsamen Währung. Trotz aller Kritik: Der Euro sorgt heute für stabile Preise, und er ist gutes Geld. Und er ist zugleich, wie es der Ökonom Holger Schmieding formuliert hat, eine „Reformpeitsche". Nachdem Deutschland selbst die Regeln des Vertrages von Maastricht gebrochen hatte und damit einer der Verursacher der Staatsschuldenkrise in Europa wurde, ist es nun an uns, die neuen Regeln mit der gebotenen Strenge, aber auch solidarisch in Europa einzuhalten. Dabei versuchen manche eine kluge und vorausschauende Finanzpolitik als Austeritätspolitik zu diskreditieren. Wahr ist aber, dass ohne die von den USA ausgehende Finanz- und Wirtschaftskrise der Jahre 2008 und 2009 die Schuldenlast in der Eurozone heute geringer wäre als vor der Einführung der Währungsunion. Der Euro ist eine Erfolgsgeschichte. Darum muss es das Ziel sein, alle Staaten der Europäischen Union auch in einer gemeinsamen Währung miteinander zu verbinden. Die Idee eines europäischen Staatsfonds, der den Bürgerinnen und Bürgern gehört, der nachhaltig wirtschaftet, eine solide Rendite erbringt, aber nicht spekuliert, und Europa weltweit zu einem wichtigen Investor werden lässt, lohnt sich weitergedacht zu werden.

Europa war in der Krise Preußen ähnlicher, als man denkt. Es brauchte, so wie während der preußischen Reformen zu Beginn des 19. Jahrhunderts, vor allem Zeit. Diese Zeit erkauften sich die Staaten des Euros mit den verschiedenen Rettungsmechanismen und den Anleihekäufen der Europäischen Zentralbank. Noch wichtiger aber war, dass die europäischen Institutionen und die handelnden Politiker die Krise als Chance begriffen, so wie es die Reformer damals auch taten. Für die dauerhafte Stabilität der gemeinsamen europäischen Währung als eines der wichtigen Bausteine des europäischen Hauses braucht es vier Säulen: eine Schuldenbremse ähnlich wie im Grundgesetz, bessere und wirksamere Kontrollen der Haushaltspolitik, eine funktionierende Sicherheitsstruktur mit Europäischem Stabilitätsmechanismus (ESM) und Europäischer Zentralbank (EZB) sowie ein deutsches Vetorecht. Europa bedeutet eben nicht Sparsamkeit als

Selbstzweck, sondern es meint eine klare Ordnung, die für alle verbindlich gilt. Gerade das Handeln in der aktuellen Coronapandemie belegt das.

Aber wie ist das nun mit den Visionen? Den Ideen wie den Vereinigten Staaten von Europa oder einer europäischen Armee? Neben der preußischen Machtpolitik gab es eine gedachte Politik. Kant hatte in seiner Schrift „Vom ewigen Frieden" bereits 1795 eine Weltordnung für einen dauerhaften Frieden beschrieben, die in jedem Staat eine republikanische Verfassung vorsah, die föderal miteinander verbundene Staaten mittels eines Völkerrechts und eines Weltbürgerrechts durch „Bedingungen der allgemeinen Hospitalität" in ihrer Souveränität einschränken sollte.

Dem großen preußischen Vordenker Wilhelm von Humboldt schwebte als deutschem Beitrag zu einer solchen Ordnung der Welt und Europas ein Deutschland als politisch geeinte Nation vor, die aber unauflösbar mit den europäischen Nationen verbunden sein müsse. Er wollte kein Deutschland, das auf Gebietsgewinne und politischen Machtgewinn schielte. Die Nation sei dann stark, wenn sie sich auf die geistige und wissenschaftliche Bildung der Nation konzentriere. Seine europapolitischen Vorstellungen der preußischen Politik übermittelte er Hardenberg, konnte sich allerdings nicht durchsetzen. Es sind aber Grundzüge, die sich in der heutigen Europapolitik der Bundesrepublik eindeutig wiedererkennen lassen.

Natürlich dominierte Preußen das Deutsche Reich auf eine Art und Weise, wie es die Bundesrepublik in Europa weder anstreben sollte noch könnte. Doch ähnlich wie damals in Deutschland viele Menschen – nicht nur die Eliten – Preußen eine Führungsrolle zubilligten oder gar aufdrängten, so ist heute in Europa die vielfach gestellte Frage: „Was sagen die Deutschen?" Ob wir wollen oder nicht, andere in Europa erwarten von uns mehr Verantwortung, man könnte auch sagen Führung.

Das bedeutet aber eben nicht zu dominieren, sondern Kompromisse herbeizuführen, die für alle tragbar sind. Auch Preußen musste in fast allen Bereichen Zugeständnisse machen. Ein Beispiel dafür war das neu geschaffene zeitgemäße und moderne Wahlrecht für den Reichstag, während der preußische Landtag noch mit einem Dreiklassenwahlrecht gewählt wurde. An anderer Stelle wiederum setzte Bismarck knallhart preußische Interessen durch. Und natürlich vertritt Deutschland in Europa seine Interessen auch klar und deutlich – nicht nur in grundsätzlichen Fragen wie dem Umgang mit der Staatsschuldenkrise, sondern wenn es beispielsweise um Normen und Richtlinien für seine Leitindustrie, die Automobilwirtschaft, geht. Beides ist möglich. Kluge Politik besteht darin, zu erkennen, was notwendig ist.

Wie reformfähig ist Europa? Wie fest gefügt sind die europäische Ordnung und die europäischen Institutionen? Europa ging immer wieder durch Phasen der Krise und der Vertiefung, und oft folgten beide Entwicklungen unmittelbar aufeinander. Braucht es da nicht endlich einen konkreten Plan? Wie soll Europa in 20 oder 50 Jahren sein? Schauen wir uns noch einmal die Gründung des deutschen Nationalstaates an. War es ein Fehler Bismarcks, dass er das von ihm gegründete Reich nicht gründlicher plante und ihm eine innere Festigkeit gab, die seinen Bestand für eine längere Zeit hätte sichern können? Das Reich war eine seltsame Melange aus Fürstenbund und Nationalstaat. Die innere Zerrissenheit der Gesellschaft, die Sprengkräfte durch Industrialisierung, Massengesellschaft und soziale Not waren damit nicht aufgelöst. Der berühmte Satz von ihm, man müsse Deutschland in den Sattel setzen, reiten werde es schon können, war der Überzeugung geschuldet, jetzt handeln zu müssen, und Ausdruck von Hoffnung, nicht von tiefer Überzeugung, dass das geschaffene Konstrukt stabil bleiben und sich entwickeln würde. In Zeiten der Krise ist das auch mit Blick auf die Europäische

Union nicht anders. Zunächst gilt es den Brexit, die Flüchtlingskrise und die Staatsschuldenkrise und aktuell die Folgen der Pandemie in Europa zu bewältigen, bevor man wieder einmal grundsätzlich über Strukturen, Reformen oder gar die Erweiterung der EU nachdenkt.

Freilich sind die europäischen Institutionen inzwischen fester gefügt, aber das Fehlen einer europäischen Öffentlichkeit, eines europäischen Bewusstseins ist eine der Achillesfersen, denn viele Debatten werden auch aufgrund der verschiedenen Sprachen, die in Europa gesprochen werden, eher national geführt. Das erschwert das gegenseitige Verstehen. Und es macht uns verwundbar. Zwietracht zu säen durch hybride Einflussnahme von außen, das ist längst Realität. Gerade in der Debatte um eine gemeinsame europäische Asyl- und Migrationspolitik wird das besonders deutlich. Europa sitzt im Sattel und reitet bis jetzt ganz leidlich. Die Briten wurden nicht aus dem Sattel geworfen, sondern sind abgestiegen. Und so wie der Euro geschaffen wurde, ohne strenge und verbindliche Regeln für diese Währung zu haben, so war der „Schengenraum", der Verzicht auf Grenzkontrollen, eine hervorragende Idee, ließ aber die Frage unbeantwortet, wie man ohne Grenzen in Europa denn dann die gemeinsame Außengrenze effektiv schützen und kontrollieren kann. Beide Ideen, die einer gemeinsamen Währung und die der offenen Grenzen in Europa, bleiben richtig und müssen jetzt richtig umgesetzt werden.

Der letzte Preuße, der gegen das nationalistische und wahnhafte deutsche Europa antrat und an die europäische Identität der Deutschen appellierte, war Walther Rathenau. Gerade den bürgerlichen Parteien der Weimarer Republik schrieb er ins Stammbuch, es mangele ihnen an einer Vision für die kulturelle, politische und wirtschaftliche Zukunft Deutschlands und Europas. Er selbst war überzeugt, dass man die deutsche Zukunft europäisch denken musste: „Verschmilzt die Wirtschaft Europas zur Gemeinschaft, und das wird früher geschehen als wir denken, so verschmilzt auch die Politik. Das ist nicht der Weltfriede, nicht die Abrüstung [...], aber es ist die Milderung der Konflikte, Kräfteersparnis und solidarische Zivilisation." Treffender kann man die Europäische Union kaum beschreiben. Vielleicht sollten wir uns damit bescheiden. Dann sind wir nicht enttäuscht, wenn Europa uns nicht dem Paradies näherbringt.

Die preußische Politik im Zuge der Reichseinigung hatte den Vorteil, dass sie die von der Nationalbewegung und weiten Teilen der Bevölkerung über Jahrzehnte herbeigesehnte Idee eines geeinten Deutschlands aufgreifen konnte. Die weitere Entwicklung verstellt aber den Blick dafür, dass der Weg zu dieser Einheit und auch die zentrale Frage, ob man eine kleindeutsche oder eine großdeutsche Lösung anstrebe, lange offen waren und erst durch den deutsch-deutschen Krieg entschieden wurden. Hier lassen sich schwerlich Inspirationen und Antworten auf die Frage finden, wie man ein geeintes Europa noch stärker im Bewusstsein der Bürgerinnen und Bürger verankern kann.

In der Bundesrepublik waren die verschiedenen Schritte zur europäischen Integration die Reaktion auf Krisen und eher eine empfundene Notwendigkeit als von den Menschen herbeigesehnt. Das war bei der Reichsgründung zumindest in Teilen der Gesellschaft anders und ist für die europäische Einigung ein Problem. Während die Reichsgründung in Wahrheit ein getarntes Elitenprojekt war, aber vom Volk erwünscht, so sind die Schritte der europäischen Integration und die Einigung Europas aus Sicht vieler Menschen abgehoben und ein offensichtliches Eliteprojekt. Es gibt keinen lauten Ruf nach mehr Europa aus dem Volk.

Europa muss nicht nur einen Mehrwert für seine Bürgerinnen und Bürger haben, es muss eine emotionale Bindung entstehen. Wir sollten es zu einem Teil unserer bewussten Identität machen.

Unterbewusst ist es das ja längst. Die Soldatengräber Europas symbolisieren die Verpflichtung zum Frieden, so wie die europäischen Münzen nicht nur eine Währung, sondern ein Symbol für die Zukunft sind. Es braucht neben der kulturellen Vielfalt Europas eine ideelle Einheit. Der Publizist Wolfram Weimer ist überzeugt, dass „Europa [...] ein Gedächtnis des Herzens, der Demut und Reue entwickelt" habe. Wenn das stimmt, dann gilt es hier anzusetzen: Wir müssen noch mehr Begegnungen zwischen jungen Menschen in Europa schaffen durch Schüleraustausch, durch das Erasmus-Programm oder die wunderbare Idee, jedem jungen Europäer zum 18. Geburtstag ein Interrailticket zu schenken, mit dem die nächste Generation Europa im wahrsten Sinne des Wortes erfahren kann. Und wenn junge Soldatinnen und Soldaten aus allen Nationen der Europäischen Union gemeinsam in Auslandseinsätze gehen, dann vermittelt das zusätzlich das Bewusstsein, dass Europa unseren Einsatz verlangt und eben nicht nur ein Schönwetterprojekt ist.

Leider fehlt es bis heute an einer entsprechenden Bewegung von unten, um Europa zu stärken, auch wenn es als Gegenbewegung zu den rechtspopulistischen Tendenzen erste Beispiele wie Pulse of Europe dafür gibt, dass sich die Anhänger der europäischen Idee zivilgesellschaftlich organisieren. Darin besteht eine Chance. Wir müssen Europa zu einer Sache der Bürger machen.

Ein begeisterter Europäer wie der Kanzler der Einheit Helmut Kohl, der seine europäische Haltung und seinen deutschen Patriotismus so glaubwürdig „rüberbringen" konnte, fehlt in der deutschen Politik. So war es auch bei Konrad Adenauer. Angela Merkel ist zwar auch Europäerin aus Überzeugung, aber ihr sind das Pathos eines Macron und die Leidenschaft eines Helmut Kohl mit Blick auf die europäische Idee eher fremd.

Der Streit zwischen den Nationen in Europa mag zu langwierigen Prozessen führen, er ist aber das Ergebnis der Vielfalt

Europas. Hinzu kommt, dass die Interessen der Nationen nicht nur untereinander, sondern auch gegenüber den europäischen Institutionen unterschiedlich sind. Darum braucht es Zeit für die notwendigen Debatten und einen klugen Interessenausgleich, der nicht dazu führen darf, dass in den europäischen Gesellschaften der Eindruck entsteht, es gehe nur darum, auf Gipfeln, im Rat und im Europäischen Parlament in Straßburg oder in Brüssel das „abzunicken", was die Bürokraten Europas sich ausgedacht haben. Deswegen muss man der immer wiederholten Behauptung energisch begegnen, Europa sei nicht demokratisch legitimiert. Das ist falsch.

Die Verfechter Europas müssen aber akzeptieren, dass die Nationen für die Menschen ein wichtiger Bezugsrahmen bleiben. Hinzu tritt die Heimat, die Region, in der man lebt. Dies kann zu den Vereinigten Staaten von Europa führen, muss es aber eben nicht. Ein solches politisches Ziel muss weder dazu führen, dass die Nationen ihre kulturelle Identität aufgeben, noch jegliche Kompetenzen an Brüssel abtreten. Das Gegenteil kann der Fall sein: Ein starkes Europa nach außen eröffnet den beteiligten Nationen innerhalb der EU einen friedlichen Wettbewerb und das Bewahren der Vielfalt, die Europa auszeichnet.

Für Adenauer war die Freiheit wichtiger als die Einheit Deutschlands. Darin unterschied er sich grundlegend von den Konservativen der wilhelminischen Ära und der Weimarer Republik. Dies führte zwangsläufig dazu, dass es für ihn ebenfalls wichtig war, die westdeutsche Bundesrepublik als Teil des freien Europas zu verankern. Seine Partei auf diese Richtungsentscheidung festzulegen, war keine Selbstverständlichkeit. Für Adenauer bedeutete in der Nachkriegszeit ein Souveränitätsverzicht zugleich einen Souveränitätsgewinn. Ist uns klar, dass sich heute ebenfalls Handlungsspielräume für uns durch eine starke

Europäische Union mit Deutschland als Teil eher erweitern, als wenn wir international allein unterwegs sind?

Ein freies Europa als Voraussetzung für die deutsche Einheit. Und ein vereintes Deutschland als Voraussetzung für ein geeintes Europa. Vielleicht ist und war das die eigentliche Mission der deutschen Nation. Nur in Freiheit würden auch die Völker Europas die Grenzen überwinden. Zwar hatte der Historiker Leopold von Ranke bereits im 19. Jahrhundert formuliert: „Die Abschließung der Nationalitäten gegeneinander ist jetzt nicht mehr durchführbar; sie alle gehören zum europäischen Konzert." Bis dieser Satz Wirklichkeit werden sollte, vergingen aber noch einmal einhundert Jahre.

Wollen die europäischen Nationen ihren Einfluss in der Welt wahren, dann ist ein vereintes Europa alternativlos. Dafür ist es notwendig, Europa zu einer Herzensangelegenheit seiner Bürger zu machen. Neben grundsätzlichen Entscheidungen, neben der Frage von Werten geht es um Strukturen und Symbole. Die Stärkung der europäischen Institutionen gehört dazu. Der Europäische Rat ist immer dann besonders im Fokus, wenn an der Spitze der Regierungen starke Persönlichkeiten wie Angela Merkel und Emmanuel Macron stehen. Dass die amtierende Präsidentin der Europäischen Kommission in den deutschen Medien ein hohes Maß an Aufmerksamkeit findet, liegt u. a. darin begründet, dass Ursula von der Leyen Deutsche ist. Machen wir uns nichts vor: Der Präsident oder die Präsidentin der Kommission hat bis heute nicht die Strahlkraft, die sich manche erhoffen. Daran hat auch die Tatsache nichts geändert, dass die Parteien mit Spitzenkandidaten in den Europawahlkampf ziehen. Neben der Wahl des Parlaments den Präsidenten der Kommission durch die Bürgerinnen und Bürgern direkt wählen zu lassen wäre ein Schritt, um die Kommission aufzuwerten und fester im Bewusstsein der Menschen zu verankern.

Europa ist bei allen aktuellen Herausforderungen vor allem eins: ein Friedensprojekt. Das ist identisch mit einem der wesentlichen Ziele deutscher Außenpolitik: dem Frieden in der Welt zu dienen. Helmuth von Moltke hatte für die Politik Preußens in Europa das Ziel ausgegeben, so stark zu sein, dass „sie ihren Nachbarn den Krieg verbieten" könne. Die Europäische Union ist als Institution mit dem Friedensnobelpreis ausgezeichnet worden. Es ist 100 Jahre her, dass sich die Jugend Europas auf dem Schlachtfeld gegenüberstand. Heute studieren und feiern junge Europäer zusammen. Sie lernen und lieben gemeinsam und diskutieren über ihre gemeinsame Zukunft.

Mit Europa verbunden ist eine Idee. So wie Nordamerika und die USA den Menschen im 19. und 20. Jahrhundert das Versprechen von Freiheit gaben, so gibt Europa den Menschen heute das Versprechen auf Frieden. Damit wir dieses Versprechen auch für die nächste Generation einlösen können, sollten wir uns als Deutsche auf dieses Europa einlassen. Wir brauchen es mehr, als es uns braucht. Es ist eben kein Widerspruch, unsere deutsche Identität, unsere Sprache und Kultur zu pflegen und wertzuschätzen und zugleich die deutsche Nation in einem politisch geeinten Europa aufgehen zu lassen.

Stephen Green, britischer Deutschlandliebhaber und konservativer Politiker, schreibt uns ins Stammbuch, dass es aus seiner Sicht kein Land in Europa gebe, das mehr mit einer positiven Vision im Einklang stehe, was Europa für die Welt bedeuten könne. Es sei geradezu Deutschlands Mission, eine so verstandene Führungsrolle in Europa zu übernehmen. Die Frage ist also, ob wir uns trauen. Der preußische Kultusminister Karl von Stein zum Altenstein würde uns heute zurufen: „Ein Aufgehen im Ganzen – ein Zerfließen in solches –, dieses allein kann uns wohltätig sein. Dieses schließt Kosmopolitismus, Patriotismus und Egoismus in sich ein – man findet ein jedes wieder."

Sebastian Haffner, der kritische Beobachter der alten Bundesrepublik, schrieb seinen Zeitgenossen schonungslos ins Stammbuch, was er von ihrem Zukunftspessimismus und ihrem Erträumen der Vergangenheit hielt: „Es ist, für mein Gefühl, keine ganz gesunde Stimmung. Denn wir können nun einmal nur in einer Richtung leben: in die Zukunft. Aber die Zukunft ist offen, auch im Computerzeitalter. Sie wird so sein – vielleicht nicht: wie wir sie uns wünschen; aber wie wir sie machen."

„Vernunftstaat" Bundesrepublik: Das ideale Preußen als Vorbild

Der großartige Literaturhistoriker Arno Lubos hat uns ein Preußengemälde hinterlassen, in dem sich in wenigen Sätzen all das findet, was uns heute nachahmenswert erscheint. Deswegen sei er hier etwas ausführlicher zitiert: „Preußen präsentierte sich seinerzeit als ein außergewöhnlicher Staat der Disziplin, der Subalternität, des militärischen Exerzitiums, des korrekten Beamtentums, der unbestechlichen, aufgeklärt-humanitären Jurisdiktion, der unterschiedslosen Räson, des perfekten Verwaltungsapparats, des Entsagung fordernden, kalvinistisch und protestantisch geprägten Puritanismus und einer kosmopolitischen und interkonfessionellen freigeistigen Tendenz. [...] Preußen charakterisierte sich dadurch, dass es – im Gegensatz zu den stammesgebundenen Ländern – staatsbildende und staatsfördernde Maximen hervorbringen musste und nur durch diese existent war, dass es eine nie verleugnete Differenziertheit besaß und als Gegengewicht ein besonders drastisches Obrigkeitsprinzip entwickelte. Es gab kein preußisches Volkstum, [...] keinen einheitlichen Dialekt, keine dominierende Folklore. Das Vielartige konnte geradezu als das wesentliche angesehen werden, wenngleich umso mehr die verbindende und

161

nivellierende Autorität [...] der Staatsorganisation betont werden musste. Die Autorität leitete sich [...] aus der Funktionsfähigkeit des Staatsganzen her. Der Staat definiert sich durch den Auftrag, den er jedem gab, sich in ihn einzuordnen und für ihn tätig zu sein. Er verhieß machtpolitischen, wirtschaftlichen, sozialen und kulturellen Fortschritt auf der Basis eines allgemeinen Leistungswillens. Die Verneinung des Leistungswillens ahndete er als eine Gefährdung seiner Existenz. Er verlangte ein totales Bekenntnis, eine absolute Unterordnung und Dienstbereitschaft. Er konzedierte Freiheiten, sofern diese im Staat begründet waren, etwa innerhalb der konfessionellen und volkhaften Vielfalt."

Einfach gesagt: Was dem Staat nicht schadet, da mischt er sich nicht ein. Schon Humboldt hatte Preußen dieses Prinzip ans Herz gelegt. Die freie Entfaltung und Entwicklung seiner Bürgerinnen und Bürger hat der Staat zu gewährleisten. Nicht mehr, aber auch nicht weniger. Der „Vernunftstaat" Bundesrepublik ist da dem alten Preußen sehr ähnlich; ähnlicher, als wir meinen. Und auch die Vielfalt Europas findet sich in Preußen selbst wieder. Und noch eine Parallele: So ist der Staat auch heute davor gefeit, den Himmel auf Erden zu versprechen. Nur so können echte Freiheit und Verantwortung entstehen. Preußen als „künstlicher Vernunftstaat" bezog seine Stärke und die Kraft für den Aufstieg im 18. Jahrhundert aus Staatsvernunft und Staatsräson. Daran muss sich ein Staat auch heute messen lassen. Sein Handeln muss auf Fortbestand und Ausgleich ausgerichtet sein, und es ist wichtig, an dieser Stelle anzumerken, dass die dafür notwendige waltende Vernunft in Deutschland lange Zeit in keinem hohen Ansehen stand.

*„Die Bereicherung des Vaterlandes um einen guten Bürger
ist mehr wert als eine Erweiterung seiner Grenzen."*
Friedrich der Grosse

„Menschen achte ich vor dem größten Reichtum."
Friedrich Wilhelm I.

Wer gehört zu uns?
Für eine neue Migrationspolitik

Im Jahr 1739 zählte die Armee Friedrichs des Großen über
80 000 Mann. Eine große Zahl für ein an Einwohnern so kleines Land. Selbst wenn wir unterstellen, dass die Macht Preußens
allein auf seiner militärischen Stärke beruhte und nicht auf einer
klugen Reformpolitik und politischer Fortune, der Fleiß der
Menschen sowie die Leistungen und Entscheidungen einzelner
genialer Köpfe den Aufstieg Preußens ermöglichten, dann bleibt
dennoch ein Fakt bestehen: Eine Armee braucht Soldaten, und
wenn es Preußen an etwas mangelte, dann waren es Menschen.
Seit der Ostkolonisation war zudem der Gedanke verbreitet, das
Land zu bevölkern. Ganze Landstriche waren durch Seuchen wie
die Pest oder nach dem Dreißigjährigen Krieg menschenleer.

Preußen stand in seiner Geschichte vor anderen Herausforderungen als die Bundesrepublik. Ein großes Land, entvölkert
durch Seuchen und Kriege, mit Landstrichen, die fruchtbar gemacht werden sollten. Es war aber wie das heutige Deutschland
auf Einwanderung angewiesen. Als der Alte Fritz in seiner Regie-

rungszeit über 300 000 Einwanderer bei einer Gesamtbevölkerung von 2,4 Millionen ins Land holte, konnte er bereits auf eine entsprechende Erfahrung bei der „Peuplierung" Preußens zurückgreifen. Als er starb, hatte Preußen über fünf Millionen Einwohner. Die Bevölkerungszahl stieg aufgrund der Eroberungen, aber auch durch eine offene Einwanderungspolitik. Gut 25 Jahre später, im Jahre 1831, lebten in Preußen 13 Millionen Untertanen, davon 5,4 Millionen in Sachsen, im Rheinland und in Westfalen. Hinzu kam das Großherzogtum Posen mit einem hohen polnischen Bevölkerungsanteil. Fast 50 Prozent der Bürger waren „neue" Preußen. Die Herausforderung, diese große Zahl an neuen Bürgern an den preußischen Staat zu binden, blieb. Eine Herausforderung, vor der bis heute jedes Einwanderungsland steht.

Das Ziel der preußischen Einwanderungspolitik war also klar: Es ging längst nicht nur um die Gewinnung von Soldaten, sondern um neue Arbeitskräfte und neue Bürger. Mit anderen Worten: Der König betrieb das, was Rassisten, Identitäre Bewegung und Nazis heute mit dem verschwörungstheoretischen Narrativ der „Umvolkung" beschreiben und was man in Wahrheit als kluge Einwanderungspolitik beschreiben muss. Oder um es mit den Worten des Historikers Julius H. Schoeps zu sagen: „Preußen war Multikulti lange bevor es das Wort überhaupt gab."

Die Preußen hatten einen Vorteil: Sie sahen das Volk als politische Kategorie und nicht als mythische Größe. Trotz des Wahns des Nationalsozialismus spürt man in vielen politischen Debatten unserer Zeit, dass die aus den frühen Tagen der Nationalbewegung fortwirkende romantische Vorstellung des deutschen Volkes als einer sprachlich, kulturell und ethnisch homogenen Gruppe mit gemeinsamen Vorstellungen, Wünschen und Zielen, die ihre Einheit mühsam erringen musste, noch nachwirkt. Historisch ist dieses Bild völlig unkorrekt. Der Historiker Johannes

Fried hat herausgearbeitet, wie sehr unsere Vorstellung deutscher Nationalität noch vom 19. Jahrhundert geprägt ist, wie wenig sie einem Menschen im 18. Jahrhundert verständlich wäre, und dass sie in keiner Weise der historischen Wirklichkeit entspricht.

Als der Große Kurfürst und dann sein Sohn, der Soldatenkönig, sowie später der Enkel Friedrich der Große die Tore öffneten und unabhängig von Sprache und Religion niederländische Reformierte, Juden, französische Hugenotten sowie Salzburger Lutheraner ins Land ließen, führte das absehbar zu gesellschaftlichen Konflikten mit den Fremden. Es war ein beständiger Strom an Einwanderern, darunter auch schottische Presbyterianer, Mennoniten, Waldenser und Katholiken, die da ins Land kamen. Vorurteile und Ablehnung unterschieden sich kaum von den Debatten, die wir heute erleben. Die Entfernungen waren zwar andere, aber auch der Horizont der Menschen.

Das Land war mit Blick auf seine Migrationspolitik ungemein einfallsreich. Man gewährte nicht nur Flüchtlingen Aufnahme, sondern gründete in den verschiedensten Städten von Amsterdam bis Lyon Immigrationsbüros, um neue Bürger zu gewinnen. Festzuhalten ist, dass die preußische Einwanderungspolitik nicht selbstlos war, sondern dem Ziel folgte, innovative und leistungsbereite Migranten zur Gründung von Unternehmen, zur Urbarmachung und Bewirtschaftung der agrarischen Flächen und zur Besetzung von Arbeitsplätzen ins Land zu holen und so wirtschaftlichen Aufschwung zu ermöglichen. Und dennoch hatte die Aufnahme von Glaubensflüchtlingen eine humanitäre Bedeutung. Das Angebot des Königs an Waldenser und andere religiöse Minderheiten stärkte den Ruf Preußens.

Die Erwartungen des preußischen Staates ungeachtet der natürlich vorhandenen Nachbarschaftskonflikte zwischen Einheimischen und Neubürgern waren klar: Ihre Sprache und noch wichtiger ihre Religion durften sie weiter pflegen, nur fleißig mussten sie sein. Es gab zwar keinen Sozialstaat, aber auch keine Bürokratie, die der Aufnahme einer Arbeit im Wege stand. Das erhöhte den Druck, sich zu integrieren. Die deutsche Politik geht mit der Vorrangprüfung und dem zeitweiligen Arbeitsverbot sowie einem umfangreichen Sozialstaat den genau umgekehrten Weg. Man braucht sich nicht zu wundern, wenn das die Integrationsbereitschaft nicht fördert.

In den schwersten Stunden des preußischen Staates waren es dann oft Migranten oder deren Kinder, die ihr Leben und ihre Gesundheit für ihre neue Heimat, für Preußen einsetzten – Männer wie vom Stein, Blücher, Scharnhorst, Kremser, Nettelbeck, Gneisenau, Schill, Boyen, Grolmann bis hin zu Coubière, Zerboni, L'Estocq, um nur einige zu nennen. Warum kehrten diese Männer nicht in ihre Heimat zurück? Ganz einfach, weil Preußen zu ihrer Heimat geworden war. Sie identifizierten sich mit dem Land. Zu einer Zeit, in der die Idee der Nation erst im Entstehen begriffen war, mag dies leichter gefallen sein. Bemerkenswert ist es dennoch.

Man kann durchaus sagen, dass Preußen in der Migrationspolitik überlegt handelte, während es der Bundesrepublik bis heute an einer stringenten Einwanderungspolitik mangelt. Das ist auch ein Versäumnis der deutschen Politik und namentlich der CDU, die sich lange dagegen gewehrt hat, anzuerkennen, dass Deutschland spätestens seit den 1960er Jahren wieder ein Einwanderungsland ist. Doch auch die anderen Parteien haben versagt. So wie die deutsche Politik sich erst seit der Jahrtausendwende ernsthaft der Integration als Aufgabe zuwendet, so hat sie es bis heute versäumt, klare und verständliche Regeln für die Einwanderung nach Deutschland zu definieren. Das war logisch: Wer leugnet, dass Deutschland Einwanderung braucht, der sieht keinen politischen Handlungsbedarf für ein Einwanderungsgesetz.

Die politische Linke darf sich nicht zurücklehnen. Eine ungesteuerte Migration nach Deutschland über das Asylrecht, wie wir sie ja immer noch erleben, ist keine Antwort auf den Bedarf an Menschen, den das Land hat. Wenn wir wollen, dass die Deutschen sich im positiven Sinne als Einwanderungsgesellschaft begreifen, dann ist eine klare Unterscheidung zwischen dem Gewähren von Asyl und der Aufnahme von Flüchtlingen und einer permanenten Einwanderung geboten. Die Mehrheitsgesellschaft hat einen Anspruch darauf, dass man Einwanderung steuert und damit auch die Frage beantwortet: Wen wollen wir? Wer passt zu uns? Damit ist die politische Linke aber gefangen, denn eine ernsthafte Auseinandersetzung mit Fragen der Identität ist dort vermintes Gelände.

Ihre eigene historische Migrationserfahrung aus den Jahren 1944 und danach haben die Deutschen schlichtweg verdrängt. Das verwundert, denn zu keinem Zeitpunkt in der Geschichte waren mehr Flüchtlinge in Mitteleuropa unterwegs als in den Jahren nach 1945. Nach Kriegsende war Deutschland ein „Einwanderungsland aus Versehen", wie es der Historiker Andreas Rödder formuliert hat. Unmittelbar nach Kriegsende hielten sich über 40 Millionen Menschen als Flüchtlinge, Vertriebene, Zwangsarbeiter, Kriegsgefangene und Staatenlose auf dem Staatsgebiet des ehemaligen Deutschen Reiches auf.

In das Deutschland, das offiziell kein Einwanderungsland sein wollte, wanderten im Laufe der Jahrzehnte über 37 Millionen Menschen ein. Allein von 1961 bis zum Jahr 1974 stieg der Anteil der Ausländer von 690 000 auf 4,1 Millionen Menschen. Die negativen Folgen der seit Jahrzehnten niedrigen Geburtenrate trafen Deutschland bisher nicht in unvermittelter Härte, weil das Land so attraktiv ist, dass es einen positiven Wanderungssaldo von neun Millionen zu verzeichnen hat. Und inzwischen steigt die Zahl der Geburten wieder. Die Deutschen haben

Lust auf Familie. Das ändert aber nichts an der Tatsache, dass Deutschland und Europa längst nicht mehr Ausgangspunkt von Migration und Auswanderung sind, sondern ein Sehnsuchtsort für Millionen von Menschen.

Wie dringend notwendig aber eine breite gesellschaftliche Debatte darüber ist, zeigt nicht nur der zunehmende Rechtsextremismus. So wie die Republik in den 1970er Jahren von links herausgefordert wurde, so geschieht dies nun von rechts. Dabei wird deutlich, dass nicht nur Rechtsextreme und ihr parteipolitischer Arm in den Parlamenten ein Problem darstellen. Zunehmend wird deutlich, wie stark Alltagsrassismus in unserer Gesellschaft wirkt. Der Mord an George Floyd durch einen Polizisten in den USA hat auch bei uns eine breite Debatte ausgelöst. Schlimm genug, dass dafür ein Ereignis ausschlaggebend war, das uns selbst in Deutschland nur indirekt betrifft. Wer die Augen rollt, weil sich dunkelhäutige Mitbürger diskriminiert fühlen, wenn wir eine leckere Schaumspeise weiter Negerküsse nennen, der ist nicht nur unsensibel. Der hat etwas nicht verstanden.

Jetzt führen wir Deutschen eine Rassismusdebatte. Und wenn wir das machen, dann aber gründlich. Das Plädoyer für eine vielfältige und offene Gesellschaft als Grundlage für ein friedliches und gutes Zusammenleben ist schon mal nicht neu. Die Betroffenheit, mit der man jetzt oft Prominenten mit dunkler Hautfarbe in den Medien zuhört, auch nicht. Mit etwas klarem Menschenverstand, einer guten Erziehung und Kenntnis der Werte und Normen unserer Verfassung verbietet sich ein rassistisches Weltbild, muss man Alltagsrassismus entschieden entgegentreten. Das ist in der Vergangenheit oft nur unzureichend geschehen.

Es gibt zu viele Menschen, die von Diskriminierung im Alltag aufgrund ihrer Hautfarbe oder Abstammung berichten können. Und die meisten von ihnen sind in Deutschland geboren, waren höchstens einmal im Urlaub im Land ihrer Vorfahren – oft nicht einmal das. Es reicht nicht, ihnen gegenüber zu betonen, dass wir eine Gesellschaft frei von Rechtsextremismus und Rassismus wollen, in der sie sicher leben und teilhaben können. Wir müssen ihnen deutlich machen, dass wir sie als Landsleute sehen. Dass sie genau wie diejenigen, deren Vorfahren seit 1700 im Vogelsberg oder in der Börde zuhause sind, das Recht haben, mitzureden und zu entscheiden, wenn es um die Zukunft dieses Landes geht. Und dass es nach den Worten des Grundgesetzes und mehr noch nach den Werten, auf denen unsere Verfassung gründet, eben darauf ankommt, was man tut, und nicht, woher man kommt.

Mir berichtete vor einiger Zeit ein deutscher Soldat dunkler Hautfarbe, er müsse sich immer wieder anhören, dass er tun und lassen könne, was er wolle, ein richtiger Deutscher könne er nicht werden. Interessanterweise begegnet ihm das nicht aus den Reihen seiner Kameraden, sondern es sind Bürgerinnen und Bürger, die ihm das entgegenschleudern, wenn er in Uniform außerhalb der Kaserne unterwegs ist. Wahrscheinlich ist er ein besserer Deutscher als diejenigen, die ihm das zurufen. Er dient für unser Land in den Streitkräften, er ist bereit, sein Leben für unsere Freiheit einzusetzen. Welches größere Bekenntnis kann es geben? Es zeigt aber, wie sehr das Verständnis unserer nationalen Identität noch von der Frage des Blutes abhängt. Der tiefe Rassismus, der in diesem Denken steckt, ist denjenigen, die den Kameraden so titulieren, wahrscheinlich nicht einmal bewusst.

Man wird von Menschen, die in Deutschland arbeiten, weil wir sie im Ausland angeworben haben, von den Nachfahren der Gastarbeiter und allen anderen Ausländern, die in Deutschland heimisch geworden sind oder es werden, schwerlich erwarten können, dass sie sich anstrengen, unsere Sprache zu lernen, sich zu integrieren, unsere Kultur zu verstehen und lieben zu lernen, wenn wir ihnen am Ende dann doch sagen, dass all diese Anstrengungen vergeblich sind und sie nie so richtig dazugehören können. Wir müssen uns ändern. Sonst kann Integration nicht gelingen.

Wir brauchen Einwanderung, also sollten wir sie gestalten

Der heutigen Bundesrepublik droht ohne Einwanderung ein dramatischer Bevölkerungsrückgang, der sich selbst durch eine deutliche Geburtensteigerung nicht mehr ausgleichen lässt. Damit entwickelt sich unser Land gegen den globalen Trend eines weiteren Anwachsens der Weltbevölkerung mit allen Problemen und Herausforderungen, die das mit sich bringt. Die Folgen des demografischen Wandels sind bereits heute spürbar, selbst wenn unsere Gesellschaft erst im nächsten Jahrzehnt in voller Wucht davon erfasst wird. Aber unabhängig davon brauchen wir endlich eine kluge Einwanderungspolitik.

Ohne Einwanderung wird die deutsche Wirtschaft den hohen Beschäftigungsstand nicht halten können, denn durch bessere Qualifizierung und eine höhere Erwerbstätigkeit von Frauen und Älteren lässt sich die Lücke zwischen denjenigen, die jedes Jahr in Rente gehen, und denjenigen, die die Schule verlassen, nicht schließen. In den nächsten Jahren fehlen dem Arbeitsmarkt Millionen von potenziellen Arbeitnehmerinnen und Arbeitnehmern. Wenn wir nicht wollen, dass Unternehmen abwandern und die Sozialsysteme in eine Schieflage geraten, dann brauchen wir Einwanderung. Ein „richtiges" Einwanderungsgesetz ist überfällig.

Wollte man den derzeitigen Bevölkerungsstand halten, dann bedarf es einer jährlichen Einwanderung von bis zu einer Million Menschen, so Prognosen. Ob wir das wollen und wie wir mit einer solchen Einwanderung umgehen würden, steht auf einem anderen Blatt. Klar ist nur, dass eine solche Einwanderung eine Gesellschaft verändert und dass ein permanenter Zuzug uns vor enorme Herausforderungen stellen würde. Noch schwieriger wäre allerdings eine kaskadenhafte Einwanderung, wie sie sich 2015 in der Flüchtlingskrise angedeutet hat, die zudem die Qualifikation und die Integrationsfähigkeit derjenigen, die kommen, völlig außer Acht lässt.

Noch ist offen, wie viele der über 1,2 Millionen Flüchtlinge, die 2015 und 2016 nach Deutschland gekommen sind, dauerhaft bleiben werden, aber klar ist schon jetzt, dass die Zahlen wohl höher sein werden als bei der vergleichbaren Fluchtbewegung vom Balkan nach Deutschland in den frühen 1990er Jahren. In beiden Fällen kann man nicht von einer gezielten und gesteuerten Einwanderung sprechen, und genau das ist es aber, was Deutschland braucht. Deswegen hat Angela Merkel recht, wenn sie sagt, dass sich das Jahr 2015 so nicht wiederholen darf.

Wir müssen uns also mit der Frage, in welcher Größenordnung wir künftig Einwanderung wollen und wenn ja welche, beschäftigen und eine Entscheidung treffen. Um es klar zu sagen: Einwanderung abzulehnen ist keine Option. Wer Einwanderung ablehnt, der riskiert den Kollaps der Sozialsysteme, setzt die Stärken einer offenen Gesellschaft aufs Spiel und wird trotzdem nicht verhindern, dass sich unser Staatsvolk in den nächsten zwanzig Jahren ethnisch verändert. Die Behauptung, die Deutschen würden aussterben, ist dummes Zeug. Das gilt auch für die in rechten Kreisen beliebte Verschwörungstheorie der „Umvolkung". Mit der Herausforderung, dass die Bevölkerungsstruktur unseres Landes sich verändern wird, sind wir übrigens nicht allein. Der Politologe Herfried Münkler weist darauf hin, dass in den 29 reichsten Ländern der Bevölkerungszuwachs durch Geburten

12 Millionen, durch Einwanderung 5,4 Millionen beträgt. Einwanderung findet also statt.

Noch einmal zurück zu den rechtlichen Grundlagen: Natürlich bestehen umfangreiche Regeln für den Zuzug nach Deutschland. Diese sind aber so komplex, dass sie sowohl für diejenigen, die gern nach Deutschland kommen wollen, um hier ihr Glück zu machen, als auch für diejenigen, die beispielsweise Fachkräfte aus dem Ausland anwerben wollen, kaum verständlich sind. Die erste Aufgabe ist also, ein Gesetzeswerk zu schaffen, das alle Fragen von der Zusage eines Arbeitsplatzes bis hin zur Frage der Einbürgerung übersichtlich regelt. Darüber hinaus sind die bestehenden Regeln nicht nur in einem solchen Gesetz zusammenzufassen, sondern auch kritisch zu hinterfragen.

Wir können dabei von anderen lernen. Das kanadische Einwanderungssystem, das neben dem Zugang über den Arbeitsmarkt ein Punktesystem beinhaltet und Kontingente für den Familiennachzug vorsieht, ist so ein über Jahrzehnte etabliertes und selbstlernendes System, das einer näheren Betrachtung lohnt. Wir müssen nur die für uns richtigen Fragen stellen: Kann man unterschiedliche Hürden definieren für diejenigen, die als Pflegekräfte nach Deutschland kommen und vielleicht auf Dauer hier bleiben wollen, und diejenigen, die als Forscher und Wissenschaftler von vornherein nur für eine bestimmte Zeit in Deutschland arbeiten werden? Kenntnisse in der deutschen Sprache sind in sozialen Berufen unerlässlich, ob sie in der Spitzenforschung an einer Universität oder einem internationalen Unternehmen notwendig sind, darf man bezweifeln.

Der Nachweis eines Arbeitsplatzes, Kenntnisse der deutschen Sprache, eine staatsbürgerliche Erziehung, die gesellschaftliche Werte, Rechtsnormen und die Funktionsweise unserer staatlichen Ordnung vermittelt, sind aus meiner Sicht Grundvoraussetzungen, um jemandem, der nicht aus einem Land der Europäischen Union kommt, den Aufenthalt in Deutschland auf Dauer zu ermöglichen. Und natürlich schließt das ein Bekenntnis zu dem ein, was bei uns gilt.

Wer Rechte eingeräumt bekommt, der erwirbt auch Pflichten. Am Ende muss die Perspektive einer Einbürgerung stehen. Zu zeigen, dass es erstrebenswert ist, dazuzugehören, und dass wir es uns wünschen, dass Einwanderer Deutsche werden, sich zu unserem Land bekennen, das ist unsere Aufgabe. Unsere Bereitschaft, unsere neuen Landsleute anzunehmen, das ist unser Angebot. Es zählt dann nicht, wo jemand herkommt, sondern wo er mit uns hinwill. Vielerorts wird das bereits mit würdevollen Einbürgerungsfeiern zum Ausdruck gebracht. Solche Feiern sollte es überall geben. Das gemeinsame Singen unserer Hymne, ein schön gebundenes Grundgesetz sowie eine überreichte deutsche Fahne gehören dann genauso dazu wie die Nachbarschaftsfeste, wo es Köstlichkeiten aus den Herkunftsländern unserer neuen Landsleute zu genießen gibt.

Es gibt übrigens noch einen weiteren Grund, warum wir darauf angewiesen sind, eine offene Gesellschaft zu bleiben, die Einwanderung als Bereicherung und nicht als Bedrohung empfindet: Bildungsforscher und Soziologen sagen, dass die Aufstiegsreserven unserer Gesellschaft erschöpft seien. Das mindert nicht die Notwendigkeit, in Bildung zu investieren und jedem jungen Menschen eine Perspektive und Chancen aufzuzeigen, denn die Bundesrepublik lebt seit ihrer Gründung von einem Aufstiegsversprechen durch eigene Leistung und Fleiß. Sie braucht diese Dynamik, um auf Dauer erfolgreich und innovativ zu sein. Wenn viele junge Deutsche entweder nach einer Stelle im öffentlichen Dienst streben oder in die erfolgreichen Fußstapfen im elterlichen Betrieb treten wollen und können, dann braucht es junge, wissbegierige Köpfe von außen. Nicht umsonst steigt seit Jahren die Zahl der Unternehmensgründungen von Deutschen mit Einwanderungsgeschichte stetig an. Diese jungen Menschen suchen ihre Chance, und die gute Nachricht ist: Sie haben eine.

Wer sollen unsere neuen Landsleute sein? Man kann erwarten, dass Menschen, die ihr Glück in Deutschland machen wollen, sich ernsthaft mit der Frage auseinandersetzen, was dieses Deutschland ausmacht: kulturell und politisch. Und man kann erwarten, dass sie die Werte, die Deutschland zu einem Sehnsuchtsort auf diesem Globus gemacht haben, teilen und im Zweifel bereit sind, sie zu verteidigen. Die Bereitschaft, hart zu arbeiten, sich anzustrengen, zu lernen, aber auch selbstbewusst das einzubringen, was sie selbst auszeichnet, das sollten wir uns von unseren neuen Landsleuten erhoffen.

Wir sollten grundsätzlich an dem Prinzip festhalten, dass nur jemand nach Deutschland einwandern kann, der einen Arbeits- oder Ausbildungsplatz nachweisen kann. Bis zum Erwerb der Staatsbürgerschaft sollte das Aufenthaltsrecht in der Bundesrepublik an einen solchen Arbeitsplatz gekoppelt sein. Für die Familie brauchen wir hingegen eine klare Regelung, denn niemand, der hier heimisch wird, sollte auf Dauer ohne seine Familie sein müssen. Familiennachzug ist keine Bedrohung, sondern eine Notwendigkeit, wenn Integration gelingen soll. Das Zusammenleben mit der Familie erleichtert die Integration. Für die Frage, wie viel Einwanderung unser Land braucht, sind also unser Arbeitsmarkt und die Familien der ausländischen Arbeitskräfte der limitierende Faktor.

Wo kommen die neuen Landsleute her? Die Idee der preußischen Immigrationsbüros müssen wir neu beleben. In ausgewählten Ländern können die deutschen Auslandsvertretungen genutzt werden, um gezielt Menschen für ein Leben in Deutschland zu begeistern und sie entsprechend vorzubereiten. Einem

Wissenschaftler, der bereits international tätig war und im Ausland studiert hat, werden wir nur geringfügige Hilfestellungen geben müssen, damit er sich in Deutschland zurechtfindet. Anders sieht das bei der Krankenschwester aus Brasilien oder von den Philippinen aus. Beginnend bei der Sprache bis hin zu kulturellen Werten und Normen ist eine Vorbereitung schon im Heimatland sinnvoll, um auch das eine oder andere Klischee auszuräumen, das es im Ausland über das Leben und Arbeiten in Deutschland sicherlich gibt. Und wir können uns die neuen Landsleute, so wie das alle Einwanderungsländer tun, aussuchen. Daran ist nichts Falsches. Darum sollten wir gut überlegen, wie und welche Regeln wir definieren.

Wir müssen zwischen dem Asylrecht und einem Einwanderungsrecht unterscheiden. Das Grundrecht auf Asyl, das die Mütter und Väter des Grundgesetzes in die Verfassung geschrieben haben, gewährt Menschen temporär Schutz, die rassisch, religiös oder politisch verfolgt werden. Darüber hinaus hat sich Deutschland verpflichtet, auf der Basis der Genfer Flüchtlingskonvention auch denen Schutz zu geben, die vor Krieg und Verfolgung fliehen. Als das Grundgesetz 1949 niedergeschrieben wurde, konnte man sich wohl kaum vorstellen, dass das am Boden liegende, moralisch diskreditierte und vom Krieg verheerte Deutschland einmal der Sehnsuchtsort von Millionen werden würde und das Asylrecht aufgrund seiner nicht konsequenten Anwendung zum Einfallstor für viele wird, die eben nicht verfolgt sind, sondern schlicht auf ein besseres Leben hoffen. Wer kann es ihnen verdenken?

Es darf keine Einwanderung nach Deutschland über das Asylrecht geben. Das setzt voraus, dass das Asylrecht angewendet wird. Es verlangt strenge und schnelle Verfahren und vor allem eine Beendigung des Aufenthalts derjenigen in der Bundesrepublik, die unsere Hilfe und Solidarität nicht brauchen, die es vielleicht sogar darauf angelegt haben, sie zu missbrauchen. Und es setzt voraus, dass es eine andere Möglichkeit gibt, um nach Deutschland einzuwandern. Faktisch war und ist das bis heute schwierig, denn auch die bestehenden Regeln machen es Menschen schwer, selbst wenn sie gut qualifiziert sind und sogar einen Arbeitsplatz in Aussicht haben. Noch immer sind Gesetze, Verwaltungen und Behörden in ihrem Denken darauf ausgerichtet, Menschen den Weg nach Deutschland zu erschweren, selbst dann, wenn wir sie erkennbar brauchen. Auf der anderen Seite werden verurteilte ausländische Straftäter und abgelehnte Asylbewerber nicht konsequent abgeschoben. Das passt bis heute nicht zusammen.

Wenn Ralf Fücks, grüner Vordenker und ehemaliger Chef der einflussreichen Heinrich-Böll-Stiftung, feststellt, dass man das Asylrecht anwenden muss, wenn man es erhalten will, dann formuliert er eine Selbstverständlichkeit. Aber er beschreibt zugleich ein Problem. In der Vergangenheit wurde das Asylrecht aufgrund der geringen Zahl an Asylbewerbern nur unzureichend umgesetzt, denn man ging stillschweigend davon aus, dass unsere Gesellschaft die Integration auch der abgelehnten Asylbewerber, die nicht abgeschoben wurden, leisten können würde. Verfahren dauerten zu lange, Bürgermeister und zivilgesellschaftliche Gruppen protestierten auch dann gegen Abschiebungen, wenn diese in der Sache geboten waren. Und es gab und es gibt für anerkannte oder geduldete Asylbewerber nicht in ausreichendem Maße Integrationsmaßnahmen. Diese Fehler haben dazu geführt, dass heute manch einer Einwanderung nicht als Chance, sondern als Risiko sieht. Das ist bedauerlich.

Im Herbst 2015 ging es um viel. Eine Frage, die die Deutschen angesichts der steigenden Flüchtlingszahlen beantworten mussten, war, wie ernst sie es mit dem eigenen, in Sonntagsreden immer wieder beschworenen moralischen Imperativ, dem Lernen aus der eigenen Geschichte meinen, wenn das mehr kostet als warme Worte. Nicht nur Angela Merkel, sondern viele Millionen Deutsche haben in diesem Herbst und Winter und bis heute bewiesen, dass die Werte, für die Deutschland eintritt, keine leeren Phrasen sind. Aus dem „Wir schaffen das", einer so guten Botschaft, die Mut und Zuversicht ausstrahlte und die zwischenzeitlich von Rechtsextremen, aber auch von Angstgetriebenen und Zauderern diskreditiert worden ist, wurde in Wahrheit in weiten Teilen längst ein „Wir haben das geschafft".

Es war eine logistische Meisterleitung, was Ämter, Behörden, Kommunen, Hilfsorganisationen und die Zivilgesellschaft im Herbst und Winter 2015 geleistet haben. Keine Frage: Die Bearbeitung aller Fälle, die komplette Erfassung aller Flüchtlinge hat länger gedauert. Und noch länger wird es dauern, diejenigen in ihre Heimat zurückzuschicken, die keinen Anspruch auf unsere Hilfe haben, sowie Geflüchtete zu integrieren, die bei uns bleiben werden. Aber auch dafür haben wir neue Regeln eingeführt. Und die Deutschen sollten stolz auf das bisher Erreichte sein. Daraus kann man die Zuversicht ableiten, dass wir die kommenden Herausforderungen ebenso meistern werden, dass Integration gelingen kann, dass Deutschland ein starkes Land in Europa bleibt.

Hunderttausende Flüchtlinge waren vor dem Bürgerkrieg auf dem Balkan zu Beginn der 1990er Jahre nach Deutschland geflohen. Im Jahre 2015 kamen erneut fast eine Million Flüchtlinge nach Deutschland. Damals wie heute gab es neben einer großen Hilfsbereitschaft auch Sorgen und Ängste in der Bevölkerung. Die meisten stellten sich als unbegründet heraus. Viele Flüchtlinge gingen und gehen in ihre Heimat zurück. Andere werden bleiben. Wie ist die Lage? Erstmals gibt es nun ein Gesetz, in dem alle Fragen der Integration geregelt sind. Das ist eine Grundlage und eine Orientierung für die, die aufgrund fortdauernder Verfolgung und eines fortwährenden Krieges nicht in ihre Heimat zurückkönnen. Mehr als die Hälfte aller Flüchtlinge der Jahre 2013 bis 2016 haben inzwischen einen Job, die Kinder gehen zur Schule oder in einen Kindergarten. Die Zahlen sind deutlich besser als zum Beispiel in den 1990er Jahren. Natürlich sind die Herausforderungen bei der Integration eines Bürgerkriegsflüchtlings im Zweifel größer als bei den auf den Philippinen und in Südkorea angeworbenen Krankenschwestern, aber die dramatischen Fälle von Gewalt und Kriminalität verstellen allzu leicht den Blick auf die Erfolge im Alltag.

Aus diesen Fehlern hat die Politik teilweise gelernt. Nun wird es darauf ankommen, angesichts sinkender Flüchtlingszahlen weiter auf Effizienz und Stringenz in der Anwendung des Asylrechts zu achten. Wenn die 2015 deutlich gewordenen Defizite beseitigt sind, darf es aber keine Rückkehr zum Status quo geben, sondern Deutschland muss dann mit dem bereits erwähnten modernen Einwanderungsrecht und einer Offenheit, klaren Vorstellungen von Integration und dem, was es bedeutet, deutsch zu sein bzw. zu werden, aufwarten.

Ein gutes Vorbild: Das multikulturelle Preußen

Man muss sich zudem bewusst machen, dass die angebliche deutsche Mission Preußens eine Chimäre ist, denn die Preußen holten Holländer, Franzosen, Wallonen, Bretonen, Piemontesen, Tschechen und natürlich Polen ins Land. Voltaire berichtete einmal, er sei durch Dörfer gefahren, in denen man ausschließlich französisch gesprochen habe. Preußen folgt den Interessen des Staates und nicht der Ideologie einer ethnisch homogenen Nation. Dass die Aufnahme der Flüchtlinge zugleich ein Akt der Humanität war, gibt dieser Politik noch eine besondere Note. Die

Religionsfreiheit stand nicht im Vordergrund, doch muss man bedenken, dass die Unterschiede und die Abgrenzung zwischen Katholiken und Protestanten damals durchaus ähnlich groß waren wie in unserer säkularen Gesellschaft die Unterschiede zwischen Christentum und Islam.

Deutschnational war an der Migrationspolitik Preußens nichts. In manchen Orten Brandenburgs gab es doppelt so viele Fremde wie Einheimische, die zusätzlich mit umfangreichen Privilegien ausgestattet wurden. So stellte die Regierung Preußens als Starthilfe jedem Flüchtling das zur Verfügung, was er in der Heimat zurücklassen musste: Bauern erhielten Grund und Boden sowie Gerät und Tiere, Kaufleute und Handwerker eine Werkstatt bzw. die notwendigen Werkzeuge. Die ersten Jahre waren sie zudem von den Steuern befreit. Deshalb wurden die Fremden skeptisch beäugt. Nicht auszudenken, wenn die Bundesrepublik auf diese Art und Weise Flüchtlinge oder Einwanderer gemäß ihren Fähigkeiten privilegieren würde. Der deutsche Neid würde fröhliche Urständ feiern.

Das Ziel, die Zahl der Landeskinder zu steigern, blieb preußische Staatsräson. Noch als die Idee eines homogenen Staatsvolkes bereits breiten Raum einnahm, blieb es bei der Einwanderung, um Bevölkerungsverluste auszugleichen. Wegen politischer Krisen, sozialer Not, Unfreiheit und Hunger verließen ab den 1830er Jahren bis zur Jahrhundertwende die Deutschen millionenfach ihre Heimat und suchten in Amerika und Russland eine Zukunft. Polen, Kroaten, Slowenen, Slowaken übernahmen in den entstehenden Industrien des Ruhrgebiets und den boomenden Städten ihre Arbeitsplätze. Und auch die großen Güter Ostelbiens waren ohne polnische und russische Landarbeiter nicht zu bewirtschaften.

Bekannt und populär ist bis heute die Aufnahme von Glaubensflüchtlingen im Edikt von Potsdam. Der Große Kurfürst holte 20 000 Hugenotten nach Preußen. Zu Recht ist er damit der Gründer einer modernen Einwanderungspolitik, die mehr von praktischen Erwägungen als von Humanität geprägt war. Damit nahm Preußen nur zehn Prozent der Flüchtlinge auf, aber für seine Reputation in der evangelischen Welt war diese Tat wirkungsmächtig. Zugleich profitierten die Staatskassen enorm. In kurzer Zeit stiegen die Steuereinnahmen durch die gewonnenen Arbeitskräfte, denn es kamen ausgebildete Handwerker, Kaufleute und Spezialisten – heute würde man Fachkräfte sagen – mit ihren Familien.

Friedrich Wilhelm, der Soldatenkönig, folgte in dieser Hinsicht seinem Vater. Er sagte: „Menschen achte ich vor dem größten Reichtum." Er hoffte zugleich, dass diejenigen, die kamen, Preußen verändern und aus dem rückständigen Agrarland einen modernen Staat machen würden. Er baute auf ihren Fleiß und den Wunsch, sich eine Zukunft aufzubauen. Und sein Sohn, der Alte Fritz, perfektionierte mit der Gründung von „Immigrationsbüros" im Ausland diese Idee.

Eine solche Politik fiel den Preußen auch deswegen leichter, weil ihr Staat eben kein Nationalstaat war. Und weil Preußen kein Nationalstaat sein wollte. So hat Sebastian Haffner, der Preußen wohl wie kaum ein Zweiter verstanden hat, den Staat beschrieben: „Es war ganz einfach ein Staat, nichts weiter, ein Vernunftstaat, offen für alle. Gleiches Recht für alle. Und gleiche Pflichten allerdings, das auch." Dieses Verständnis machte Integration leichter, und wir sollten uns fragen, ob es nicht im Kern das trifft, was auch die heutige Bundesrepublik ausmacht.

Doch statt an diesen Anspruch der Bundesrepublik, ein rationaler, vernunftorientierter Staat sein zu wollen, zu erinnern, gibt es rechts der politischen Mitte wieder Bestrebungen, aus Deutschland einen Nationalstaat alter Prägung zu machen. Dem sollten wir entschieden entgegentreten. Wir sollten im Gegenteil erzählen, was diese Republik zu bieten hat, damit es verstanden wird und die Botschaft auch bei den neuen Landsleuten ankommt. Das bedeutet, mehr Preußen zu wagen: Damals konnten sich die Flüchtlinge aus dem Salzburger Land als Preußen fühlen, ohne ihre Gruppenidentität aufgeben zu müssen. Es gelang eine Integration von Einwanderern ohne einen Identitätswechsel – also das, was heute fehlt. Heute bedeutet in der Erwartungshaltung vieler Deutscher die Einbürgerung das Kappen von kulturellen Wurzeln und die Übernahme von Bratwurst und Bier. Davon müssen wir uns verabschieden, denn damit werden die Hürden zur Integration fast unüberwindbar hoch.

Während dem preußischen Staat die kulturelle Identität seiner Bürger weitgehend egal war, so war er im Unterschied zur Bundesrepublik in der Durchsetzung der Staatsräson, von Recht und Gesetz kompromisslos konsequent, und er musste es sein, denn sonst hätte er seinen Bürgern ihre Besonderheiten, ihre individuelle Identität nicht lassen können. Preußen musste kein homogenes Staatsvolk schaffen, wohl aber ein geschlossenes Staatsgebiet und einen einheitlichen Rechtsraum. Das ist ein Unterschied. Die Idee der Volksgemeinschaft war dem Land, das nur mit einem Teil des Staatsgebietes zum Heiligen Römischen Reich Deutscher Nation und später zum Deutschen Bund gehörte, gänzlich fremd. Die Polen, die im Zuge der polnischen Teilungen Preußen wurden, blieben Polen. Das politische Ziel, sie zu germanisieren, entstammt nationalistischen Ideen des Kaiserreichs. Vorher hatten diese polnischen Bürger, die zugleich Preußen sein konnten, ihre Sprache, eigene Priester und Lehrer und waren eben polnische Untertanen des preußischen Staates – so gute und willkommene Untertanen wie alle anderen auch –, weil der Staat vorurteilsfrei, vernünftig, praktisch und gerecht war. Bis die Klapkowskis und Pospiezcynskis Deutsche wurden, brauchte es Zeit. Sie entschieden das aber selbst – auch weil man ihnen ein überzeugendes Angebot machte und nicht weil man sie zwang.

Die Integration fiel den neuen Bürgern sicherlich auch deswegen leichter, weil man ihr Wissen, ihren Fleiß und das, was sie einzubringen hatten, wertschätzte. Auch war klar, dass sie auf Dauer bleiben würden. Niemand sprach damals von „Gastarbeitern". Dort, wo die Flüchtlinge keine dauerhafte Bleibe zugewiesen bekamen, blieben sie ohne Arbeit. Das verstärkte die Ablehnung durch die ansässige Bevölkerung, und auch das kommt uns bekannt vor: Es zeigt, wie wichtig es ist, den Menschen schnell die Möglichkeit zur Teilhabe in der Gesellschaft durch Arbeit zu ermöglichen und sie wertzuschätzen. Für heute bedeutet das mehr und intensivere Sprachkurse, eine schnelle Überprüfung und Ermittlung vorhandener Qualifikationen und im Zweifel den Einsatz zur gemeinnützigen Arbeit. Integration – sowohl mit Blick auf Neuankömmlinge als auch dort, wo wir eine nachholende Eingliederung brauchen, erfolgt also über geeignete Zugänge zu Arbeit, Qualifizierungs- und Bildungsmaßnahmen, die Beseitigung von Benachteiligungen im Vergleich zur ansässigen Bevölkerung und die Perspektive des sozialen Aufstiegs durch Arbeit. Ein besonderes Augenmerk muss auf die Förderung von jungen Menschen und von Frauen gerichtet werden.

Erst nach der Reichsgründung begann man mit einer Germanisierungspolitik. Vorher galt das, was Friedrich Wilhelm II. im Mai 1815 gegenüber allen seinen Untertanen erklärt hatte: Sie alle hätten in Preußen ihr Vaterland, und wer sich in die preußische Monarchie eingliedern würde, der müsse auf seine Nationalität nicht verzichten. Und ihre Sprache werde neben der deutschen in allen öffentlichen Funktionen verwendet. An diesem Prinzip hielt man fest, und die Integrationsfähigkeit des preußischen Staates wurde immer wieder neu auf die Probe gestellt. Freilich kann dies heutzutage nicht das Ziel sein. Die deutsche Sprache ist unerlässlicher Schlüssel zur Teilhabe in unserer Gesellschaft und daher die Voraussetzung, um überhaupt über gemeinsame Werte sprechen zu können. Dennoch ist die Förderung der Muttersprache mehr als eine Frage der Wertschätzung. Zweisprachigkeit war auch für viele preußische Bürger Alltag. Wir sollten froh sein, wenn junge Menschen mehrere Sprachen sprechen, und das fördern. Das ist sowohl kulturell als auch volkswirtschaftlich ein Schatz. Deswegen ist der Aufschrei, wenn darüber nachgedacht wird, Türkisch als Fremdsprache in der Schule anzubieten, völlig unbegründet. Die Frage ist eher, warum es das nicht längst schon überall dort gibt, wo viele junge Deutsche türkischer Abstammung leben.

Bemerkenswert ist, dass es Preußen gelang, seine fremdsprachige Bevölkerung zu integrieren. Das setzte eine Akzeptanz der kulturellen Vielfalt voraus, die auch heute notwendig ist, so wie es keine falsch verstandene Toleranz bei der Durchsetzung der politischen und rechtlichen Ordnung geben darf. Schauen wir uns noch einmal Preußen an: Gerade der Osten des preußischen Staatsgebietes glich einem sprachlichen Flickenteppich. Heute weiß kaum jemand mehr, dass auch noch im Deutschen Kaiserreich der Ausländeranteil in der Bevölkerung bei gut zehn Prozent lag. Rund 7,5 Millionen Reichsbürger gaben als Muttersprache eine andere Sprache als Deutsch an. Neben Polnisch, Französisch, Niederländisch, Russisch, Tschechisch und Wendisch waren diverse Dialekte zu hören. Viele Menschen waren mehrsprachig. Die preußische Regierung reagierte darauf mit der Förderung der Mundarten, indem sie deren Gebrauch in den Grundschulen zuließ, und auch kirchliche Texte wurden oft in der jeweils vorherrschenden Sprache angeboten. Es gab zweisprachige Gottesdienste, in einigen Regionen, wie im Kreis Gumbinnen in Ostpreußen, wurde sogar in drei Sprachen gepredigt: Masurisch, Lettisch und Deutsch. Erst im Jahre 1876 –

also nach der Reichsgründung – wurde Deutsch offizielle Amtssprache.

Nach dem Ersten Weltkrieg und der folgenden Neuordnung der europäischen Landkarte wurde die Idee des Nationalstaates mit einem homogenen Staatsvolk wirkungsmächtig, obwohl gerade diese Idee in die Katastrophe geführt hatte. Bis heute prallen in der Bundesrepublik deshalb überkommene nationale Homogenitätsvorstellungen und ein ideologisierter Multikulturalismus aufeinander. Multikulti als träumerische Idee, die die Augen vor den Problemen verschließt, die beim Zusammenleben von Menschen unterschiedlicher Kultur entstehen können, hat sich diskreditiert. Als Reaktion kommt aber leider die Idee einer homogenen Nation wieder zum Vorschein. Das ist genau die falsche Antwort.

Beide Bilder – das einer homogenen Nation und Multikulti – sind historisch und aus der gegenwärtigen Perspektive falsch. Die linke Idee von Multikulti, die von einem neugierigen und stets friedlichen, konfliktfreien Miteinander der Kulturen in einer Gesellschaft ausgeht, ist indes genauso gescheitert, weil die politische Linke lange nicht anerkennen wollte, dass ein solches Miteinander in Wahrheit ein Nebeneinander ist, das Parallelgesellschaften fördert, Menschen nicht miteinander verbindet, sondern trennt, wenn es nicht zugleich etwas Verbindendes und Verbindliches gibt. Multikulti als linker Kampfbegriff und Multikulturalität sind dabei zwei Paar Schuhe!

Wichtig ist, was jemand tut, nicht, woher jemand kommt: Ein gemeinsames Leitbild

Die Nationalsozialisten pervertierten in der Volksgemeinschaft den Nationalstaat auf eine Art und Weise, die auch in der sich entwickelnden Nachkriegsordnung den Blick für einige wesentliche Fakten verstellte: Migration war und ist nicht die Ausnahme, sondern die Regel in der Geschichte der Menschheit. Zu Beginn des 20. Jahrhunderts wanderten jährlich 1,3 Millionen Europäer nach Amerika aus. Heute ist die Richtung aufgrund des Wohlstands, des Friedens und der Freiheit, die die Völker Europas genießen, eine andere. Viele Menschen träumen von Europa.

Wer eine ethnisch homogene Nation anstrebt, der hat das Grundgesetz nicht gelesen. Und er offenbart eine in Wahrheit rassistische Weltsicht. Menschen aufgrund ihrer Abstammung die gleichberechtigte Teilhabe abzusprechen ist diskriminierend und vor allem rückwärtsgewandt. Wir haben aber so viele Probleme vor der Haustür, dass wir gut daran tun, alle Kräfte in der Gesellschaft zu mobilisieren, um sie zu bewältigen. Die Einwanderer und ihre Nachkommen zu aktivieren, sie stärker aufzufordern sich einzubringen, ist daher in unserem eigenen Interesse, ein Gebot der Vernunft, um mit Kant zu sprechen.

Wie sehr die nationalsozialistische Ideologie der Volksgemeinschaft aber nachwirkt, sieht man an vielen Reflexen und Meinungsbildern. Trotz Entnazifizierung, trotz Jahrzehnten stolzer Demokratie lastet dieses Erbe immer noch auf uns. Die Nationalsozialisten waren geschickt darin, allgemein akzeptierte Normen und Traditionen zu vereinnahmen, ihren Sinn zu verfremden und so zu missbrauchen. Der Missbrauch Preußens am Tag von Potsdam steht sinnfällig dafür. Wir müssen nicht nur Rechtsextremismus und den neuen Nazis entschieden entgegentreten. Wir sollten ihnen auch die Dinge entreißen, die sie zu missbrauchen suchen. Sie wiederholen das Muster nämlich. Wenn bei Pegida und Co. die schwarz-rot-goldene Fahne getragen wird, aber bei den Gegendemonstranten nicht, dann läuft was gehörig schief. Ich sage: Nehmt ihnen unsere Fahne weg! Die deutschen Farben stehen für die Werte, die erst nach zwei

Weltkriegen im Grundgesetz Wirklichkeit wurden. Vorher waren schwarz-rot-gold Farben, die mit Wünschen und Träumen assoziiert waren. Heute leben wir diese Werte. Darum sollten diejenigen, die gegen Hass und Rechtsextremismus sind, mit Stolz die Fahne dieser Republik vor sich hertragen.

Ich wünsche mir, dass Gewerkschaften, Kirchen und andere Gruppen der Zivilgesellschaft die Symbole dieser Republik nutzen und zeigen. Unsere freiheitlich-demokratische Ordnung braucht ihr Bekenntnis und ihr aktives Eintreten. Warum sich viele Gruppen und Organisationen damit so schwertun, ist mir unverständlich. Und es ist eine Voraussetzung dafür, dass Ausländerinnen und Ausländer diese Symbole zu ihren eigenen machen und so zu Bürgerinnen und Bürgern dieser Republik werden. Warum sollen sie sich etwas zu eigen machen, das wir selbst offenkundig geringschätzen?

Integrationsprobleme hatten die Preußen mit ihren „deutschsprachigen" Glaubensflüchtlingen aus Salzburg ebenfalls – und umgekehrt. Einer der Flüchtlinge schrieb: „Wir haben die Sprache nicht verstanden und sie nicht die unsrige! Sie haben keine Geduld gehabt!" Der Ansprache des Königs, der sich direkt an die neuen Bürger wandte, konnten die Flüchtlinge erst folgen, als er aus der Lutherbibel zitierte. Dieses Deutsch verstanden alle. Sie fühlten sich in dem Moment angenommen, als der König sie in „ihrer" Sprache anredete.

Wie Deutsche, Neudeutsche und Ausländer in unserem Land zusammenleben, ist für eine offene, zukunftsmutige und starke Gesellschaft die Schlüsselfrage. Es braucht daher auch in einer multikulturell geprägten Gesellschaft ein Leitbild und daraus folgend einen Konsens, was die Gesellschaft zusammenhält. Das Leitbild meint dabei eine Leitkultur, die offen ist für Veränderungen und Einflüsse von außen, sich aber ihrer Stärken und Wurzeln bewusst ist.

Norbert Lammert hat in einem Sammelband Persönlichkeiten der Bundesrepublik von Wolf Biermann bis zu Wim Wenders gefragt, welchen Stellenwert sie Begriffen wie Leitkultur zubilligen und wie man etwas Gemeinsames in unserer Gesellschaft schaffen kann. Der Schauspieler Mario Adorf und der Kirchenmann Wolfgang Huber sehen den Begriff einer Leitkultur kritisch. Dieser sei nicht nur aufgrund der zurückliegenden Debatte missverständlich gewesen, man habe darin den Anspruch von „Überlegenheit" sehen können, das sei gerade im europäischen Kontext schwierig. Er sei ebenso wie der Begriff Multikulti aufgrund der Polemik in der Debatte obsolet, so der Schauspieler Mario Adorf. Der Journalist Hans-Ulrich Jörges bekennt freimütig, dass er angesichts des Streits um die Mohammed-Karikaturen inzwischen der Auffassung sei, man brauche diesen Begriff, zumindest die Debatte über eine Leitkultur. „Wir müssen ihn leeren von seiner deutschnationalen Fracht, reinigen von Missverständnissen – und neu füllen mit dem, was wir wirklich meinen, wollen, denken."

Ganz gleich, wie man zu dem Begriff Leitkultur steht: Niemand bestreitet mehr, dass es in einer pluralistischen Gesellschaft Werte und Normen braucht, die verbindlich sind. Ja, es braucht sie vielleicht sogar mehr denn je, und es braucht eine Debatte darüber. Ich plädiere für den Begriff Leitbild. Anders als die Leitkultur ist das Leitbild eher inklusiv zu verstehen und erleichtert daher Integration und Annäherung sowie selbstbestimmte Assimilation, und der Begriff Leitbild ist politisch noch nicht belegt, sondern offen.

Viele Ausländer, die in Deutschland leben, fühlen sich ihrer neuen deutschen Heimat, vor allem der Stadt oder der Region, in der sie leben, besonders verbunden – und zwar unabhängig von der Frage, ob sie selbst dort eingewandert oder bereits ihre Eltern oder sogar Großeltern dort heimisch geworden sind. Sie sind aber keine Staatsbürger, wenn sie keinen deutschen Pass haben. Andere haben einen deutschen Pass, doch die Art, wie sie leben, und die Werte, für die sie eintreten, lassen daran zweifeln, dass sie verstanden haben, dass sie nun zu einer Schicksalsgemeinschaft gehören. Wer freiwillig für den IS in Syrien kämpft und einen deutschen Pass hat, der kann kein Deutscher dem Wesen nach sein. Unsere Staatsbürgerschaft ist eben mehr als ein Stück Papier, aus dem viele vor allem Rechte und weniger Pflichten ableiten. Deutscher zu werden bleibt eine individuelle Entscheidung. Es setzt eine eigene Auseinandersetzung mit der Frage voraus, was das eigentlich bedeutet, Deutsche oder Deutscher zu sein. Dabei mag jeder verschiedene Werte und Normen für sich betonen, aber an den in der verfassungsgemäßen Ordnung niedergelegten Prinzipien kommt man nicht vorbei. Das Mindeste ist also Verfassungspatriotismus.

Unser Staatsbürgerschaftsrecht sollte einerseits klare Regeln vorgeben, aber auch die „Hürden" so gestalten, dass diejenigen, die darüber nachdenken, die deutsche Staatsbürgerschaft zu erwerben, spüren: Wir freuen uns darüber, wenn jemand künftig dazugehören will. Und wir sollten es als Kompliment auffassen, wenn jemand unser Land und seine Menschen offenkundig so attraktiv findet, dass er dabei sein will.

Mein Heimatland Hessen ist seit 1945 ein Einwanderungsland. In den Jahren nach dem Krieg kamen über eine Million Menschen nach Hessen. Und auch wenn es deutsche Landsleute aus dem Osten waren, so waren sie aufgrund ihres Dialekts, ihrer Religion, vielleicht auch ihrer Sitten und Gebräuche und vor allem aufgrund der herrschenden Not zunächst einmal Fremde und unliebsame Konkurrenten, wenn es um Wohnraum, Arbeit und Versorgung mit Lebensmitteln ging. Sie waren längst nicht überall willkommen. Im Gegenteil. Ohne die Heimatvertriebenen hätte es das Wirtschaftswunder nicht gegeben, aber sie mussten sich ihren Platz in der bundesrepublikanischen Gesellschaft hart erarbeiten. Es ist eine Legende, die an Geschichtsklitterung grenzt, dass sie allerorten auf Hilfsbereitschaft und Offenheit stießen.

Nicht nur diese historische Erfahrung prägt die Hessen: Große Teile Hessens waren bis 1945 preußisch gewesen. Die Proklamation Groß-Hessens der amerikanischen Militärregierung vom 19. September 1945 war eine Gründung von oben. Die Hessen haben also keine mit den Bayern und Sachsen vergleichbar gewachsene historische Identität. Man ist Frankfurter oder aus dem Marburger Hinterland. Dann kommt lange nichts, und erst dann ist man Hesse. Da sind wir ziemlich preußisch.

Heute liegt der Ausländeranteil in Hessen bei über 13 Prozent, und mehr als 25 Prozent der Einwohner haben einen Migrationshintergrund. Aus der Not hat man eine Tugend gemacht. Der ehemalige Ministerpräsident Georg-August Zinn hat den Satz geprägt: „Hesse ist, wer Hesse sein will." Offen, jeder kann dazugehören, wenn er sich dafür entscheidet. Der Satz geht aber noch weiter: „... und sich hier und heute zu uns bekennt." Wer ist uns? Volker Bouffier, heute Ministerpräsident und Landesvater, formuliert es so: „Wir fragen dich nicht, woher du kommst, sondern wir fragen dich, wo du hinwillst, und zwar gemeinsam mit uns."

Jeder kann also dazugehören, nicht bedingungslos, sondern unter bestimmten Voraussetzungen. Wir leben das Verständnis einer offenen und pluralistischen Gesellschaft. Nun wird diese Haltung in Zweifel gezogen. Von der AfD über die sogenannte Identitäre Bewegung bis hin zu den Reichsbürgern gibt es einen offen zur Schau gestellten Rassismus und Nationalismus, der sagt: Egal was du tust, wie fleißig du bist, ob du deine Steuern zahlst und dich an Recht und Gesetz hältst. Du wirst nie richtig dazugehören. Preußisch ist dieses Denken nicht. Konservativ auch nicht. Es ist dumm.

Bevor wir Erwartungen an unsere neuen Landsleute formulieren, müssen wir uns erst einmal klar darüber sein, was wir für ein Angebot machen können und wollen. Und dafür müssen wir uns bewusst sein, wer wir sind. Gerade eine multikulturelle Gesellschaft wie die unsere braucht ein Leitbild, das einen Rahmen setzt, Rechtsnormen und Werte definiert, die von allen nicht nur akzeptiert, sondern gelebt werden müssen. Denjenigen, die eine multikulturelle Gesellschaft per se ablehnen, sei die Frage gestellt: Wie soll ohne Multikulturalität ein vereintes Europa funktionieren? Selbst in der deutschen Kleinstaaterei gab es so etwas wie Homogenität der Länder oft nur in der Imagination. Man muss nicht auf Österreich-Ungarn schauen, um der Vielfalt Deutschlands und Europas gewahr zu werden. Auch Preußen hatte vom Rheinland bis an die Memel seine unterschiedlichen Traditionen und Prägungen sowie Volksgruppen und war bereits ein multikultureller Staat.

Das Zusammenleben von Einwanderern und Deutschen sollte geprägt sein von der Bereitschaft zum Miteinander bei Neubürgern und Offenheit der ansässigen Bevölkerung. Es verlangt Veränderungsbereitschaft auf beiden Seiten, wenngleich klar ist, dass die größere Leistung von den neu Hinzukommenden zu erbringen ist.

Das Lernen der deutschen Sprache, der geltenden Werte und Normen sowie Grundwissen über unsere Kultur und Geschichte sind wichtig. Und es braucht eine klar definierte, zeitlich realistische Perspektive, in der man die Staatsbürgerschaft erwerben kann. Sich die Staatsbürgerschaft durch einen langen Aufenthalt in Deutschland zu „ersitzen" ist genauso wenig zielführend wie zu hohe Hürden. Wer sich darauf einlässt, Deutscher zu werden, der bringt nicht nur etwas mit, sondern der lässt etwas zurück. Wir erwarten das in vielfacher Hinsicht, aber wertschätzen wir es auch, wenn sich jemand zu diesem Schritt entschließt? Weil wir es für selbstverständlich halten, tun wir das nicht. Das ist ein Fehler.

Wichtig ist an dieser Stelle, sich bewusst zu machen, dass die Frage des Deutschseins im preußischen Sinne allein vom Tun des Einzelnen und nicht von seiner Abstammung abhängt. Das deutsche Volk bilden also Menschen unabhängig von der Frage, wo auch immer ihre Wurzeln waren. Ein so verstandener Patriotismus braucht Menschen, die für ihr Land einstehen, nicht allein weil sie dort geboren sind, sondern weil sie sich bewusst für das Land entschieden haben. Deswegen ist ein Verfassungspatriotismus die notwendige Grundlage, aber allein nicht ausreichend, um ein neues deutsches Zusammengehörigkeitsgefühl, einen „neuen deutschen Konsens", wie es Roland Koch formuliert hat, zu wecken. Das Grundgesetz ist nicht die Zusammenfassung, es ist die Grundlage für die zu entwickelnden und zu definierenden Gemeinsamkeiten.

Daraus folgt, dass die autochthonen Deutschen aufhören müssen, die Deutschen mit Einwanderungsgeschichte permanent als Migranten zu adressieren. Das empfinden viele, die hier geboren und deutsche Bürgerinnen und Bürger sind, als Beleidigung. Es sind keine Deutschen mit Migrationshintergrund, sondern es sind schlicht und einfach Landsleute.

Es gibt viel zu tun, wenn wir die Grundlage für ein Miteinander und für gelingende Integration legen wollen. Herfried Münkler hat zehn Imperative der Integration definiert, die diese Aufgaben beschreiben. Entscheidend ist für ihn dabei, die Diskriminierungserfahrungen von Menschen mit Einwanderungsgeschichte zu reduzieren. Trotz aller Offenheit findet Diskriminierung leider täglich statt. Situationen der Ausgrenzung und das Gefühl des Überflüssigseins sind Alltagserfahrungen für viele Einwanderer. Es beginnt bei klassischem Rassismus und endet mit der Erfahrung, dass allein ein fremd klingender

Name ausreicht, um bei einer Bewerbung schlechtere Karten zu haben.

Für einen Deutschen mit Einwanderungsgeschichte, dem man diese ansieht, ist es eben kein Kompliment, mit dem Satz „Wo kommen Sie den eigentlich her?" oder „Ach, Sie sprechen aber gut Deutsch" angesprochen zu werden. Wer schlagfertig ist, der antwortet dann mit: „Sie aber auch." Dennoch ist das, was vielleicht nett gemeint ist, in Wahrheit eine Separierung und Zurückweisung. Du siehst anders aus, du kannst kein richtiger Deutscher sein.

Wenn es darum geht, aus Fremden Landsleute werden zu lassen, dann ist eine Veränderung im Denken unsere Aufgabe – und nicht die der Einwanderer. Herfried Münkler hat ganz richtig formuliert: „Mit Blick auf das Deutsch-Werden ist die Integration in die Zivilgesellschaft die höchste und anspruchsvollste Ebene, und erst, wenn sie erreicht ist, kann von einer wirklich gelungenen Integration die Rede sein. Auf dieser Ebene geht es dann auch nicht mehr wesentlich um die Integrationsbereitschaft und Integrationsfähigkeit der Neugekommenen, sondern um deren Akzeptanz in der Mehrheitsgesellschaft der Alteingesessenen."

Deutscher ist man erst, wenn die Geschichte dieses Landes zur eigenen Geschichte wird, unabhängig davon, ob man selbst eingewandert ist oder die eigenen Eltern. Das gilt für alle. Für Neudeutsche und für die, die formal aufgrund ihrer Geburt bereits Teil der Nation sind. Gerade angesichts der Tatsache, dass die letzten Überlebenden des Holocaust nicht mehr lange unter uns sein werden, gewinnt dieses Verständnis für unsere Schul- und Bildungspolitik an Bedeutung, denn das muss vermittelt werden. Den Geschichtsunterricht in den Schulen zu streichen oder zu vernachlässigen, wie das in vielen Bundesländern der Fall ist, ist ein großer Fehler. Und wenn dann nicht einmal Zeit ist, die Erfolgsgeschichte unseres Landes in den letzten Jahrzehnten zu erzählen, dann braucht man sich nicht zu wundern, dass aus der Geschichte unserer Republik keine positive Identifikation erwächst.

Die Herausforderung besteht für eine Nation, die sich erkennbar so verändert wie unsere, darin, eine einheitliche nationale Erzählung zu entwickeln. Darauf sind wir angewiesen. Was gehört künftig zu dieser Erzählung, zu diesem deutschen Leitbild? Darum muss man ringen, so wie die Generation meiner Mutter um ein neues Frauenbild in der deutschen Gesellschaft ringen musste. Das, was uns ausmacht, ist eben nicht statisch. Es verändert sich. Wenn wir neue Landsleute für die entscheidenden Werte unseres Landes begeistern wollen, dann sollten wir uns selbst fragen, wie wir über Deutschland sprechen. Das häufige Gemecker und das Schlechtreden des eigenen Landes führen sicher nicht dazu, dass andere ernsthaft darüber nachdenken, deutsch zu denken, zu träumen und sich als Deutsche zu sehen.

Ein Leitbild kann daher nicht nur Rechtsnormen wie die Menschenwürde oder die Gleichberechtigung von Mann und Frau zum Gegenstand haben, es beinhaltet darüber hinaus Dinge des Alltags: Rücksichtnahme, Respekt, Verständnis, Neugier und Offenheit. All das lässt sich nicht gesetzlich regeln. Die Menschen müssen eine solche Form des Miteinanders wollen. Sich dabei der eigenen Herkunft bewusst zu sein – auf beiden Seiten –, ist eine Chance und zugleich Ausgangspunkt von Konflikten. Es ist falsch, wenn die politische Linke, die lange bestritten hat, dass es ein Leitbild überhaupt brauche, dieses nun auf das Grundgesetz und den Patriotismus auf einen Verfassungspatriotismus reduzieren will.

Unser Grundgesetz ist die Basis dieses Leitbildes, aber dazu gehört mehr. Die Bereitschaft, sich ehrenamtlich zu engagieren; die Idee, dass jeder, der fleißig ist und sich anstrengt, den sozialen Aufstieg schaffen kann; dass Religionsfreiheit heißt, seine Religion wechseln zu dürfen; dass Gleichberechtigung bedeutet, dass zunehmend auch Frauen den Ton angeben; und Toleranz und Gleichstellung, dass sich zwei Männer auf der Straße selbstverständlich küssen; dass Familien mit vielen Kindern Unterstützung von allen erfahren und nicht als asozial beschimpft werden; der Stolz auf Deutschland, das Mitsingen unserer Nationalhymne und gemeinsame Freude – nicht nur beim Fußball, sondern gern auch etwas lauter und fröhlicher an unserem Nationalfeiertag: All das steht so nicht im Grundgesetz, aber wäre aus meiner Sicht ein schöner und wichtiger Bestandteil eines neuen deutschen Leitbildes.

Dieses Leitbild muss Abschied nehmen von einer ethnisch homogenen Nation. Es muss das Fremde nicht pauschal ablehnen, sondern als Chance für Vielfalt verstehen. Das entspricht zudem viel eher der historischen Erfahrung des föderalen Deutschlands mit seinen Stämmen und auch der preußischen Geschichte.

Viele der klügsten Köpfe Preußens waren, wie wir gehört haben, keine Preußen. Einer der bekanntesten Ausländer in Preußens Diensten war Scharnhorst, dennoch preußischer Patriot, Reformer und Denker und Freund Gneisenaus. Doch er war bei weitem nicht die Ausnahme. In der Armee Friedrich Wilhelms I., die 76 000 Mann zählte, dienten insgesamt 26 000 Ausländer. Und noch am Vorabend des Erstens Weltkrieges hatten 25 Prozent der Offiziere bei den preußischen Truppenteilen keine preußische Staatsbürgerschaft. Man kann den Streitkräften Preußens also eine Integrationskraft attestieren, deren Grundlage in unterschiedlichen Phasen ihrer Geschichte Zwang und harte Disziplin, aber auch die Loyalität zum König, zur Heimat und zur eigenen Familie oder zur Nation waren.

Die Bundeswehr hat ebenfalls eine enorme Integrationsleistung vollbracht, die gerade in einer Zeit, in der die Fliehkräfte in der Gesellschaft und Spaltungstendenzen zunehmen, bemerkenswert ist: Als „Armee der Einheit" hat sie nach dem 3. Oktober 1990 insgesamt 3000 Offiziere und fast 8000 Unteroffiziere der Streitkräfte der DDR, der NVA, übernommen. Allein in den fünf Jahren nach der Einheit haben 200 000 junge Männer als Wehrpflichtige in der Bundeswehr gedient. Während sich Wessis und Ossis noch skeptisch beäugten, dienten Sachsen, Friesen, Hessen und Brandenburger gemeinsam in der deutschen Armee. Vor einer ähnlichen Aufgabe steht die Bundeswehr erneut. Sie ist längst ein Ort, wo viele junge Deutsche mit ausländischen Wurzeln Dienst tun. Nach einer großen Zahl von Russlanddeutschen finden sich heute auch Soldaten, deren Eltern aus dem arabischen Raum, der Türkei oder anderen Teilen der Welt nach Deutschland eingewandert sind, in unserer Armee. Sie haben sich inzwischen teilweise im Verein Deutscher Soldat e. V. selbst organisiert.

Der Anteil deutscher Soldaten mit Einwanderungsgeschichte ist noch überschaubar, aber er wächst, und sie sind für die Bundeswehr praktisch unverzichtbar, wenn es zum Beispiel um die Mehrsprachigkeit im Auslandseinsatz geht. Sie zeigen jeden Tag, dass die Frage, ob man seine Aufgaben meistert, seine Pflicht erfüllt und Deutschland treu dient, nicht von der Herkunft, sondern von der eigenen Haltung abhängig ist. Und sie organisieren sich und treten öffentlich in Erscheinung, wie Nariman Hammouti. In ihrem Buch „Ich diene Deutschland" beschreibt sie ausführlich die Erfahrungen, die deutsche Soldatinnen und Soldaten mit Einwanderungsgeschichte machen.

Diese Soldaten sind aus meiner Sicht bessere deutsche Bürger als die, die jeden Tag in sozialen Netzwerken hetzen und Deutschland schlechtreden, die ständig nur Ansprüche formulieren und nach der nächsten Gelegenheit schielen, den Staat zu übervorteilen. Dass sie bessere Patrioten sind als manch ein sogenannter Kamerad, der rechtsextremen Überzeugungen folgt, ist für mich unbestreitbar. Doch leider erfahren diese ein Vielfaches an Aufmerksamkeit, obwohl die Zahl der deutschen Soldaten mit Einwanderungsgeschichte deutlich höher ist als die Zahl rechtsextremer Soldaten in der Bundeswehr.

Die Bundeswehr ist hier im besten Sinne Schule der Nation. Sie zeigt, dass es klare Regeln und Prinzipien für das Zusammenleben von Menschen, die oft unterschiedlicher nicht sein könnten, braucht. Und es muss ein gemeinsames Ziel geben, und das heißt in diesem Fall, Deutschlands Freiheit tapfer zu verteidigen. Es gibt Rechtsextremismus in der Bundeswehr. Das darf nicht verschwiegen werden. Aber die Integrationsleistung unserer Streitkräfte kommt in der öffentlichen Debatte leider noch viel zu kurz.

Wenn Deutschland sich als integraler Bestandteil Europas sieht, dann gehört die gemeinsame Verteidigung dieses Europas zu den zentralen Aufgaben. Die Wiederbelebung der Idee einer Europäischen Verteidigungsgemeinschaft ist deshalb logisch und richtig. Heute gibt es bereits multinationale Stäbe innerhalb der NATO und gemeinsame Missionen der Europäischen Union. Wichtig für Europa sind für die Zukunft eine engere Zusammenarbeit bei Rüstungsprojekten und eine klare Aufgabenteilung als erster Schritt hin zu europäischen Streitkräften. Gemeinsame europäische Militäreinheiten wie die deutsch-französische Brigade mit beiden Hoheitsabzeichen am Barett haben sowohl einen militärischen als auch einen symbolischen Wert. Derzeit ist die Ausbildung und Rekrutierung Sache der Nationalstaaten, aber in Belgien steht der Dienst in den Streitkräften seit 2003 allen Bürgern der Europäischen Union offen, in Luxemburg sind bereits sieben Prozent der Soldaten EU-Ausländer.

Das führt zu der Frage, ob man die deutsche Staatsbürgerschaft nicht durch den Dienst in der Bundeswehr erwerben kann. Diese Forderung löst oft noch Empörung aus, aber schauen wir einmal genauer hin. Was sagen die Kritiker einer solchen Idee? Das Schlagwort Söldnertum oder der Verweis auf die französische Fremdenlegion sind zu hören. Außerdem zweifeln viele die Loyalität dieser Soldaten an. Das ist historisch mit Blick auf das Beispiel Preußen schon eine falsche Annahme. In der preußischen Armee auf dem Höhepunkt ihres Ruhmes waren nur rund 30 bis 50 Prozent der Soldaten Preußen. Bis heute gilt: Nicht ethnische Homogenität lässt Soldaten gemeinsam erfolgreich kämpfen. Dafür sind andere Fragen ausschlaggebend.

Es wurde ja schon deutlich, dass diese Behauptungen zumindest mit Blick auf preußische Militärtraditionen nicht stimmen, sondern das Gegenteil der Fall ist. Der Dienst in der preußischen Armee entwickelte eine Integrationskraft in die Gesellschaft hinein – gerade auch für Ausländer. Im Übrigen wäre die Öffnung des Dienstes in der Bundeswehr für Ausländer mit der Aussicht, am Ende der Dienstzeit eingebürgert zu werden, eine Rückbesinnung auf eine von den Nationalsozialisten im Zuge der Nürnberger Rassengesetze abgeschafften Regelung im deutschen Staatsangehörigkeitsrecht. Im Reichs- und Staatsangehörigkeitsgesetz vom 22. Juli 1913, das in Teilen bis zur Reform des Staatsangehörigkeitsrechts im Jahr 2000 fortgegolten hat, war in Paragraf 12 folgender Passus enthalten: „Ein Ausländer, der mindestens ein Jahr wie ein Deutscher im Heere oder in der Marine aktiv gedient hat, muss auf seinen Antrag von dem Bundesstaat, in dessen Gebiet er sich niedergelassen hat, eingebürgert werden, wenn er den Erfordernissen des § 8 Abs. 1 entspricht und die Einbürgerung nicht das Wohl des Reichs oder eines Bundesstaats gefährden würde."

Schon nach einem Jahr im Militärdienst hatte man also auf dem Papier den Anspruch, eingebürgert zu werden, wenn man weitere Voraussetzungen wie die eigenständige Sicherung des Lebensunterhalts, eine eigene Wohnung und einen „unbescholtenen Lebenswandel" gewährleisten konnte. Was spricht dagegen, eine solche Regelung wiedereinzuführen? Auch hier könnte die Bundeswehr mehr Preußen wagen.

Was ist denn nun deutsch?
Die Fehler der alten Integrationspolitik vermeiden

Das Wort Volk ist bis heute in Deutschland öffentlich kaum mehr zu hören, und wenn, dann wird es abgrenzend benutzt – gerade auch, um Deutschen mit Einwanderungsgeschichte zu signalisieren, dass sie in Wahrheit nicht dazugehören. Genau umgekehrt muss es aber sein. Natürlich meint das Wort im besten Sinne alle deutschen Staatsbürger. Sie gehören zum deutschen Volk. Wenn es uns gelingt, ein solches Verständnis der Frage, wer Deutscher ist, allgemein durchzusetzen, dann können wir das für die deutsche Sprache typische Wort Volk zur Beschreibung einer Gemeinschaft, das es interessanterweise in der englischen Sprache so nicht gibt, wieder unbefangen benutzen. Bis dahin ist es aber noch ein Stück des Weges.

Helmut Kohl hat übrigens immer von Landsleuten gesprochen. Das war klug, weil es offen und einladend klingt. Es verbindet Deutsche mit Einwanderungsgeschichte und die sogenannten Biodeutschen. Das ist es, was wir brauchen: eine inklusive Vorstellung, was es bedeutet, deutsch zu sein, und keine hohen Hürden, die man nur schwerlich oder überhaupt nicht überwinden kann, wenn man dazugehören möchte. Wer ein preußisches Beispiel für einen Patriotismus sucht, der ohne „Blut-und-Boden"-Ideologie auskommt, der lese die Wanderungen durch die Mark Brandenburg von Theodor Fontane. Es gibt keine schönere Liebeserklärung an die Heimat – offen für Alteingesessene und Neubürger.

Moderne Gesellschaften haben nicht das Ziel, die Lebensführung und die Überzeugungen der Menschen zu bestimmen. Die

Politik hat in einer freiheitlichen politischen Ordnung lediglich die Aufgabe, Rahmenbedingungen zu setzen, in denen Menschen frei entscheiden können, wie sie leben, was sie lernen, wen sie lieben wollen. Preußen war diesem Staatsverständnis bereits nahe. Dennoch bin ich überzeugt, dass auch eine vielfältige und multikulturelle Gesellschaft Verbindendes und Verbindliches braucht. Mit der bereits erwähnten Idee eines deutschen Leitbildes hat man eine Grundlage, auf der verbindende Werte und verbindliche Rechtsnormen immer wieder neu definiert und ausgehandelt werden müssen. Das Ziel ist es dabei, aus Fremden Landsleute zu machen. Herfried Münkler hat sich an den Versuch gewagt, das Deutschsein zu definieren. Wie schwierig das ist, merkt man am eigenen Leib, wenn man im Ausland von Unkundigen auf Bier und Lederhose reduziert wird, und das kommt öfters vor, als einem als Preußen lieb ist.

Die folgenden fünf Merkmale Münklers halte ich für eine gute Grundlage, wenngleich dazu noch kulturelle Traditionen treten, die aber in der Vielfalt der deutschen Stämme kaum auf einen Nenner zu bringen sind. Er listet auf: Für sich selbst und für die eigene Familie zu sorgen, staatliche Hilfe nur in Ausnahmen zu beanspruchen, durch eigene Anstrengungen den Aufstieg anzustreben, Religion als Privatsache zu betrachten und Lebensformen und Partnerschaften als individuelle Entscheidungen unabhängig von Vorgaben der Familie oder Religionsgemeinschaft zu handhaben sowie ein klares Bekenntnis zu den Werten des Grundgesetzes – alle zusammen sind ein guter Ausgangspunkt, um gemeinsam in die Zukunft zu schauen.

Die Bundesrepublik hat die Chance, die Fehler der Integrationspolitik der letzten Jahrzehnte zu beseitigen. Dazu muss die Politik die Kraft haben, gerade auf Offenheit und Vielfalt zu setzen. Reagiert sie mit Abschottung und einer weiter restriktiven Einwanderungspolitik, die zudem Grundinteressen der Nation ignoriert, dann gibt sie den zweifellos vorhandenen Ängsten in Teilen der Gesellschaft und der Stimmungsmache der Populisten vom rechten Rand nach. Wir müssen ehrlich sagen, dass Migration nach Europa auch weiterhin stattfinden wird. Und dass wir dafür Regeln brauchen.

Das Fremde darf nicht konfrontativ und per se als Bedrohung verstanden werden. Es anzuschauen und zu bewerten, was uns davon weiterbringt und was wir ablehnen: daraus ergeben sich kluge und rationale Antworten auf die neuen Herausforderungen. So hat auch Preußen auf Veränderungen und Krisen reagiert. Seit der Jahrtausendwende hat sich viel getan, aber bis die Versäumnisse von Jahrzehnten aufgearbeitet sind, wird es weitere Jahre und vielleicht ein oder zwei Generationen brauchen. Die CDU war die erste Partei, die Integration als Aufgabe für beide Seiten verstanden hat: für die neuen Landsleute wie für diejenigen, die schon immer hier leben. Wir hatten mit Armin Laschet den ersten Integrationsminister, und seit 2005 ist die Integration Chefsache im Kanzleramt. Die Erfolge sind sichtbar.

„Deutschland hat ewigen Bestand,
Es ist ein kerngesundes Land,
Mit seinen Eichen, seinen Linden,
Werd ich es immer wiederfinden."
HEINRICH HEINE

„Wir sind eingeschlafen auf den Lorbeeren
Friedrichs des Großen, welcher, der Herr seines Jahrhunderts,
eine neue Zeit schuf. Wir sind mit derselben
nicht fortgeschritten, deshalb überflügelt sie uns."
LUISE VON PREUSSEN

Was brauchen wir?
Unsere „preußischen" Reformen

Heinrich Heine, deutscher Jude, von den Nationalsozialisten verschmäht, war das, was wir heute einen Patrioten nennen. Er kritisierte sein Vaterland, hart, unerbittlich, gerade weil ihm nicht egal war, was aus ihm wohl werde. Was würde er heute zu diesem Deutschland sagen?

Die Frage werden wir nicht beantworten können. Orientieren wir uns gleichwohl an Heines Nachtgedanken. Zwar ist nicht alles perfekt in unserem Land, aber wenn es jemals ein Deutschland gab, das beste Voraussetzungen hatte, die Herausforderungen seiner Zeit zu meistern, dann ist es wohl dieses. Die Fragen, mit denen sich dieses Buch beschäftigt hat, sind auch die Fragen, die mich in meiner politischen Arbeit in den letzten Jahren am meisten bewegten. Das hier Aufgeschriebene entspricht meiner innersten Überzeugung und den Erkenntnissen, die ich gewonnen habe. Ich gestehe ein, dass ich viel dazugelernt habe in den letzten Jahren. Gerade mein Bild von unserer Nation hat sich verändert. Die Frage, wer dazugehört, beantworte ich heute anders als zu der Zeit, als ich anfing, mich politisch zu engagieren. Lediglich Werte, die ich für wichtig erachte, leiten mich schon lange. Sie sind Teil meiner Erziehung und Bildung.

Das Buch ist über die letzten Jahre entstanden. Einige Abschnitte habe ich bereits vor langer Zeit aufgeschrieben. Andere sind neu dazugekommen, wieder andere habe ich neu schreiben müssen. Wir alle ändern uns, und mit uns ändern sich unsere Gedanken. Nicht nur die in der Nacht. Und obwohl dieses Buch eine historische Perspektive hat, will es nach vorne schauen. So wie Heine bei allen Sorgen und allem Grübeln am nächsten Morgen erwacht und diese Sorgen mit einem Lächeln beiseitegeschoben werden.

Neil MacGregor, dem wir mit seiner zunächst in London und dann in Berlin gezeigten Ausstellung „Deutschland. Erinnerungen einer Nation" einen ungeschminkten und zugleich liebevollen Blick auf unser Land, unsere Geschichte und uns selbst verdanken, hat gesagt, die deutsche Geschichte sei „kaputt". Bis heute sei es keinem Historiker gelungen, die herausragenden kulturellen und technischen Leistungen unseres Volkes mit dem Versagen im 20. Jahrhundert, mit dem Zweiten Weltkrieg und dem Holocaust „zusammenzufügen". Das Problem ist: Wir schauen auf unsere Geschichte oft nur beginnend mit dem Jahr 1933. Ausgangspunkt der meisten Betrachtungen ist die deutsche Urkatastrophe des Nationalsozialismus. Das, was Deutschland über den Nationalsozialismus auch geistesgeschichtlich erhebt, ist „verschüttet". Man denke nur an die Aufklärung mit Lessing,

Mendelssohn, Humboldt und natürlich Kant sowie Hegel – und ist schon wieder bei Preußen.

Die Nazis wurden mithilfe vor allem der Amerikaner besiegt und lassen die Deutschen doch nicht los. So stark war ihr Griff, dass der Wunsch nach Befreiung fortdauert, auch wenn wir längst frei sind. Da hilft es nicht, mit zunehmendem zeitlichen Abstand den Nationalsozialismus zu relativieren, wie es Alexander Gauland mit seinem Ausspruch vom „Vogelschiss" der Geschichte getan hat. Das Gegenteil ist nötig. Nur die fortdauernde Auseinandersetzung macht uns wirklich frei. Aber dabei dürfen wir es in Zukunft nicht mehr bewenden lassen, denn sonst laufen wir Gefahr, in der inzwischen tradierten Form der Auseinandersetzung mit dem nationalsozialistischen Unrecht zu verharren, ohne aus der Geschichte für unsere Zukunft zu lernen. Den 8. Mai zum Feiertag, zum Tag der Befreiung zu erklären reicht nicht. Wir vergessen nicht das durch den Nationalsozialismus verursachte Leid, aber wir haben offensichtlich alles andere vergessen! Darunter auch Preußen.

Keine Frage: Ich habe mich mit den hellen Seiten Preußens beschäftigt, wissend, dass es auch die dunklen gibt. Und selbst die hellen stehen nicht für sich, sind sie doch anfällig für Missbrauch, Pervertierung. Bei keinem preußischen Symbol wird das so deutlich wie bei dem Wahlspruch des Schwarzen-Adler-Ordens „suum cuique", der damit Normen für ehrenhaftes Verhalten der Ordensträger beschrieb. Johann Sebastian Bach setzte diesem Sinnspruch mit seiner Kantate für den 23. Sonntag nach Trinitatis, in der Schlosskirche zu Weimar im Jahr 1715 zum ersten Mal zu hören, ein musikalisches Denkmal. Wir denken heute bei dem Satz „Jedem das Seine" unweigerlich an das Konzentrationslager Buchenwald und die Verbrechen des Nationalsozialismus, die Pervertierung der ursprünglichen Bedeutung, dass jedem das ihm Zustehende gewährt werden müsse.

Das Beispiel zeigt, wie preußisches Denken diskreditiert ist. Es zeigt aber noch viel mehr. Das preußische „suum cuique" hat so wenig mit dem Tor Buchenwalds zu tun wie das Flötenkonzert von Sanssouci mit dem Horst-Wessel-Lied. Es wird klar, dass wir es selbst in der Hand haben, ob wir uns der hellen oder der dunklen Seite deutscher Geschichte zuwenden. Und es führt uns mit Blick auf unsere Geschichte immer zu der Frage, was wir getan hätten. Demut ist also angebracht mit Blick auf die dunklen Seiten, denn auch heute strahlt nicht alles hell in unserem Land. Und die hellen, dort wo sie uns inspirieren und begeistern, sollten wir als Ansporn begreifen. Auch dafür lohnt ein Blick auf das längst vergangene und doch gegenwärtige Preußen. Wir sind also aufgerufen, unsere Traditionen, die Teil unserer Identität sind, selbst zu wählen.

Jürgen Habermas hat formuliert, wozu Traditionen dienen und wie sie wirken: „Die durch Tradition weitergegebenen Wertevorstellungen, welche sich in religiösen Glaubensinhalten, sittlichen Normen und auch nur in Umgangsformen wie Anstandsregeln oder militärischem Brauchtum manifestieren, sind sowohl für den Weitergebenden als auch für den Empfangenden zunächst ohne Reflexion verbindlich, ja sie werden allein schon dadurch, dass es sich hier um Tradition handelt, legitimiert. Voraussetzung für diesen Prozess ist somit, dass es hinsichtlich der damit zu übernehmenden Wertevorstellungen einen Konsens der Gesellschaft gibt." Genau darum geht es: Wir brauchen einen Konsens in unserer Gesellschaft. Und wir müssen deutlicher sagen, dass diejenigen nicht dazugehören, die diesen Konsens nicht teilen. Entscheidend ist nicht, woher jemand kommt, sondern was er tut.

Was lernen wir nun? Gibt es eine konkrete Politik, die sich aus den bisherigen Überlegungen ergibt?

Als *preußisches Programm* lassen sich folgende Punkte ableiten, die nicht allein der Politik aufgetragen sind, sondern die uns alle fordern. Wir bringen die besten Voraussetzungen für die Bewältigung der aktuellen Krisen und Herausforderungen mit: starke Wirtschaft, korruptionsarmer Staat, hohe Arbeitsdisziplin, gutes Bildungssystem, Erfahrungen in der Integration und ökologisches Bewusstsein.

Erstens braucht es praktischen Patriotismus. Diese Republik braucht Bürgerinnen und Bürger, die nicht vorrangig Ansprüche gegenüber Gesellschaft und Staat formulieren, sondern die bereit sind, Verantwortung zu übernehmen. Das muss gelernt werden, und es muss sich lohnen. Wenn sich niemand verantwortlich fühlt, wenn es egal ist, ob man sich kümmert und anstrengt oder ob man wegschaut und es sich in der Hängematte gemütlich macht, dann verliert unsere Gesellschaft jeden Zusammenhalt und unser Land seine Zukunft. Vom Steuerrecht über das Ehrenamt bis zur sozialen Dienstpflicht gibt es eine Fülle von gesellschaftspolitischen Stellschrauben, die man drehen kann, damit wir auf der einen Seite Verantwortung lernen, aber auch spüren, dass es sich lohnt, Verantwortung zu übernehmen. Das nenne ich praktischen Patriotismus.

Zweitens braucht es ein inklusives Verständnis der Nation. Das Verständnis unserer Nation muss auch diejenigen adressieren, die neue Bürgerinnen und Bürger sind. Sie müssen eingeladen und aufgefordert werden mitzutun. Wer fleißig ist, seine Kinder gut erzieht, Steuern zahlt, sich einbringt im Ehrenamt, der gehört zu einer Verantwortungselite, die nicht vom sozialen Status oder der Herkunft definiert wird, sondern von ihrem Tun. Er ist nicht nur aufgefordert, sich mit seinen Vorstellungen einzubringen, sondern er hat das Recht dazu – gerade auch im Vergleich zu demjenigen, der zwar eine Ahnenreihe bis ins 17. Jahrhundert nachweisen kann, aber nichts zum Gelingen und zum Fortschritt dieser Gesellschaft beiträgt. Ein modernes Einwanderungsrecht, das fleißigen und klugen Menschen und ihren Familien eine Zukunft in Deutschland ermöglicht, tut darum not. Aus denen, die heute fremd sind, müssen morgen Landsleute werden können. Dazu gehört der Erwerb der Staatsbürgerschaft genauso wie das Zusammenführen von Familien.

Drittens muss die Politik neue Formen finden, Bürgerinnen und Bürger einzubeziehen. Wir müssen substanziell streiten und dabei Gräben zuschütten und nicht neue aufreißen. Bürgerinnen und Bürger brauchen neue Möglichkeiten mitzudiskutieren. Die Parteien haben es immer noch nicht geschafft, dafür Strukturen zu entwickeln. Für den Meinungs- und Willensbildungsprozess gilt es hier die Chancen der Digitalisierung neu zu nutzen, und dort, wo notwendig, müssen rechtliche Rahmenbedingungen, beispielsweise Parteienrecht, geändert werden. Die Menschen müssen konkret und sehr viel stärker entlang bestimmter Themen oder Projekte mitarbeiten können – vor Ort und überregional. Nur wer sich verantwortlich fühlt, der übernimmt auch Verantwortung.

Viertens braucht es eine effiziente Verwaltung und eine erklärende Justiz. Die Menschen klagen einerseits über zu viel Bürokratie auf der einen und einen Rückzug des Staates auf der anderen Seite. Zudem sind Zuständigkeiten oft nur schwer nachvollziehbar. Preußische Effizienz muss das Ziel sein. Verwaltungen müssen transparent, miteinander vernetzt und schnell sein. Dazu braucht es die technische und personelle Ausstattung, die notwendig ist – aber eben auch nicht mehr. Digitalisierung kann hier helfen. Daten des Bürgers sind einmal zu hinterlegen und immer dann nutzbar, wenn dies im Sinne des Bürgers geschieht. So werden Abläufe schneller und effektiver und Verwaltung bürgerfreundlich. Wenn jedes Gesetz und jede Verordnung mit einem Verfallsdatum versehen wären, würde man sehr wahrscheinlich die Hälfte nach Ablauf des Datums nicht vermissen. Daneben braucht es eine Justiz, die unmittelbar urteilt. Verfahren dauern nicht nur zu lange, viele Bürgerinnen und Bürger vermissen zudem sowohl eine nachvollziehbare Durchsetzung geltenden Rechts als auch eine bessere Erklärung der Urteile.

Fünftens braucht es eine mediale Öffentlichkeit, die die Republik trägt und nicht täglich diskreditiert. Das Selbstbild vieler Journalisten als Unbeteiligter und vermeintlich neutraler Beobachter stimmt nicht mehr immer. Viele Medien zeichnen ein Bild von Politik und staatlichen sowie zivilgesellschaftlichen Akteuren, das Vertrauen nicht stärkt, sondern permanent untergräbt. „Viele, zu viele Medien entschieden sich dafür, sich an die Spitze der Politikverdrossenheit zu stellen und die Politik stets zu ihrem schlechtesten denkbaren Ende hin zu interpretieren. Naheliegend mag das ja auch sein, nachhaltig ist es nicht, denn warum soll man sich Tag für Tag oder Woche für Woche lange Artikel durchlesen, die einem zeigen, wie moralisch niedrig, charakterlich dürftig und handwerklich dilettantisch diese Politiker doch alle sind?", fragt der Journalist Bernd Ulrich in seinem Buch „Sagt uns die Wahrheit! Was die Politiker verschweigen und warum" zu Recht. Die meisten Journalisten haben noch gar nicht gemerkt, dass sie damit das Geschäft derjenigen betreiben, die die Pressefreiheit als eines der ersten Grundrechte einschränken oder abschaffen würden. Ich teile daher die Meinung Bernd Ulrichs. Der Rückgang an Abonnementzahlen der Zeitungen oder die geringe Reichweite des öffentlich-rechtlichen Rundfunks bei jungen Zuschauerinnen und Zuschauern liegt auch daran, dass viele Menschen die ständig negative und ätzende Berichterstattung leid sind. Die Medien sind so unabhängig und selbstverantwortlich wie viele andere Bereiche in unserer pluralistischen Gesellschaft. Sie haben aber genauso eine Verantwortung für Demokratie und Freiheit, und die erschöpft sich eben nicht darin, alles schlechtzureden und kaputtzuschreiben.

Sechstens braucht es ein neues Bildungsverständnis. Wir dürfen Bildung nicht länger vor allem als Berufsvorbereitung begreifen. Mehr Geld und die Diskussion über die richtige Schulform allein werden die Bildungskrise dieser Republik nicht lösen. Wertevermittlung und die Erziehung zum Bürger müssen in der Schule eine stärkere Rolle spielen. Kopfnoten sind dafür ein geeignetes Instrument und eher zeitlos als altmodisch. Dazu müssen Lehrerinnen und Lehrer freilich befähigt werden: Die Autorität der Pädagogen muss gestärkt werden. Es braucht Bildungsangebote, die Schülerinnen und Schüler fordern und fördern, wenn es um das Erlernen von Verantwortung für sich selbst und für andere geht. Keine Zukunft ohne Herkunft. Geschichte muss ein verpflichtendes Schulfach sein. Woher sollen junge Leute sonst wissen, wie das Land, in dem sie leben, zu dem geworden ist, was es ist? Darüber hinaus braucht es die Erziehung zu Fleiß und Disziplin. Mit der Legalisierung von Marihuana und der Absenkung des Wahlalters auf 16 Jahre wird die junge Generation nicht darauf vorbereitet, sich im Wettstreit unserer freiheitlichen demokratischen Grundordnung mit autokratischen und totalitären Systemen zu behaupten.

Siebtens müssen wir für unsere Werte in der Welt eintreten. Deutsche Außen- und Sicherheitspolitik kann nicht neutral sein. Als Exportnation, als geachtete Stimme in der Welt müssen wir uns zu den Herausforderungen verhalten. Wir müssen eine starke Stimme des Multilateralismus bleiben. Eigene Interessen kann man nur glaubhaft vertreten, wenn man in der Lage ist, sie auch durchzusetzen. Es braucht deshalb eine Bundeswehr, die sowohl materiell, personell als auch von ihrer inneren Verfasstheit ihren Auftrag von der Landesverteidigung und der Bündnisverteidigung bis hin zum „peace keeping mit Gewaltandrohungspotenzial" erfüllen kann. Deutschland darf und kann sich seiner Verantwortung in der Welt nicht entziehen. Wir müssen unseren Platz als ehrlicher Makler in der internationalen Politik – so werden wir vielerorts gesehen – nutzen, um die Welt besser und sicherer zu machen. Nicht nur aus eigenem Interesse. Das Gesellschaftsmodell und die politische Ordnung des Westens stehen dabei unter immensem Druck. Der Kampf für die Freiheit ist nicht zu Ende, wie man leichtfertig 1990 geglaubt hat.

Achtens müssen wir mehr Verantwortung in Europa übernehmen. Die Deutschen müssen bereit sein, mehr Verantwortung in und für Europa zu übernehmen und sich entsprechend einzubringen. Die europäischen Nationalstaaten sind für sich genommen zu klein und zu schwach, um sich im Wettstreit mit China, Russland oder letztlich den USA zu behaupten. Wir brauchen stärkere Institutionen in Europa, und dafür muss Deutschland auch auf nationale Souveränität verzichten. Es braucht eine Stärkung der europäischen Institutionen, eine Armee der Europäer, ein europäisches Budgetrecht hin auf dem Weg zu den Vereinigten Staaten von Europa, in denen Nationen und Regionen ihre Identität wahren können und Europa aus seiner Vielfalt Stärke zieht.

Neuntens braucht es starke demokratische Parteien. Die CDU als Volkspartei braucht keine Neuausrichtung, sondern eine Besinnung auf das, was sie bei ihrer Gründung ausgemacht hat. Nur dann wird sie Antworten auf die drängenden Fragen von heute geben können. Ausgangspunkt bleiben das christliche Menschenbild und die Werte Freiheit, Solidarität und Gerechtigkeit. Die CDU war schon zu Adenauers Zeiten die Volkspartei der Mitte, und sie muss es bleiben. Diesen Platz hat ihr nicht Angela Merkel zugewiesen, sondern bereits Konrad Adenauer. Diesen Platz hat sie von der SPD wieder zurückerobert. Und diesen Platz muss sie nun behaupten. Deutschland braucht eine starke Volkspartei wie die CDU. Wie neue Antworten auf neue Herausforderungen aussehen, das müssen die jeweils verantwortlich handelnden Politiker entscheiden. Aber sie werden scheitern, wenn sie vergessen oder nicht verstehen, was Adenauer, Kohl und Merkel umgetrieben hat, aus welchen Werten sie ihre letztlich immer pragmatischen Entscheidungen abgeleitet haben. Für die Partei sind die Risiken dabei groß – angefangen mit der Frage, ob beide Unionsparteien aus den Herausforderungen der Zeit dieselben Schlussfolgerungen ziehen und die Einheit der Union gewahrt bleiben kann.

Zehntens dürfen wir mit Bescheidenheit stolz auf das Erreichte sein. Wir sollten nicht vergessen, dass die meisten Nationen auf diesem Globus gern unsere Probleme hätten. Darum können wir die vor uns liegenden Herausforderungen vom Klimawandel bis hin zur Digitalisierung beherzt angehen. „Tradition heißt, an der Spitze des Fortschritts zu marschieren", wie es Scharnhorst so schön formuliert hat. Die hier skizzierten Ansätze können dazu beitragen, die großen Aufgaben unserer Zeit anzunehmen. Und sie können helfen, das zu überwinden, was Udo Di Fabio als notwendigerweise wieder zusammenzuführende Antipoden beschrieben hat: die „weltgesellschaftliche Funktionslogik" von Normen und Prozessen in einer supranationalen und multilateralen Welt, die Wohlstand, Frieden und Freiheit sichert und ermöglicht und die sich aber zunehmend von der „personell geprägten Alltagswelt" entfernt hat. Das ist unsere eigentliche übergeordnete Herausforderung. Die Vergewisserung unseres Selbst ist dafür ein notwendiger Schritt.

Ein wichtiges Symbol Preußens ersteht derzeit in unserer Hauptstadt neu. Das Berliner Schloss der Hohenzollern wird wieder aufgebaut. Unter Friedrich I. war es durch die Architekten Andreas Schlüter und Johann Friedrich Eosander von Göthe zur damals modernsten Residenz Europas ausgebaut worden. Es war nicht nur ein Ort der Prachtentfaltung, sondern mit seinen Tagungsräumen und Besprechungszimmern, Kassen und Kanzleien, seinem Archiv und der Registratur und nicht zuletzt der Bibliothek und der königlichen Kunstsammlung politischer, kultureller und administrativer Mittelpunkt Preußens. Die DDR-Staatsführung machte Geschichtspolitik und reduzierte das Gebäude auf seine machtpolitische Facette. Der Abriss war daher folgerichtig. Doch mit der Wiedervereinigung begann eine Debatte um den Wiederaufbau. Nicht alle Berlinerinnen und Berliner waren so geschichtsvergessen. Nach langem Streit erstand das Schloss nun neu. Damit kehrt ein Stück Preußen zurück in das Herz der bundesrepublikanischen Hauptstadt. Und alle Deutschen – auch die Bayern – bezahlen es mit ihren Steuergeldern. Das moderne Nutzungskonzept will eine Rückbesinnung auf die Aufklärung und das Weltverständnis von Alexander und Wilhelm von Humboldt. Mehr Preußen geht kaum.

Schon der Debatte im Juli 2002 im Bundestag war eine lange öffentliche Diskussion vorausgegangen. Und die Diskussion sollte nach dem Grundsatzbeschluss, das Stadtschloss wiederaufzubauen, weitergehen. Den Großteil der Baukosten trägt der Bund, ein Teil der historischen Fassade wird mittels eines Fördervereins und durch Spenden finanziert. Von den über 1200 Räumen werden allerdings nur gut 60 rekonstruiert. Das neu entstehende Humboldt Forum soll dabei das werden, was das Schloss vorher schon war: „Schaufenster des Weltwissens und der Weltkulturen."

Preußen war ein nüchterner Staat. Die preußischen Könige bauten im 19. Jahrhundert kein einziges Schloss. Die neue Architektur brach sich bei Bildungs- und Verwaltungsgebäuden sowie Industriebauten Bahn. Das waren die repräsentativen Bauten und Räume der Moderne. Und auch das Berliner Schloss, das sich im Laufe der Jahrhunderte baulich nicht nur veränderte, sondern weiterentwickelte, muss als Raum gedacht werden, der

„offen war für das Neue und dem Werden verpflichtet". Gut, dass es wiederaufgebaut wird. Ob es gelingt, ihm diesen von Wolf Jobst Siedler wunderbar beschriebenen Geist wieder einzuhauchen, bleibt abzuwarten. Sollte es gelingen, dann wäre das Stadtschloss der Preußenkönige ein Mahnmal für die Republik, offen und neugierig zu bleiben und sich ihrer entsprechenden preußischen Traditionen bewusst zu sein.

Das faktisch neu erstandene, „alte" Schloss heißt Humbold Forum und hat damit dieselben Namensgeber wie die in Sichtweite befindliche Universität. Und in der Tat verdankt Deutschland seinen Wohlstand, seine Innovationskraft in Wissenschaft, Wirtschaft und Technik unter anderem den preußischen Bildungsreformen unter Wilhelm von Humboldt. Preußen war ein inklusiver und erfolgreicher Staat, vom Merkantilismus bis hin zu Industrialisierung, weil der Staat es zuließ, dass viele verschiedene Gruppen an den Veränderungen partizipierten – die Glaubensflüchtlinge, die Landbevölkerung, das Bürgertum und letztlich die Arbeiterschaft. Die verschiedenen Gruppen mussten zweifellos um ihre Rechte kämpfen. Aber am Ende waren sie erfolgreich und konnten teilhaben. Dies gelang, weil sich die staatlichen Institutionen offen entwickelten, ihre Macht beschränkt und diese nicht dauerhaft vergeben wurde – sieht man vom Königshaus einmal ab.

Wir müssen uns kritisch fragen, ob diese Parameter heute uneingeschränkt gelten. Wie durchlässig ist unsere Gesellschaft für Aufsteiger? Wer profitiert von Veränderungen? Nur eine kleine Gruppe, die Eliten? Oder haben viele neue Chancen? Wird Leistung gerecht entlohnt? Wie ist das mit der Verhältnismäßigkeit, wenn man die Gehaltszettel des Chefs einer Kreissparkasse, einer Pflegedienstleiterin und eines Fußballprofis miteinander vergleicht? Wenn man sich vor Augen führt, dass der Vorstand der örtlichen Bank im Zweifel mehr verdient als die Bundeskanzlerin, dann muss man eben feststellen, dass da etwas aus den Fugen geraten ist. Und nicht nur da.

Ich denke, trotz allen berechtigten Stolzes auf das seit 1945 Erreichte haben wir noch genug zu tun. Und ich wollte aufzeigen, dass der Blick in die Geschichte unseren Blick auf die Probleme von heute schärfen kann. Ich wollte zeigen, dass viele Herausforderungen, denen wir uns heute gegenübersehen, so neu gar nicht sind. Daraus kann man Mut und Zuversicht schöpfen. Schließlich haben andere vor uns ähnliche Probleme meistern müssen.

Vielleicht ist die Bundesrepublik doch viel mehr preußischer „Vernunftstaat", wie es Sebastian Haffner formuliert hat, als wir uns das selbst eingestehen. Wenn das der Grund für Zurückhaltung und manchen Selbstzweifel ist, dann soll es mir recht sein. Auf jeden Fall macht es die Bundesrepublik liebenswert, dass wir so ein unaufgeregtes Deutschland sind und uns nicht selbst ständig ob dessen, was wir erreicht haben, auf die Schulter klopfen.

Offensichtlich leben wir aber in Zeiten, in denen wir uns der Stärken unserer politischen und gesellschaftlichen Ordnung erneut bewusst werden müssen, weil erstmals in der Geschichte der Bundesrepublik ihre Grundordnung offen wieder von ganz rechts infrage gestellt wird. Nach dem Angriff auf die freiheitliche demokratische Grundordnung von links in den 1970er Jahren müssen wir die Republik nun gegen rechts verteidigen. Das wird nur gelingen, wenn wir uns bewusst sind, wer wir sind. Wenn wir wissen, wer wir in Zukunft sein wollen, und wenn wir diejenigen einladen, an Deutschland mitzubauen, die aus diesem Land etwas Gutes machen wollen.

Helmuth von Moltke hat einmal gesagt: „Wenn man eine ruhmvolle Tat zu erzählen hat, so braucht man nicht zu sagen, dass sie ruhmvoll gewesen ist. Die einfache Darstellung des Verlaufs enthält das Lob." Wer sich die letzten 200 Jahre deutscher

Geschichte vor Augen führt und dann noch einmal bewusst die letzten Jahrzehnte der Bundesrepublik Revue passieren lässt, dem sollte „die einfache Darstellung des Verlaufs" reichen, um zu verstehen, was Moltke meinte und warum man diese Republik nur lieben kann. Und in diesem Deutschland steckt noch eine Menge Preußen. Gut so!

Literatur

Acemoglu, Daron/James A. Robinson, Warum Nationen scheitern. Die Ursprünge von Macht, Wohlstand und Armut, Frankfurt am Main 2014.

Baring, Arnulf, Es lebe die Republik, es lebe Deutschland!, Stuttgart 1999.

von Baudissin, Wolf Graf, Soldat für den Frieden. Entwürfe für eine zeitgemäße Bundeswehr, München 1970.

Biess, Frank, Republik der Angst. Eine andere Geschichte der Bundesrepublik, Reinbek bei Hamburg 2019.

Birrenbach, Kurt (Hrsg.), Preußen. Seine Wirkung auf die deutsche Geschichte, Stuttgart 1982.

Bude, Heinz, Gesellschaft der Angst, Hamburg 2014.

Bueb, Bernhard, Von der Pflicht zu führen. Neun Gebote der Bildung, Berlin 2008.

Bueb, Bernhard, Lob der Disziplin. Eine Streitschrift, Berlin 7. Auflage 2014.

Burgdorff, Stephan/Norbert F. Pötzl/Klaus Wiegrefe (Hrsg.), Preußen. Die unbekannte Großmacht, München 2. Auflage 2009.

Clark, Christopher, Preußen. Aufstieg und Niedergang. 1600–1947, München 2006.

Conze, Eckhart, Die Suche nach Sicherheit. Eine Geschichte der Bundesrepublik Deutschland von 1949 bis in die Gegenwart, München 2009.

de Maizière, Thomas, Regieren. Innenansichten der Politik, Freiburg im Breisgau 2019.

Di Fabio, Udo, Schwankender Westen. Wie sich ein Gesellschaftsmodell neu erfinden muss, München 2015.

Dönhoff, Marion Gräfin, Preußen. Maß und Maßlosigkeit, München 1987.

Engelmann, Bernt, Preußen. Land der unbegrenzten Möglichkeiten, München 1980.

Enzensberger, Hans Magnus, Die Große Wanderung, Frankfurt am Main 1994.

Enzensberger, Hans Magnus, Hammerstein oder der Eigensinn – eine deutsche Geschichte, Frankfurt am Main 2008.

Fahrmeir, Andreas, Deutsche Geschichte, München 2017.

Fahrmeir, Andreas, Die Deutschen und ihre Nation. Die Geschichte einer Idee, Stuttgart 2017.

Fücks, Ralf, Freiheit verteidigen. Wie wir den Kampf um die offene Gesellschaft gewinnen, München 2017.

Gall, Lothar, Bismarck. Der weiße Revolutionär, Berlin 1997.

Gall, Lothar, Wilhelm von Humboldt. Ein Preuße von Welt, Berlin 2011.

Görlach, Alexander, Wir wollen euch scheitern sehen! Wie die Häme unser Land zerfrisst, Frankfurt am Main 2014.

Görlach, Alexander, Homo Empathicus. Von Sündenböcken, Populisten und der Rettung der Demokratie, Freiburg im Breisgau 2019.

Gramm, Christof/Stefan Pieper, Kompass für Deutschland. Orientierung im Staat des Grundgesetzes, Bonn 2018.

Green, Stephen, Dear Germany. Liebeserklärung an ein Land mit Vergangenheit, Darmstadt 2017.

Haffner, Sebastian, Preußen ohne Legende, München 10. Auflage 1998.

Haffner, Sebastian, Historische Variationen, Stuttgart 6. Auflage 2001.

Hammouti-Reinke, Nariman, Ich diene Deutschland. Ein Plädoyer für die Bundeswehr – und warum sie sich ändern muss, Reinbek bei Hamburg 2019.

Heidenreich, Bernd/Frank-Lothar Kroll (Hrsg.), Macht- oder Kulturstaat? Preußen ohne Legende, Berlin 2002.

Herre, Franz, Moltke. Der Mann und sein Jahrhundert, Stuttgart 1984.

Hornung, Klaus, Scharnhorst. Soldat – Reformer – Staatsmann, München 1997.

Jessen, Olaf, Die Moltkes. Biographie einer Familie, München 2010.

Kunisch, Johannes, Friedrich der Große. Der König und seine Zeit, München 2004.

Lammert, Norbert, „Letztlich sind wir alle Preußen". Adenauer und Preußen. Das doppelte Erbe, in: Die Politische Meinung, 385 (2001), S. 79–85.

Lammert, Norbert (Hrsg.), Verfassung, Patriotismus, Leitkultur. Was unsere Gesellschaft zusammenhält, Hamburg 2006.

Laschet, Armin, Die Aufsteigerrepublik. Zuwanderung als Chance, Köln 2009.

MacGregor, Neil, Deutschland. Erinnerungen einer Nation, München 2015.

Mann, Golo, Deutsche Geschichte des 19. und 20. Jahrhunderts, Frankfurt am Main 1958.

Münkler, Herfried/Marina Münkler, Die neuen Deutschen. Ein Land vor seiner Zukunft, Berlin 2016.

Netzer, Hans-Joachim (Hrsg.), Preußen. Porträt einer politischen Kultur, München 1968.

Ohff, Heinz, Karl Friedrich Schinkel oder Die Schönheit in Preußen, München 2000.

Ohff, Heinz, Königin Luise von Preußen. Ein Stern in Wetterwolken, München 14. Auflage 2010.

Ohff, Heinz, Heinrich von Kleist. Ein preußisches Schicksal, München 2005.

Oster, Uwe A., Preußen. Geschichte eines Königreichs, München 2010.

Pinkert, Steven, Aufklärung jetzt. Für Vernunft, Wissenschaft, Humanismus und Fortschritt. Eine Verteidigung, Frankfurt am Main 2018.

Poschardt, Ulf, Mündig, Stuttgart 2020.

Renn, Ortwin, Das Risikoparadox. Warum wir uns vor dem Falschen fürchten, Frankfurt am Main 2014.

Rödder. Andreas, Konservativ 21.0. Eine Agenda für Deutschland, München 2019.

Schindler, Jörg, Die Rüpel-Republik. Warum sind wir so unsozial?, Frankfurt am Main 2012.

Schmieding, Holger, Unser gutes Geld. Warum wir den Euro brauchen, Hamburg 2012.

Schultz, Uwe, Immanuel Kant, Reinbek bei Hamburg 4. Auflage 2008.

Schumacher, Hajo, Kopf hoch, Deutschland. Optimistische Geschichten aus einer verzagten Republik, München 2005.

Siedler, Wolf Jobst, Abschied von Preußen, Berlin 2. Auflage 1992.

Snyder, Timothy, Black Earth. Der Holocaust und warum er sich wiederholen kann, München 2015.

Tree, Stephen, Moses Mendelssohn, Reinbek bei Hamburg 2007.

Wehler, Hans-Ulrich, Preußen ist wieder chic. Politik und Polemik in zwanzig Essays, Frankfurt am Main 1983.

Weimer, Wolfram, Freiheit, Gleichheit, Bürgerlichkeit. Warum die Krise uns konservativ macht, München 2009.

Wiedmann, Franz, Georg Friedrich Wilhelm Hegel, Reinbek bei Hamburg 1965.

Wienfort, Monika, Geschichte Preußens, München 2015.

Wulf, Andrea, Alexander von Humboldt und die Erfindung der Natur, München 2016.

Ein Standardwerk zur Geschichte von Vorurteilen und Feindbildern

In diesem Buch zieht Wolfgang Benz die Summe seines jahrzehntelangen Forschens. Wie entstehen und wie verändern sich Vorurteile? Welche Geschichte der Feindbilder kennen wir in Europa?
Warum sind Antisemitismus, Rassismus oder auch Feindschaft
gegen Muslime so langlebig? Ein Buch von größter Aktualität.

In jeder Buchhandlung!

Was hält uns zusammen?
Antworten eines großen
Demokraten

224 Seiten I Gebunden
mit Schutzumschlag
ISBN 978-3-451-38324-3

In seinem Buch streitet Joachim Gauck für Toleranz, weil sie das
friedliche Zusammenleben überhaupt erst ermöglicht. Toleranz ist
nicht Gleichgültigkeit oder Versöhnlertum. Sie lehrt uns vielmehr,
zu dulden, was wir nicht befürworten. Nur wenn wir uns gegen
intolerante Angriffe verteidigen, kann Toleranz und mit ihr die
Demokratie gesichert werden.

In jeder Buchhandlung!

HERDER   www.herder.de